John. S Newberry.

San Francisco }
Nov 1. 1857 }

THE
SPANISH TRANSLATOR;

OR A

PRACTICAL SYSTEM FOR BECOMING ACQUAINTED

WITH THE

SPANISH WRITTEN LANGUAGE,

THROUGH THE MEDIUM OF THE ENGLISH.

BY

MARIANO CUBI I SOLER,

PROFESSOR OF MODERN LANGUAGES IN THE COLLEGE OF LOUISIANA.

"He that shortens the road to knowledge, lengthens life."—COLTON.

THIRD EDITION,
WITH CORRECTIONS AND IMPROVEMENTS.

BALTIMORE:
FIELDING LUCAS, JR.
170 MARKET STREET.

ENTERED, according to the Act of Congress, in the year one thousand eight hundred and forty-one, by FIELDING LUCAS, JR. in the Clerk's office of the District Court of Maryland.

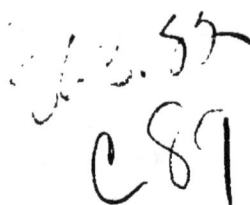

To WILLIAM GWYNN, Esq.

If gratitude may be expressed by the dedication of book, allow me, sir, to prefix your name to this work The warm interest you manifested for my success, when success was doubtful; the sincere friendship with which you honoured me, when friends were necessary,—have left upon my mind an impression not to be obliterated.

For a long time have I laboured to facilitate the acquisition of my native language to this great nation. Your friendly counsels have often re-animated my ardour, when almost exhausted by continued efforts; and, in this last production, your kind suggestions have frequently guided me in the arduous task. Receive it then as a tribute of my friendship. Could its success correspond with my intentions, it might prove a worthy testimonial of the regard, with which I remain,

    Sir,

        Your obedient,

           Humble servant,

              MARIANO CUBI I SOLER.

ADVERTISEMENT TO THE THIRD EDITION.

THE utility of this system of translation, applied to the Spanish, has been tested by the public for so many years, that any further comments upon it are now deemed altogether useless. The last edition of this work has been long out of print, but the demand for it has never abated. Owing to the absence of the author from this country, and other circumstances unnecessary here to relate, no new edition of "The Spanish Translator" had been prepared for publication. This, the author has now done, he trusts, with all the knowledge, care, and attention, which the improved and constantly improving systems of education, imperiously demanded.

The notes have been almost all written over again; many new text pieces have been introduced into the body of the work, and some of the old, rejected. The vocabulary has undergone a thorough reformation. Constant references to the author's Spanish Grammar, that the student might the more readily unite theory to practice, have been given. Nothing, in short, within the power of the writer, which could make "The Spanish Translator" more useful and more worthy of the continuance of the patronage so liberally extended to it, has been left undone.

The author is now preparing, and will soon publish, "The Spanish Reader," intended as a sequel to the Translator, in order that both books may form a complete elementary practical course of Spanish literature, for the student of that rich, musical, and energetic language, in which sweet Gareslaso sang, terrible Granada thundered, fertile Lope de Vega dramatized, and witty Cervantes put the world in good humour, while he gave the most sublime lessons of practical wisdom and morality.

THE author of this work has recently published a *fourth edition of his SPANISH GRAMMAR. Of this Grammar the North American Review, the Baltimore Gazette, and the United States Literary Gazette, have spoken in the following terms.

From No. XLVII. of the North American Review.

"THE author has shown much ability, both in regard to the methodical arrangement of his materials, and the clear expositions he has given of the principles and difficulties in the grammatical construction of the language. His views are well explained in the Preface, from which it is evident that he has studied the subject with care, and gained much practical knowledge from experience. In the full conjugations and copious list of irregular verbs, and in the illustration of all the rules of syntax by explanations, remarks, and well chosen examples, this Grammar is *decidedly superior* to any we have seen. This we deem particularly worthy of notice, because the success of the learner in studying Spanish, as perhaps almost every other language, depends very much on the readiness with which he may become acquainted with the verbs and syntax. That terrible *crux* to all beginners the different uses of the verbs *ser* and *estar*, the author has laboured with earnestness and ingenuity to remove. He has explained the difficulty with as much clearness, probably, as the nature of the subject will admit.

"Mr. Cubí has published in this country a small Spanish Dictionary, compiled from the best authorities, designed as a manual for learners; and also Selections from classical Spanish writers. Within the last year he has published a Grammar in Spanish, intended for the South American market. To a gentleman of his talents, zeal, and industry, we cannot but wish a success proportioned to his ardour and exertions."

---

* The sixth edition with corrections and improvements has been recently issued by the publisher of the Translator.

From the Baltimore Gazette.

"THE second edition of this elementary work has just issued from the press, and were it not for the title page, might pass for an entire new work. Mr. Cubi has had the advantage of much experience as an instructor in the language, since the first puplication of his Grammar. He appears to have minutely noted the difficulties experienced by his numerous scholars, and has explained them in the most satisfactory manner. Those great obstacles to the rapid progress of the student, the *irregular verbs*, the difference between *ser* and *estar*, and the personal pronouns, are removed by the ample elucidations of the author. The alphabetical list of the former, the full explanation and copious notes on the latter, make them plain to the dullest comprehension.

"Some questions of pronunciation have likewise been investigated, on which much dispute formerly existed. The disposition of the exercises has been altered materially for the better. The declensions of the nouns and verbs are all of them translated, which is essentially necessary for the English learner; and what is invaluable to a person who wishes assistance in translating, and who is prosecuting the study of the language *by himself*, a copious Index of each point treated of in the work is added. This last is of itself an improvement entitling the second edition to great praise. In every point of view, this work may be looked upon as by far the best now before the public for the useful purposes for which it is intended."

From the United States Literary Gazette.

"MR. CUBI has made many important additions and improvements in his second edition, which give evidence of much care and exertion; and we cheerfully recommend it to all, who are desirous of obtaining a thorough knowledge of the Spanish language."

PREFACE.*

In proportion as mankind advance towards refinement and elegance, the study of languages appears to become more useful and necessary. Many of the sciences owe their origin to the ancients, and a great part of the most sublime existing literature has been handed down to us from the remotest periods. We see, on the other hand, that as political revolutions give rise to new interest and idioms, and the spirit of improvement is continually extending the range of discovery, the mutual relation between the different parts of the globe occupies a wider space, and becomes more important.

The means of intellectual improvement are also very much increased by a knowledge of languages. A great man has not yet been found, whose energies were not roused, or whose talents were not improved, by some model of literary or scientific excellence. Models of this kind have multiplied, as languages have increased. He who, five hundred years since, to become an orator, could only resort to a Demosthenes or a Cicero, has now, in addition, a Burke and a Pitt—a Bossuet and a Massillon—a Granada and a Leon. In the same manner, the merchant, whose speculations were confined within the narrow limits of his city, or of his country, may now carry them to the extremities of a world, at that time, unknown.

---

* This Preface, with some very slight variations, was prefixed to the first and second editions of this work.

Impressed with these reflections, it soon occurred to the author, that immense benefits would result, if, by some simple method, the acquisition of languages could be facilitated. Translation, being considered that branch in the study of a language, on which all others depend, became the first object of his attention. His thoughts were consequently engrossed by a plan, which, while it would be suited to the tender and growing capacity of youth, would also afford every possible facility to any one, who should wish to prosecute the study of a language. With views like these, the author did not venture on his undertaking, until he had availed himself of every suggestion which he could obtain from experienced professors, or eminent individuals—until he had made a study of every system of translation, distinguished by any useful invention—until he had followed the student, step by step, through the crowd of difficulties and perplexities, which frequently beset his path and impede his progress.

This plan has been first applied to the Spanish, this being the language of more immediate importance to this extensive community. That this new system will perfectly correspond to the purposes for which it is intended, the author will not pretend to determine. He will, notwithstanding, explain the nature and arrangement of his labours, that some conclusions may be formed concerning their practical utility.

As progress, however rapid, is gradual, and the mind of man, however stupendous, improves by degrees, the author has commenced his work by some easy moral lessons. These are followed by a few instructive anecdotes, accounts of heroic actions, and sprightly witticisms, all noted for purity and simplicity of style. Now the student is supposed to have acquired some knowledge of the mechanism of translation, and he enters into narrations. After narrations, come descriptions, portraits, and characters, which, being more brilliant in language, are also more difficult to translate. Speeches, comparisons, invocations, are compositions of a higher order than the former, and have therefore been placed next in succession. The work then concludes by some allegories, fictions, and a few select pieces of poetry, which increase the collection to nearly one hundred and fifty pages.

It being one part of the design of this work to form the taste of the student, few extracts have been admitted into it which are not master-pieces in their kind, and did not come from the pen of Granada or Cervántes—Solís or Quevedo—Gracian or Garcilaso—Mariana or Feijóo—Saavedra or Melendez—Olavides or Cadalso. These are proud ornaments of the Spanish literature, and it is in the immortal works of these authors chiefly, that the language is found in its native splendour and idiomatic purity.

The author will now proceed to state the method he has used, to place, through the medium of these models, the translating of the Spanish idiom, within the reach of the American or English student.

The difficulty in distinguishing the verb in all its various ramifications of moods, tenses, and persons, from other parts of speech, has often been found to impede the progress of young students. Hence, perhaps, arise the reluctance with which they sometimes attempt, and the facility with which they frequently relinquish, the study of a foreign language. To obviate this inconvenience, all the verbs which occur in this work have been printed in Italic characters.

Every language, if compared with another, will present many uncommon modes of expression, known under the appellation of idioms. Of these, no useful selection can be made. They are subject to constant modification, and, according to their position in a sentence, to a variety of meanings. Every nicety of idiom has its peculiar place, and the most elegant expression, if not appropriately applied, may become an inaccuracy of language. Detached modes of expression, are, therefore, like detached words, which, if we cannot connect and use, the greater number we acquire, the more they encumber the mind. To obviate the difficulties which this part of the language presents to the beginner, every nicety of expression, or intricacy of grammar, has been fully explained as it occurs. Thus theory is joined to practice, and those obstacles, which, so long as they are not removed by oral explanation, throw even the most zealous student into languor and despondency, will, in this work, form new incentives for the prosecution of his labours.

In noting the difficulties which the learner encounters, as he advances in a language, none has more forcibly struck the author, than the unavoidable deficiency of dictionaries. Participles and tenses of verbs constitute a considerable portion of a language; yet they are not, nor can they be, included in any lexicon, unless it be swollen to an unwieldy size. If the student happens, therefore, to have forgotten the root of any branch of a verb, which the most tenacious memory will not always retain, he is immediately bewildered. Proper names present also no inconsiderable bar to his improvement. The meaning of a whole sentence frequently depends on an accurate knowledge of a fictitious personage, or an unknown writer—of a remote river, or an obscure place. These words are generally spelled differently in various languages, and even when they happen to agree, they sometimes cannot be found in immense encyclopædias. Parsing is allowed, by all professors, to be the only means, by which, in translation, any solid advancement can be made. Yet every experienced instructor knows, that, in the only manner in which grammars and dictionaries are or perhaps can be made, the meaning of a page must be known before it can be parsed. We are, therefore, deprived of the means, which, in the acquisition of a language, are considered the most effectual; and the beginner is led into a labyrinth, the moment he is obliged to *understand* through the medium of analysis.

To be thus entangled in any one of these intricacies, creates in young learners, unless endued with superior powers, that disgust at application, that feeling of distress, which is so apparent when they are called on to study. If, under these circumstances, the instructor is one of those who think that youth must learn by intuition, and instead of clear explanations, employs rude usage, the young student is left to linger for years, afraid of his preceptor and appalled by his task.

It has long been the wish of the author, and it is now the chief design of this work, to remove all these obstacles. He has, therefore, used means, which, it is fondly hoped, will be found equal to the object. Every word contained in the extracts, whether proper or common, primitive or derivative, has been carefully selected, and alphabetically arranged.

The author has been particularly careful to give a full analysis of every part of speech. Thus, in the pronouns, the case in which they are used, and the source from which they are derived, have been explained. As to the participles, not only the verb from which they have been formed, will be found, but whether they are absolute or used as adjectives, as substantives, or in any other way. Respecting the verbs, every particular concerning them has been fully given.

On a certain vowel of every Spanish word, consisting of more than one syllable, an emphatic stress is laid. This vowel is sometimes distinguished by an acute accent; but, in general, no sign whatever is given. That the student may never be at a loss to know on what vowel to lay this stress, so important in the acquisition of the Spanish language, every word contained in the Vocabulary has been regularly accented.

Fully convinced that it is through the medium of our understanding alone, that we can attain any knowledge, the author has always *explained*, never *performed*, the task of the student. Hence, it will invariably be found, in this work, that facilities cease, when application becomes necessary. A student may, for example, find the full meaning of every word, and the explanation of every difficulty; still these are but auxiliaries to his conception of the meaning of a sentence,—the meaning of a sentence has not been *conceived for him*.

Perfection, however desired, has not probably been attained in the execution of a work, in which, from a confused mass of words, an alphabetical list was to be formed, and, from a maze of idiomatic perplexity, clearness and perspicuity were to be produced. Some words contained in the extracts, may have been omitted in the vocabulary—some may have been misplaced—and some may have been printed in Roman or Italic characters, when the contrary should have been done. A few difficulties of idiom might perhaps have been better elucidated, and a few intricacies of grammar, more clearly explained. These, however, are defects of very little importance; they are seleom noticed; and when they are, they can readily be supplied.

To conclude these few remarks, the author will observe, that, in this undertaking, it has been his ardent desire to be useful. Whether amidst the great number of his professional avocations, this wish has merely been a pleasing delusion to beguile his literary toil, or a hope which experience will realize, the event must decide.

TABLE OF CONTENTS.

MORAL LESSONS.

		PAGE
Prudéncia,	*Félix Verela.*	25
Justícia,	*idem.*	26
Fortaleza,	*idem.*	27
Templanza,	*idem.*	27
Benevoléncia,	*idem.*	28
Conmiseracion,	*idem.*	28
Beneficéncia,	*idem.*	29
Ira,	*idem.*	29
Desesperacion,	*idem.*	29
Venganza,	*idem.*	30
Tristeza,	*idem.*	30
Alegría,	*idem.*	3
Modestia,	*idem.*	31
Inquietud,	*idem.*	31
Injenuidad,	*idem.*	32
Esperanza,	C***.	32
Urbanidad,	C***.	33

CONTENTS.

ANECDOTES.

		PAGE
Henrique Octavo,	*Cecílio de Córpas.*	34
El Amigo Fiel,	*idem.*	35
El Niño Gachon,	*idem.*	36
El Hombre Benéfico,	*idem.*	37
El Viejo Relijioso,	*idem.*	40
Juanot i Colin,	*idem.*	42
Valor de la Amistad,	*idem.*	45
La Constáncia del Amor,	*José António Cónde.*	49

WITTICISMS AND TALES.

El Valiente Ufano,	*Jerónimo Feijóo.*	53
El Médico Tunante,	*idem.*	53
Respuesta de Uno al Provisor,		55
La Larga Peticion,	*Jerónimo Feijóo.*	55
El Estudiante i las Truchas,	*idem.*	56
Estratajema de un Cura,	*idem.*	57

SELECT SENTENCES.

Various Authors,	59 to 62

HEROIC ACTIONS.

Humanidad del Czar,	*Jerónimo Feijóo.*	63
Integridad del Mariscal de Etré,	*idem.*	63
Heroïcidad de Guzman el Bueno,	*Manuel José Quintana.*	64
Serenidad de Cárlos Doce,	*Jerónimo Feijóo.*	67
Desinteres de Alibeg,	*idem.*	68
Lealtad i Constáncia de Los Saguntinos,	*Ascargorta.*	70

CONTENTS. xvii

NARRATIONS.

		PAGE
Mansedumbre de Jesucristo,	*Pablo Olavides.*	72
Peniténcias de los Bracmanes,	*Jerónimo Feijóo.*	73
Peniténcias de los Amidas,	*idem.*	74
Las Artes Divinatorias son Ridículas,	*idem.*	75
Comodidades del Rico i del Pobre,	*idem.*	76
El No Sé Qué,	*idem.*	77
Debemos Recorrer Nuestras Acciones.	*Luís de Granada.*	78
Amemos la Virtud,	*idem.*	79
Calamidades de la Alemánia, Borgoña, i Lorena,	*Diego Saavedra Fajardo.*	80
Como se descubre el Injénio de los Niños,	*idem.*	81
Invasion de los Moros en España,	*Juan de Mariana.*	82
Reino de Navarra,	*idem.*	83
Españoles Antíguos i Modernos,	*idem.*	84
Sítio i Produccion de la Isla de Ceilan,	*Bartolomé Leonardo de Arjénsola.*	86
Tres Acciones forman la História de América,	*Antónío de Solis.*	87
Muerte de Majiscatzin,	*idem.*	88
Encuentro de Jil Blas con Chinchilla,	*Jil Blas.*	89
La Casada i la Relijiosa,	*Luís de Leon.*	90
En que consiste la verdadera dicha humana,	*García Malo.*	92
Destierro del Conde-Duque,	*Jil Blas.*	94
História de España,	*José Cadalso.*	95

DESCRIPTIONS.

Juicio Final,	*Luís de Granada.*	99
Moradores Celestiales,	*idem.*	101
La Inmensidad del Señor,	*idem.*	102

xviii   CONTENTS.

		PAGE
Monte de la Virtud,	*Jerónimo Feijóo.*	103
Carácter de Chaves, i sus Tertulianos,	*Jil Blas.*	104
Primer Salida de Don Quijote,	*Miguel de Cervántes.*	107
Retrato de Crisóstomo,	*idem.*	108
El Famoso Ladron Mompódio,	*idem.*	108
Edad de Oro,	*idem.*	109
La Jitanilla Preciosa,	*idem.*	111
Don Quijote á Sancho Dormido,	*idem.*	112
Situacion Pasada de Galatea,	*idem.*	113
La Pobreza,	*idem.*	114
Fernando Rei de Aragon,	*Juan de Mariana.*	115
Don Álvaro de Luna,	*idem.*	116
Pedro el Cruel,	*idem.*	117
Paralelo entre la Paz i la Guerra,	*Diego Saavedra Fajardo.*	118

SPEECHES AND ADDRESSES.

Razonamiento de Báucio Capeto,	*Juan de Mariana.*	120
Venécia Libre, i Venécia Esclava,	*José Joaquin de Mora.*	121
Razonamiento de Don Pelayo,	*Juan de Mariana.*	122
Pintura de la Inquisicion,	*Ruíz Padron.*	123
Eshortacion de Opas á Don Pelayo,	*Juan de Mariana.*	125
Razonamiento de Montezuma á Cortés,	*Antónío de Solis.*	125
Razonamiento de Cárlomagno,	*Juan de Mariana.*	127
Invocacion al Todopoderoso,	*Pablo Olavídes.*	128
La Muerte,	*idem.*	130
Poder del Deséo de Glória,	*Miguel de Cervántes.*	130

ALLEGORIES AND FICTIONS.

		PAGE
Historiadores Clásicos Antíguos,	*Diego Saavedra Fajardo.*	132
Encuentro de un Árgos Moral,	*Baltazar Gracian.*	133
Reino de la Inmortalidad,	*idem.*	135

POETRY.

Quejas de Nemoroso,	*Garcilaso de la Vega.*	138
La Soledad,	*Juan Melendez Valdes.*	139
Las Flores,	*idem*	141

VOCABULARY, ... 149

TRADUCTOR ESPAÑOL.

MORAL LESSONS.

PRUDÉNCIA.

La prudéncia *indica* al[2] hombre lo que[3] *debe*[4] *elejir, practicar*, i *omitir* en cada circunstáncia. Esta virtud no se[5] *dquiere* sino por la reflecsion contínua que *llega á*[6] *haernos*[7] *habituar* á *juzgar* bien. Procuremos conocer las[8]

---

[1] For rules on reading, orthography and accent of the Spanish Language, see the Author's Grammar, from p. 14 to p. 23. Whenever the student is referred to Grammar in this book, it must always be understood that of the Author, (5th or 6th Edition) entitled, '*A New Spanish Grammar, adapted to every Class of Learners*. By Mariano Cubí i Soler.

[2] *Al*, contraction of *á él* 'to-the.' Nouns used in a general sense require the article in Spanish.—See Grammar, R. II. p. 121.

[3] *Lo que*, 'that which,' 'what.'

[4] *Él*, 'he,' understood before *debe*.—See Grammar, R. XXII. note 1. p. 157.

[5] *No se adquiere*, literally, 'acquires not itself,' but it means really 'is not acquired.' See Grammar, Observations on Se, sec. 2, p. 165.

[6] *Llega á*, idiomatic, 'which at last.'

[7] *Hacernos*, makes us. *Nos, os, le, la, lo, les, las, me, te, se*, objective personal pronouns, are placed after infinitives, imperatives and present participles, forming with them one single word.—See Grammar, Synt. R. XXIII. p. 159.

[8] *Las cosas*, 'things.' Nouns used in a general sense take the article in Spanish.—See note 2.

cosas como *son* en sí, i no como las *pintan* los hombres,⁹⁻ⁱ entónces *podrémos hacer* buen uso de ellas. Sin embargo¹⁰ *es* preciso *estar* al tanto de¹¹ las atenciones de los otros para *dirijir* nuestras operaciones respecto á ellos.

Félics Varela.

JUSTÍCIA.

La justícia nos *prescribe dar* á cada uno lo que le *corresponde;* i *es* la virtud que *sostiene* la sociedad. *Debemos* pues no *privar* á otro de los bienes, honor, i crédito que *posee,* i tampoco se *han de negar*¹² los prémios i alabanzas que cada uno *merece.* Así mismo¹³ *es* preciso *correjir* los¹⁴ defectos, i *castigar* los¹⁴ delitos; pero de un modo¹⁵ arreglado á¹⁶ la prudéncia, en términos¹⁷ que siempre se *produzca*¹⁸ un

---

⁹ *Las³ pintan² los hombres,*¹* 'men represent them.' The subject may, generally, go either before or after the verb in Spanish.—See Grammar, p. 140; and R. XXII. p. 157.

¹⁰ *Sin embargo,* 'notwithstanding'

¹¹ *Estar al tanto de,* idiomatic, 'to understand.'

¹² *Se han de negar,* idiomatic, 'are to be refused.' *Haber de,* means, 'to be to,' 'must.'—See Grammar. p. 206. *Se,* is frequently used, as it is in this case, to form the passive voice.—See Grammar, Observations on Se, sec. 2, p. 165.

¹³ *Así mismo,* 'also,' 'in the same manner.'

¹⁴ It must be remembered that the article is expressed in Spanish, but not in English, before nouns used in a general sense.

¹⁵ *De un modo,* 'in a manner.'

¹⁶ *Arreglado á,* 'comformable to,' 'agreeable to.'

¹⁷ *En términos,* is synonimous of *de un modo,* 'in a manner.'

¹⁸ *Se produzca,* instead of *sea producido,* 'be produced,' because, as it has already been observed in note 5 and 12, se, in Spanish, is frequently used to form the passive voice.—See Grammar, Observation 2, p. 165.

---

* The numbers put to Spanish words in the notes, show the position they occupy in the sentence, when translated into English.

bien; que el castigo no *esceda*[19] al delito, ni el prémio, al mérito.

Félics Varela.

FORTALEZA.

La fortaleza *sostiene* al hombre[20] en los peligros; le *enseña* á *sufrir* los males; á no *vacilar* en la abundáncia de los bienes; i á *emprender* grandes obras. Pero *es* preciso que no *dejenere* en temeridad, ó mejor dicho,[21] en barbárie; pues *hai* muchos que *creen* que *son* fuertes porque se *esponen* á todos los peligros sin necesidad, i *buscan*, por *decirlo* así,[22] los males, para *ostentar* que *puedon sufrirlos*. Otros *destierran* de su alma la compasion; otros *aspiran* al bárbaro ejercício de sus fuerzas contra sus semejantes, como lo *harían* entre sí los animales mas feroces,[23] i esto *creen* que *es* la virtud de la fortaleza. ¡Que engañados *viven!* Toda virtud *es* racional i no *puede inspirarnos*[24] operaciones tan brutales.

Félics Varela.

TEMPLANZA.

La templanza *pone* unos justos límites á todos nuestros apetitos para que[25] no se *opongan*[26] á lo que *dicta* la razon, i

---

[19] *No esceda*, 'do not exceed.' *Do,* is not used in Spanish to express the negative action of verbs.—See Grammar, p. 80 and 190, note at bottom.

[20] *Al hombre*, 'man.' An objective case, governed by a verb, if it be a being, or an object personified, is invariably preceded by the preposition *á*, 'to.'—See Grammar, R. LIV. p. 214.

[21] *Ó mejor dicho*, 'or rather.'

[22] *Por decirlo así*, idiomatic, 'as it were.'

[23] *Como lo*[6] *harian*[5] *entre*[7] *sí*[8] *los*[1] *animales*[4] *mas*[2] *feroces*[3], as the most ferocious animals would do it among themselves.

[24] The subject in Spanish goes either before or after the verb.—See Grammar, p. 140, R. XXII. p. 157 and note 9.

[25] *Para que*, synonymous with *á fin de que*, 'to the end that,' or simply 'that.'

[26] *No se opongan*, 'they may not oppose themselves,' 'they may not be contrary to.'

manda la lei, *sirviendo* así mismo[27] para *conservar* la salud. No solo en los manjares, como se *cree*[28] por lo comun,[29] sino tambien en los deleites de los demas sentidos, *tiene* cabida[30] la templanza. Nos *enseña*[31] á *usar* los placeres como medios para *aliviar* nuestro espíritu; i no como objetos en que *debe fijarse* nuestra alma.[32]

Félics Varela.

BENEVOLÉNCIA.

La benevoléncia *produce* en nosotros una sensacion apacible, i en los demas, aprécio; pues todos *aman* al que[33] *deséa* los bienes para sus semejantes. Sin embargo, *es preciso* que no *dejenere* en una absoluto condescendéncia, i un deséo de que todos *consigan* lo que *apetecen*, ora *séa* justo, ora *séa* injusto.

Félics Varela.

CONMISERACION.

La conmiseracion *es* como el distintivo de la humanidad, pues solo las fieras no se *resienten* de los estragos de sus semejantes, ni *ponen* término á su furor. Pero *es* preciso no *confundir* la conmiseracion con la[34] debilidad que *pretende dejar* impunes los delitos i *protejer* al[35] malévolo.

Félics Varela.

---

[27] *Así mismo*, idiomatic, 'at the same time,' 'likewise.'

[28] *Se cree*, believes itself, i. e. 'it is believed,' se being used in Spanish to form the passive voice.

[29] *Por lo comun*, idiomatic, 'commonly,' 'generally.'

[30] *Tiene cabida*, may be contained, i. e. 'may be used.'

[31] *Nos enseña*, 'it teaches us.' The subject *ella*, 'it,' is understood in Spanish. Personal pronouns, as subjects of verbs, are only used in a few cases.—See Grammar, R. XXII. note 1, p. 157.

[32] *Debe fijarse nuestra alma*, 'our soul should be absorbed.' The subject in Spanish goes either before or after the verb.—See Grammar, p. 140; and R. XXII. p. 197.

[33] *Al que*, 'him who.'—See Grammar, note 2, p. 181.

[34] *La*, that.—See Grammar, R. XXXVI. note 1, p. 182.

[35] See why it is *al*, and not *él*.—See Grammar, R. LIV. p. 214, and note 20.

BENEFICÉNCIA.

LA beneficéncia nos *hace* amables, pero *será* indiscreta, si *distribuimos* los beneficios sin consideracion á las personas;[36] pues muchas veces se *conceden* dones[37] á sujetos que no *han de*[38] *hacer* uso de ellos, i *son* inútiles; ó á personas que les *dan* mala applicacion i *vienen á ser*[39] perjuiciales.

Félics Varela

IRA.

LA ira *convierte* al hombre en una fiera, *privándo*le de todo, el uso de su razon. *Basta decir* esto para *entenderse* que *debe ser* reprimida. Sin embargo, *hai* una ira santa que *es* la que *escita*,[40] en un espíritu arreglado, la vista del crímen, i la obstinacion del criminal. En tal caso *debe arreglarse* por la lei divina i humana, para no *perder* el amor natural que *debemos* á todo hombre, por el ódio que *merece* el vício. *Amemos* al malo i *aborrezcamos* su maldad; pero miéntras no se *corrija manifestémosle* el rigor que *merece*.

Félics Varela.

DESESPERACION.

LA desesperacion siempre *es* irracional, i jamas *tiene* fundamento. El hombre débil, el hombre de un espíritu bajo, *es* el que no *puede sufrir* los males, i se *desespera*.[41] Siempre la

---

[36] *Las personas,* 'persons,' 'men.' The article is placed in Spanish before nouns expressive of a whole class, or species, or genus.—See Grammar, R. II. p. 120, and note 5, 12, 18, 28.

[37] *Se conceden dones,* 'favours are granted.' SE is used, in Spanish, to express the passive voice.—See Grammar, note 2, p. 165.

[38] *No han de,* 'are not to.'

[39] *Vienen á ser,* idiomatic, 'become,' 'turn out.'

[40] Place *escita* after *críminal*, its subject; at the end of the sentence.

[41] *Se desespera,* 'despairs himself,' that is, 'despairs.' Neuter verbs in English, are sometimes reflective in Spanish, and *vice versa*.

desesperacion *proviene* de ignoráncia, pues no se *advierten*[42] los médios de *evitar*la ó *proporcionar*la,[43] i en consecuéncia el espíritu se *embrutece*.

Félics Varela

VENGANZA.

Prueba la venganza un alma débil i rastrera; porqué verdaderamente los males recibidos no se *destruyen*[44] con *hacer* otros iguales al que[45] los *causó;* i *es* una nécia complacéncia la de no *sentir*[46] los males porqué otro tambien los *siente.* Pero no se *debe inferir* de aquí[47] que el que *hace* un daño se *quede* impune; pues *hai* el recurso de *aplicar*le la pena que *merece,* no por venganza, sino por correccion, para *evitar* que *haga* mayores daños.

Félics Varela.

TRISTEZA.

La tristeza *debe moderarse*[48] con todo empeño porqué un alma triste *es* un alma decaida ó abatida; i en el abatimiento no *pueden ejercerse*[49] acciones grandes. *Debemos considerar* un espíritu triste como un cuerpo desfallecido, que apénas *puede ejercer* las acciones mas sencillas.

Félics Varela.

---

[42] *No se advierten,* do not perceive themselves, i. e. 'are not perceived.' Se, as frequently repeated, is used to form the passive voice.—Note 5, 12, 18, 28, 36.

[43] The subject in Spanish goes either before or after the verb.—Note 28, 32. In translating the above phrase, construct it thus: *los médios de evitarla ó proporcionarla no se advierten.*

[44] *No se destruyen,* do not destroy themselves, i. e. 'are not destroyed.'

[45] *Al que,* 'him who.'—Grammar, R. XXXV. and note, p. 180–1.

[46] *La de no sentir,* that of not feeling, i. e. 'not to feel.'

[47] *De aquí,* 'hence.'

[48] *Debe moderarse,* 'should be moderated.'

[49] *No pueden ejercerse,* 'cannot be accomplished.'

ALEGRÍA.

La alegría *ecsalta* al alma, i *es* como el gran resorte de sus operaciones; mas cuando *es* escesiva *llega* á *trastornar* el espíritu i le *da* cierta lijereza opuesta á la madurez i buen juício. *Conviene reflecsionar* sobre la inconstáncia de la alegría en el mismo acto en que la *esperimentamos;* esto *servirá* para *moderar*la i *hacer*nos menos sensible su pérdida.

Félics Varela.

MODESTIA.

Pon freno á tu lengua para que las palabras que *salgan* de tu boca no *alteren* tu sosiego, i te *proporcionen* discórdias.[50] Cualquiera que[51] *habla* con gusto de las faltas ajenas, *oirá* con dolor *hablar* de las suyas. No te *alabes* á tí[52] mismo porqué no *granjeas* sino el menosprécio; no *procures hacer* ridículos á los otros, porqué *es* peligroso empeño. Una burla picante *es* la ponzoña de la amistad, i el que no *puede contener* su léngua, no *vivirá* con quietud. Un grande hablador *es* el azote de las concurréncias; se *aflije* el oído con su locuacidad, i jeneralmente *enfada* i *molesta;* porqué *es* su léngua como un torrente en que se *anega* la conversacion.

Félics Varela.

INQUIETUD.

Mira el oríjen de la inquietud que *traes*, i las desgrácias de que te *quejas*, i *verás* que *provienen* de tu própia locura; de tu amor própio;[53] i de tu desarreglada imajinacion. *Corrij*

---

[50] *Te proporcionen discórdias,* 'bring discord upon you.'

[51] *Cualquiera que,* 'whoever.'—See Grammar, p. 184, R. 8.

[52] *No te alabes á tí mismo,* 'do not praise thyself.' Two pronominal objective cases are sometimes elegantly repeated.—Grammar, Observation 2, p. 164.

[53] *Amor própio,* 'self-love.'

tu interior, i no *murmures* del órden que Dios *ha* establecido No te *digas* jamas[54] á tí mismo, "Si *tuviera* hacienda, poder i reposo, yo *sería* feliz:" *advierte* que estas cosas *tienen* sus inconvenientes i *dañan* á los que[55] las *poseen*. No *tengas* envídia[56] al que *goza* una felicidad aparente, porqué no *conoces* sus penas secretas. La mayor sabiduría *es contentarse* con poco; porqué el que *aumenta* sus riquezas *aumenta* sus cuidados.

Félics Varela.

INJENUIDAD.

EL hombre injénuo *desprécia* los artifícios de la hipocresía; se *pone* de acuerdo[57] consigo mismo; i jamas se *embaraza* en sus operaciones: *tiene* bastante valor para *decir* la verdad, i le *falta*[58] para *mentir*. El hipócrita *opera* de un modo contrário á sus sentimientos; *está* profundamente escondido: *da* á sus discursos las apariéncias de verdad, miéntras que[59] la única occupacion de su vida, *es* el engaño. *Es* incomprehensible para los nécios, pero *está* mui descubierto á la vista del prudente. ¡O insensato hipócrita! las fatigas que *pasas* para *ocultar* lo que *eres, son* mas grandes que las que *costaría* el *conseguir* lo que *quieres parecer*.

Félics Varela.

ESPERANZA.

Es la esperanza una de las facultades del alma, que mas *sirven* á *hacernos* felices en este mundo de misérias, cuando *está* guiada por el juício i la moderacion. *Debemos* pues

---

[54] No *te digas* JAMAS *á tí mismo*, 'never say to thyself.' Two negative adverbs are used in Spanish to express energetically the same negation.—See Grammar, p. 222, note 4.

[55] *Á los que*, 'them or those who.'—Note 46.

[56] *No tengas envídia*, 'envy not.'

[57] *Se pone de acuerdo*, idiomatic, 'he agrees,' or 'is consistent.'

[58] *I le falta para mentir*, 'and not enough.'—See *Faltan*, Grammar, p 269, near the bottom.

[59] *Miéntras que*, 'whilst,' 'at the same time that.'

desde nuestra niñez *cultivar* este don celestial, que solo él puede *aliviar* nuestras desgrácias, i *dulcificar* la amarga copa de nuestras misérias. Pero al mismo tiempo *es* preciso que no *abata* nuestra actividad, ó *sirva* de instrumento[60] para *interceptar* nuestros esfuerzos. La esperanza *ha* de *ser** racional; no vana. *Hagamos* pues de nuestra parte[61] lo que se *debe*[62] para que se *efectúe* lo que *esperamos*;[63] *dejemos* su écsito al Todo Poderoso

Cubí.

URBANIDAD.

La urbanidad *es* una obligacion que *debe* el hombre á sus semejantes en su trato con ellos. *Es* de la mayor importancia, pues, que los padres *inculquen* esta idéa á sus hijos desde la cuna. La urbanidad *pone*, en gran medida, freno á nuestras pasiones; i *da*, en el trato social, cierta delicadeza, que sin ella los hombres *dejenerarían* en brutos. No se *limita* este deber, como muchos *creen*, en una mera forma esterior, que se *ha* inventado parar *obrar* segun el estado de algunos indivíduos respecto de otros; no, este deber *va* mucho mas léjos. *Es* una virtud social, por médio de la cual se *procura*[64] siempre no *obrar* ni *hablar* de modo que *repugne* á los sentimientos de las personas con quienes *tenemos* trato. *Es* la que *enseña* al juez á *ser* recto con afabilidad; al jeneral, severo con ternura; la que *quita* toda ostentacion i orgullo al[65] ponderoso; i la que *inspira* á todos los hombres en jeneral á *hacer*se agradables por médios dulces, verdaderos i virtuosos.

Cubí.

---

[60] *Sirva de instrumento para,* 'be instrumental in.'
* *Ha de ser,* 'is to be,' 'must be.'—Note 12.
[61] *De nuestra parte,* 'on our side.'
[62] *Lo que se debe,* 'what is necessary,' 'what must be done.'
[63] Construct the phrase thus: *lo que esperamos se efectúe*
[64] *Se procura,* 'it is endeavoured,' 'we endeavour.'
[65] *Al,* 'from the.' Verbs of depriving require *á* 'to,' and not *de,* 'from.'

ANECDOTES

HENRIQUE OCTAVO.

INDISPUESTO el rei de Inglaterra Henrique octavo con el rei de Fráncia, Francisco primero, *resolvió enviar*le un embajador encargado de *decir* á este príncipe palabras fieras i amenazadoras; i para *desempeñar* esta comision, *elijió* á[66] un obispo Ingles, en quien *tenía* mucha confianza, i *creía* mui á propósito[67] para la ejecucion de su proyecto. Luego que el prelado *supo* el objeto de su embajada, temeroso de *perder*[68] la vida, si *trataba* á Francisco primero del modo que *quería* su amo, le *representó* el peligro á que le *esponía*, *rogándole* con instáncia que le *ecsonerase*[69] de semejante comision. "Nada *temas*," le *replicó* Henrique octavo, "si el rei de Fráncia te *quita* la vida,[70] yo *haré cortar*[71] la cabeza á cuantos Franceses se *hallen*[72] en mis estados." "Así lo *créo*, señor," replicó

---

[66] *Á*, 'to,' precedes, as it has been said in note 20, a being or thing personified in the objective case.

[67] *Á propósito*, 'adapted,' 'fit.'

[68] *De perder*, 'of losing.' Prepositions require, in Spanish, the infinitive, and not the present participle as they do in English.—Grammar, R. LII. note 1, p. 204.

[69] *Que le ecsonerase*, 'to release him.'—See Grammar, R. LVI. note 4, p. 216.

[70] *Te quita la vida*, takes away the life to thee, i. e. 'takes away thy life.' The article and the personal pronouns, and sometimes the article alone, are used, in Spanish, to designate the parts of the body, which, in English are pointed out, through the medium of the possessive pronouns.—See Observations, Grammar, p. 170-1.

[71] *Yo haré cortar*, I shall order to cut, i. e. 'I shall order to be cut off.' Verbs of command require an active, not a passive infinitive, in Spanish See Grammar, R. LV. p. 215.

[72] *Se hallen*, may find themselves, i. e. 'may be found.'—See note 5, 12, 18, 28, 36, 43.

el obispo, "pero *permitid*me os *diga*, que de cuantas cabezas *hagais cortar*, seguramente no *habrá* una siquiera que *siente*[73] tan bien á mi cuerpo como la mia."[74]

Cecílio de Córpas.

EL AMIGO FIEL.

Un hombre respetable, que *habia* hecho gran papel en Paris, *quedó* reducido á la indijéncia, i solo se *alimentaba* de las limosnas de pan que de ocho en ocho[75] días le *mandaban* de la parróquia. Un dia *encargó* le *enviasen* mayor cantidad; *llamóle* el cura, i le *preguntó* si *vivia* solo. "¿Con quien *queréis*, señor, que yo *viva*," le *respondió*, "cuando todo el mundo me *ha* abandonado?" "Pues si *estais* solo," *continuó* el cura, "¿porqué *pedis* mas pan del[76] necesário?" Desconcertado el pobre,[77] *confesó* que *tenía* un perro. El cura le *manifestó* que él solo *era* un distribuidor del pan de los pobres, i que la honradez *ecsijía* que se *deshiciese* de su perro. "I bien, señor," *esclamó*, "si le *abandono*, ¿quién me *amará?*" Enternecido el párroco, *sacó* la bolsa, i se[78] la *dió, diciendo:* "*Tomad*, que esto me *pertenece.*"

Cecílio de Córpas.

---

[73] *Que siente*, 'that will become.' Verbs expressive of *fitness* require to be in the subjunctive, in Spanish.—Grammar, R. LVI. note 1, p. 216.

[74] *La mia*, 'mine.' *Mine*, thine, &c. used as above, require to be preceded by the article, in Spanish.—Grammar, R. XXXVII. note 2, p. 169.

[75] *De ocho en ocho dias*, idiomatic, 'every eight days.'

[76] *Del*, 'than.' In this phrase *que es*, 'that which is,' is understood. See when *de* means 'than.'—Grammar, note 2, p. 171.

[77] *El pobre*, 'the poor man.' Adjectives qualifying *man*, or *woman*, are frequently used as substantives. In such cases the articles *el, la, los*, or *las*, is used.

[78] *Se la dió*, 'gave it to him.' SE means, sometimes, 'to it,' 'to him,' 'to her,' 'to them,' or 'to you.'—See Grammar, SE, Observations 3, p. 165

EL NIÑO GACHON.

Cierta señora *tenía* un hijo á quien no *quería contradecir* para que no se *pusiese* enfermo. Los parientes, amigos, i aun el mismo marido, le *hiciéron* presente[79] que *iba á perder* al chico, mas todo *fué* inútil. Un dia *oyó* á su hijo *llorar* en el pátio, con muestras de mucha cólera. Al instante *corre*, i *averigua* que la causa[80] *es negar*le un criado[81] cierta cosa que le *pedía*: "Bien impertinente *sois*," le *dijo* la señora, "de[82] no *dar* al niño lo que os *pide*." "Á fé mia,"[83] *respondió* el criado, "que[84] bien *puede llorar* hasta mañana; que no la *obtendrá*." Á estas palabras, la señora se *encolerizó* en términos[85] que *fué á buscar* al marido para que *castigase* á aquel imprudente. Su[86] esposo, que *era* tan débil con su mujer, como ésta con el hijo, *grita* al criado: "Insolente, ¿como *teneis* la desvergüenza de no *obedecer* á la señora?" "*Es* verdad, señor," *contestó* el criado, 'mas la señora *puede dar* al niño lo que *pide*: hace un cuarto de hora[87] *quiere*[88] le *dé* la luna, que *ha* visto reflejada en la fuente." Á estas palabras, todos se *pusiéron á reir*, i lo mismo[89] la señora, no obstante su cólera. Esta escena la *avergonzó* i *corrijió* en lo sucesivo.

Cecílio De Córpas.

---

[79] *Le hicieron presente*, idiomatic, 'manifested to her.'
[80] *De ello*, 'of it,' understood.
[81] *Negarle un criado*, 'that a servant refused to him.'
[82] *De*, 'in.' Prepositions cannot always be literally translated.
[83] *Á fé mia*, 'by my faith,' 'by my troth.'
[84] *Que*, is frequently redundant. Here it might just as well be left out
[85] *En términos*, 'so much,' 'in such a manner.'
[86] By the context of the phrase the student will know when *su*, is to be translated by 'its,' 'her,' 'his,' 'their,' or 'your.'
[87] *Que*, 'since,' understood.
[88] *Que yo*, 'that I,' understood.
[89] *I lo mismo*, 'and also,' 'likewise.'

EL HOMBRE BENÉFICO.

Ibamos á Délfos, Lícias i yo,⁹⁰ á *llevar* á Apolo nuestra ofrenda; ya *divisábamos* la colina sobre que *está* el templo, adornado de colunas de una maravillosa blancura, i elevado desde un bosque de laureles hácia la azulada bóveda celeste. Mas léjos, nuestros ojos *perdían* de vista la inmensa planície de los mares. *Era* mediodía; la arena nos *abrasaba* los piés, i á cada paso que *dábamos* se *levantaba* una polvareda inflamada que nos *quemaba* los ojos, *introduciéndo*se por nuestros lábios resecos. Así *íbamos subiendo*,⁹¹ llenos de languidez; mas mui pronto *apresurámos* el paso, cuando *percibímos* delante de nosotros, sobre el borde del camino, algunos altos i espesos árboles, cuya sombra *era* tan⁹² oscura como la de la noche. Llenos de un pavor relijioso *entramos* por aquel sítio, cuya boca *despedía* una dulce frescura.

Este delicioso lugar *ofrecía* á la vez cuanto *podia recrear* los sentidos, pues los árboles *rodeaban* una glorieta de céspedes, regada por una fuente de fresca i cristalina água; ramas cubiertas de peras i doradas manzanas se *inclinaban* hácia ella. La fuente *salía* á borbotones⁹³ del pié de un sepulcro, rodeado de madre de selva, sauces i yedra. "¡O Dios!" *esclamé*, "¡que delicioso lugar! Mi corazon *bendice* á aquel⁹⁴ cuya mano benéfica *ha* plantado estos árboles, i cuyas cenizas *puede ser reposen* aquí." *Ved* aquí, me *dijo* Lícias, algunos caractéres que *percibo* por entre las ramas en el borde del sepulcro: tal vez nos *dirán* quien *ha* sido el que se *ha* dignado *proveer* al descanso del viajero fatigado. *Le-*

---

⁹⁰ Construct *Lícias i yo íbamos á Délfos.*

⁹¹ *Ibamós subiendo*, 'we were ascending.'—See Grammar, R. LII. note 5, p. 204.

⁹² *Tan oscura como la*, 'as dark as that of.'—See how comparisons and comparatives are translated in Spanish; Grammar, p. 150-2.

⁹³ *Á borbotones*, 'in bubbling streams.'

⁹⁴ *Á aquel*, 'him.'—Grammar, R. XXXV. and note p. 180-1.

vantó las ramas con su baston, i *leyó* estas palabras. 'Aquí *yacen* las cenizas de Amíntas. Su vida solo *fué* una progresion de benefícios. *Queriéndo seguir dispensandolos* despues de su muerte, *condujo* esta fuente aquí, i *plantó* los árboles.'

"¡Bendita *sea* tu ceniza, hombre jeneroso, i todos los tuyos,[96] i cuanto te *pertenezca!*" *Diciendo* estas palabras *ví* á lo léjos, por entre los *árboles*, una persona que se *acercaba* hácia nosotros; *era* una jóven mui bella que *venía* á la fuente con un cántaro. "Yo os *saludo*," nos *dijo*,[96] con una voz graciosa "vosotros *sois* estranjeros, i *estais* cansados[97] de lo mucho que *habeis* andado con el calor que *hace*.[98] *Decidme ¿necesitais* de otros refrescos que aquí no *hayais* encontrado? "Te lo *agradecemos*," le *dije* yo, "sí, te lo *agradecemos*, mujer amable i bienhechora; ¿qué *podrémos desear* ya? El água de esta fuente *es* tan pura, como las frutas deliciosas, i fresca la sombra. *Estamos* llenos de veneracion por el hombre de bien cuyas cenizas se *hallan*[99] aquí; su beneficéncia *previno* á todas las necesidades de los viajeros. ¿Tú *paraces ser* de este sítio; le *habrás* conocido[100] sin duda. ¡Ah! *dinos*, miéntras *reposamos* á la sombra, quien *fué* este hombre virtuoso." Entónces ella se *sentó; puso* el cántaro á su lado, i *principió* con una sonrisa graciosa de este modo:

"Pues que *deseais saber* quien *era* el que *yace* en esa tumba, como *hizo* esta fuente i *plantó* los árboles, *voi á decíroslo.** Amíntas se *llamaba*[101] este hombre de bien. *Ser* útil

---

[96] *Los tuyos*, 'thine,' i. e. thy family, relations, &c. Note 74.
[96] *Nos dijo*, 'said she to us.'
[97] *Á causa*, 'on account,' understood.
[98] *El calor que hace*, 'this heat,' 'this warm weather.'
[99] *Se hallan*, find themselves, i. e. 'are found,' 'repose.'
[100] *Le habrás conocido*, 'you must have known him.' The future is used because the person who spoke was not sure that she had really known the old man.—See Grammar, R. XLIII. note 2, p. 196.

* *Decíroslo*, 'to tell it to you.'—Grammar, R. XXIV. note, 1, p. 160
[101] *Se llamaba*, called himself, 'was called,' 'was the name of'

á los hombres i *honrar* á Dios, *era* su ocupacion mas dulce,[102] i no *hai* sítio alguno[103] en estos alrededores, donde su memória no se *reveréncie*[104] con ternura; nádie, sin *derramar* lágrimas, *puede contar* los rasgos de su beneficéncia i bondad. En sus últimos dias, *venía* continuamente á *sentarse* aquí al·lado del camino, i con su aire dulce i amable *saludaba* á los viajeros, *ofreciéndo* refresco á los fatigados.

'¡I qué!' *dijo* un dia, '¿ si *conduzco* aquí una fuente i *planto* árboles frutales, ¿ no *aliviaré* mucho tiempo, aun despues de mi muerte, á los que, fatigados de los calores, *lleguen* aquí en el mediodía? La sombra i el água *están* léjos de este sítio, es necesário *ejecutar* mi desígnio.' Efectivamente, él, con sus própias manos, *guió* el água, i *plantó* los árboles; *procurando* que sus frutos *madurasen* en diferentes sazones. No *ha* tenido el gusto de *verlos*, mas se *ha* paseado bajo la naciente sombra de los arbustitos, que *prendiéron* i *creciéron* en su tiempo. Cuando el cielo *llamó* su alma á sí, para premiar su beneficéncia, nosotros *depositamos* su ataud en esa tumba, para que cuantos *pasasen bendijesen* sus cenizas."

Á esta relacion, llenos de respeto, *bendijímos* las cenizas de aquel hombre estimable, *diciendo* á la pastora: "Esta fuente nos *ha* parecido bien dulce; la frescura de la sombra nos *ha* recreado; pero mucho mas nos *ha* sido interesante la narracion que *acabas* de *hacernos*.[105] ¡*Bendigan* los Dioses todos los instantes de tu vida!" Llenos de un afecto relijioso, *dirijímos* nuestros pasos al templo de Apolo.

Cecílio de Córpas.

---

[102] *Mas dulce*, more sweet, i. e. 'sweetest.'—Grammar, R. XXI. p. 154.
[103] *No hai sítio alguno*, 'there is no place.'—Grammar, Observation, p. 150.
[104] *No se reveréncie*, 'is not revered.'
[105] *Acabas de hacernos*, 'you have just made to us

EL VIEJO RELIJIOSO.

En la tarde de un hermoso dia de verano,[106] *salí* á pasear para *disfrutar* la frescura del campo. Á pocos pasos, *perdí* de vista mi heredad, i *empezó á ensancharse* mi espíritu[107] con los objetos que se[108] le *presentaban*. Ya los ganados *entraban* en sus rediles, i los bueyes con paso lento *volvian* á sus casas, cuando distraido me *hallé* á la orilla de un lago, bastante entrada[109] la noche. *Contemplaba* la hermosura de las águas, la inmensa majestad del cielo, i el hermoso órden i armonía de los séres, cuando una voz me *distrajo* de mis meditaciones. *Volví* la vista, i *advertí* cerca de mí á un respetable anciano de rodillas, que *oraba* vivamente. *Fijé* la atencion, i con el siléncio, *entendí* estas palabras:

"O tú, cuyo poder *es* infinito, padre de los hombres, desde ese trono sublime, rodeado de coros inumerables de espíritus puros, *dígnate escuchar* á un débil mortal, i *recibir* sus homenajes.

"En médio del siléncio de la noche *elevo* mi voz, i *vengo á adorar*te, intelijéncia, eterna, que me *has* sacado de la nada

"El universo, gran Dios, *es* tu templo, i los cielos inmensos la bóveda de esta iglésia magnífica de que el hombre puro é inocente *es* el sacerdote.

"¡Cómo, insensatos mortales, *podéis desconocer* esta sabiduría visible i universal que *gobierna* el mundo. ¿Cómo, á la vista de los globos que *circulan* al rededor de las nubes, de los mares profundos, i de esos tesoros esparcidos con tanta profusion en la superfície de la tierra, *olvidais* á su Autor todo poderoso?

---

[106] *Dia de verano*, 'summer day.'—Grammar, R. XV. note 2, p. 141.
[107] Construct *mi espíritu empezó á ensancharse*.
[108] Remember that SE is used to form the passive voice.
[109] *Bastante entrada*, 'sufficiently advanced.' Participles are frequently used in an absolute manner.—Grammar, R. LIII. note 4, p. 205.

ANECDOTES.

"Yo te *bendigo*, Dios supremo, por *haber*me criado[110] en el campo, léjos de esas ciudades corrompidas, i de *haber*me apartado de todo orgullo i ambicion. Grácias á tu bondad paternal, gozo *hace* un siglo[111] de los verdaderos bienes de la vida, la paz del alma, i la feliz mediocridad.

"Jamas *has* cesado de *prodigar*me los bienes de tu amor; mis últimos dias aun *son* marcados por tus benefícios; abundantes mieses *llenan* mis graneros; *riegas* mis praderías, i mis árboles *están* esentos de las fúrias del aire. Por colmo de felicidad, me *has* conservado mi esposa i los dos hijos que *hacen* la delícia de nuestros dias. ¡Dios mio, nada *deseo* sino *morir* ántes que ellos! Lo *conozco*; toco el fin de mis dias; pronto mis cenizas se *mezclarán*[112] con las de mis padres; cuando esto se *verifique;* yo os *recomiendo* mis hijos; *tened* piedad de[113] su tierna madre; *velad* sobre estos objetos caros; ó Dios mio, no los *abandones* jamas."

Acabando estas palabras, sus ojos se *bañáron* de[114] lágrimas; profundos suspiros *eshalaba* su corazon, i apénas *respiraba*. Yo creí ver entónces no sé que[115] de divino *brillar* en aquel rostro. *Levantóse* tranquilmente, i se *retiró* á su casa, donde yo le *oí* mucho tiempo *continuar bendiciendo* á Dios.

Ya *principiaba* á *clarear*, los pajarillos *anunciaban* el dia con sus cantos alhagüeños; el labrador *salía* con su carreta, i yo, admirado de cuanto había escuchado, me *levanté* i *volví* tranquilmente á mi heredad.

Cécilio de Córpas.

---

[110] *Por haberme criado,* 'for having brought me up.—Note 68.

[111] *Gozo hace un siglo de,* or, *hace un siglo que gozo de,* 'it is an age since I enjoy,' or, 'I have been enjoying for an age.'—Grammar, R. XL. note 2, p. 193.

[112] *Se mezclarán,* will mix themselves, i. e. 'will be mixed.'

[113] *Tened piedad de,* 'have pity on,' and not 'of,' as in Spanish.—Grammar, R. LVII. note 3, p. 217.

[114] *De,* is here translated by 'with.'

[115] *No sé que;* this expression is equivalent to the French *je ne sais quoi.* It means 'something,' 'a certain something.'

JUANOT I COLIN.

Juanot i Colin *aprendían* á *leer* en casa del maestro de la aldéa; aquel *era* hijo de un mulatero, i Colin, de un buen labrador. Estos dos jóvenes se *amaban* mucho, *teniendo* entre sí las familiaridades que siempre se *recuerdan* con gusto, cuando despues se *encuentran* en el mundo unos amigos de escuela.[116]

Ya *estaban* para[117] *acabar* sus estúdios, cuando un dia *vino* el sastre á *traer* un rico vestido i una carta al señor de la Juanotería. Colin *admiró* el traje, pero sin *envidiar*le; mas Juanot *dejó de estudiar*;[118] se *miraba* al espejo, *tomando* un aire de superioridad enfadosa con Colin. Poco tiempo despues un ayuda de cámara *vino* en posta, *trayendo* una segunda carta al señor marques de la Juanotería, que *era* la órden de su señor[119] padre que *fuese* á Paris. Juanot *montó* en la silla volante, *alargando* la mano á Colin con una sonrisa de proteccion noble. Colin *lloró*, i Juanot *partió* entre la pompa i la glória.

Es preciso *advertir* que Juanot el padre, á fuerza de intrigas, *había adquirido* rápidamente bienes inmensos en los abastos;[120] *hacía* seis meses que *había* comprado un marquesado, cuando *retiró* de la escuela al señor marquesito, para *entrar*le en Paris en el gran mundo.

Colin, siempre tierno, *escribió* una carta á su antíguo compañero; pero el marquesito no *contestó*, i Colin *estuvo* enfermo de la pesadumbre.

El señor de la Juanotería *trataba* de *educar* brillantemente á su hijo; pero la señora marquesa no *quiso* que *aprendiese*

---

[116] *Unos amigos de escuela*, 'school-mates.'
[117] *Estaban para*, idiomatic, 'they were about.'
[118] *Dejó de estudiar*, idiomatic, 'no longer studied,' 'left off studying.'
[119] *Su señor padre*, 'his father.' *Señor* is placed before *padre, madre, humano*, and before titles of honour, to express respect and deference.
[120] *En los abastos*, idiomatic, 'as purveyor.'

el Latin, pues que en los teatros se *hablaba* Frances;[121] tampoco le *gustó* la jeografía, pues que los postillones *tienen* la obligacion de *saber* los caminos: en fin, se *decidió* que el marquesito *aprendiese* á bailar. Este, dedicado á semejantes taréas, se *hizo* un libertino, *gastando* sumas inmensas en falsos placeres, interin los marqueses[122] padres[123] solo se *ocupaban* de[124] *vivir* como grandes señores.

Una viuda jóven i noble,[125] de poca fortuna, se *resolvió de apoderarse* de los bienes de los marqueses, *casándose* con el señorito. Una vieja *propuso* la boda. Los padres, deslumbrados con la noble alianza, *hiciéron* los preparativos. En la noche del matrimónio, ya cerca de *efectuarse*[126] la ceremónia, *llega* un criado mui de prisa: "Señores," *dijo*, " yo *traigo* otras novedades; los acreedores i la justicia se *han* apoderado de la casa; todos *huyen*, i *trato* de *asegurar* mis salários." "*Veamos* que *es* eso," *dijo* el marques. " Sí," *replicó* la viuda, " *id á castigar* á esos villanos." Efectivamente *corre*, i *halla* á su padre preso, los criados prófugos, i todo embargado; su madre sola, *llorando*, no le *respondía* nada, sino con suspiros por sus perdidas grandezas.

Despues que *lloró* con su madre, *pasó* á casa de la nóvia,[127] quien, enterada del suceso, le *preguntó* qué *quéria*. El nóvio *queda* inmóvil. "¿Así *abandonais* á vuestra madre?" *dijo* la viuda; "*id i consoladla; decid*le que le *quiero* bien, i si *nece-*

---

[121] *Se hablaba Frances*, 'French was spoken.'—Note 72.

[122] *Los marqueses*, 'the marques and marchioness.' The masculine plural of any title refers both to the male and female.

[123] *Padres*, 'his parents,' 'old.'

[124] *Solo se ocupaban de*, 'they only thought of.'

[125] The author has said nothing in regard to the agreement, position and accidents of adjectives; because they offer very little difficulty in translation. The student, however, is referred to Grammar, from page 142 to 150, where he will find whatever he may wish concerning them.

[126] *Efectuarse*, the same as *ser efectuado*, 'to be,' or 'being effected.'

[127] *Casa de la nóvia*, 'bride's.'—Grammar, R. XL. note 4, p. 141.

sito una criada, á ninguna mejor que á esa pobre mujer *daré* la preferéncia." El marques, pasmado, lleno de cólera, *va á visitar* á sus amigos, los que le *recibiéron* afectadamente, *dándo*le vagas esperanzas. En média hora *conoció* el mundo mejor que en todo el resto de su vida.

Acabado de desesperacion, *vió acercarse* una berlina vieja con cortinillas[128] de cuero, seguida de cuatro carretas mui cargadas. *Venía* en el coche un hombre rústico, pero de buena cara, con su mujer i família. El viajero *contempló* al marques inmoble i dolorido : "¡O Dios!" *grita*, "yo *creo* que *es* Juanot." A este nombre, el marques *alzó* la vista, i el coche se *detuvo*. "Sí, *es* Juanot, no *hai* duda." El hombre se *apeó*, i *corre* á *abrazar* á su compañero ; Juanot *reconoció* á Colin. "Tú me *has* abandonado," le *dijo* éste, "aunqué *seas* gran señor, yo te *amaré* siempre." Juanot, confuso i enternecido, le *contó* su história. "*Ven* á la posada donde *estoi*," *respondió* Colin, "i me *dirás* el resto ; *abraza* á mi mujer, *vamos* á *comer* juntos."

Todos *fuéron* á pié, seguidos del equipaje. "¿Á quien *pertenece* eso ?" *dijo* el marques. "Todo *es* mio i de mi mujer,"[129] *contestó* Colin. "*Dirijo* una fábrica de manufactura de hierro i cobre ; me *he* casado con la hija de un negociante rico ; *trabajamos*; Dios nos *bendice*, i somos felices. Te *ayudarémos*. No *seas* mas marques, pues ninguna grandeza *vale* un buen amigo ; *vendrás* conmigo al campo ; te *daré* parte en los negócios, i *vivirémos* alegres en la tierra en que *hemos* nacido."

Juan se *veía*[130] traspasado de dolor i alegría ; la ternura i la vergüenza le *decían:* 'Todos los amigos te *han* sido infieles, i Colin despreciado *viene* solo al socorro de la desgrácia.'

---

[128] *Cortinillas de cuero,* 'leather curtains.'—Grammar, R. XL. note 2, p. 141.
[129] *I de mi mujer,* 'and my wife's.'—Grammar, above R.
[130] *Se veia,* saw himself, i. e. 'was.'

¡Que instruccion! La bondad de Colin *desplegó* el buen natural del corazon de Juanot, que el mundo no le *había* quitado[131] todavía, i *conoció* le[132] *era* imposible *abandonar* á sus padres. "Nosotros *cuidarémos* de tu madre, i en cuanto á tu padre, que *está* preso, yo *entiendo* de negócios, i me *encargaré* de los suyos."[133] Efectivamente, *logró desenredar*le de las manos de los acreedores, i Juanot *volvió* á su pátria con sus padres, que *ejerciéron* su antígua profesion; *casó* con una hermana de Colin, que le *hizo* feliz, i los tres marqueses *conociéron* que la dicha no *está* en las vanidades del mundo.

Cecílio de Córpas.

VALOR DE LA AMISTAD.

Un Español i un Frances, marineros, se *hallaban* cautivos en Arjel; el primero se *llamaba* António i el otro Rojério, i la casualidad *hizo* los *empleasen*[134] en un mismo trabajo. Como la amistad *es* el consuelo de los desgraciados, los dos cautivos se *consolaban* mutuamente, *hablaban* de sus famílias, *lloraban* juntos, i así *sobrellevaban* las penas á que *estaban* condenados.

Estaban trabajando en la construccion de un camino que *atravesaba* una montaña; un dia el Español se *detuvo*, i *dejando caer* sus brazos; *dió* un profundo suspiro, *mirando* toda la estension del mar: "Amigo," *dijo* á Rojério, "todos mis votos se *hallan* en esa estension de água: ¡que no[135] pu-

---

[131] *No* LE *había quitado*, 'had not taken away *from him*.'—See next note.

[132] *Le* 'for him.' As verbs, substantives and adjectives, in Spanish, require sometimes, prepositions different from those which they require in English, LE, must often be translated by 'in,' 'for,' 'from,' 'with him' or 'her.' The same may be observed in regard to *me, te, se, nos, os, les.*

[133] *De los suyos*, 'of his.'—See note 74.

[134] *La casualidad hizo los empleasen*, idiomatic, 'they were by chance employed.'

[135] *Que no*, idiomatic, 'would that.'

diera *atravesar*la contigo! *Creo ver*[136] á mi mujer é hijos que me *alargan* los brazos desde Cádiz, ó que *lloran* por mi muerte." António *estaba* embebido en esta imájen, i cada vez que *venía* á la montaña, *miraba* con melancolía todo el espácio que le *separaba* de su país.

Un dia *abrazando* con transporte á su compañero : " *mira*,"[*] le *dijo*, " desde aquí *veo* un buque ; él no *abordará* hácia este sítio ; pero, si tú *quieres*, Rojério, mañana *acabarán* nuestros males i *seremos* libres. Sí, mañana ese buque *pasará* á dos léguas de la costa, i entónces nos *precipitarémos* al mar de lo alto de la roca : *esperarémos* el buque, ó *pereceré-mos*, pues la muerte *es* preferible á una cruel esclavitud." " Si tú *puedes salvarte*," *respondió* Rojério, " con gusto lo *sufriré* todo ; pero *vé* á *buscar* á mi pádre, i si su vejez no le *ha* quitado la vida, *dile*" . . . . . "¡ Que *vaya* á *ver* á tu padre !" "¿ pues que *pretendes hacer?* yo no *puedo partir dejándo*te esclavo. Pero yo no *sé nadar*, i tú sí."[137] "Yo sé *amarte*" *respondió* el Español *estrechando* á Rojério contra su pecho ; " mi vida *es* la tuya, los dos nos *salvarémos*, pues la amistad me *dará* vigor ; tú te *atarás* con este ceñidor." " *Es* inútil, António, *pensar* en eso ; yo no *espongo* á un amigo á que *muera*;[138] ese ceñidor se me *escapará* ó te *sumirá* conmigo en el fondo." " Pues bien nos *ahogarémos*. ¿ Pero á que *formar*[138] esos temores ? La amistad *sostendrá* mi valor, te *amo* mucho para que *deje* de[139] *hacer* milagros. Mas

---

[136] *Creo ver*, 'I believe I see.' One verb governs another in the infinitive, as the student must have observed before now.—Grammar, R. LV and notes, p. 215.

[*] *Mira*, 'see,' (thou.) Intimate friends address themselves with *tú*, and not *vmd*, 'you.'

[137] *I tú sí*, 'and you do.' *Sí*, and *no*, serve to affirm or deny the action of a preceding verb without repeating it ; as, *en tú está bien, i en mí* NO; 'in thee it is right, and in me it IS NOT;' *ellos no pueden; pero vmd sí*, they cannot, but you CAN.'

[138] *Á que*, the same as *para qué*.

[139] '*Deje de*,' 'I should fail to.'

los que nos *guardan* me *parecen estar* alerta, i aun *hai* compañeros tan viles que nos *pueden delatar.* " Á Dios, *oigo* la campana que nos *llama; es* preciso *separar*nos. Adios, amado Rojério."

Todo la noche *estuvo* Antónío *pensando* en su viaje, *creyendo* mui fácil el paso del mar hasta el buque. Rojério al contrário se *figuraba* ahogado, i causante de la pérdida de su compañero. Por la mañana, como no *sacasen*[140] los esclavos á la hora ordinária, el Español se *devoraba* de impaciéncia, i Rojério no *sabía* si *debía alegrarse ó sentir* este contratiempo. En fin, *viniéron á llevar*los al trabajo, i al *caer* del dia,* *viéndose* solos los dos amigos,[141] *esclamó* Antónío: *"Aprovechémos* el momento." "No, amigo mio, jamas *podré resolverme á esponerte.* Adios, adios, te *abrazo* por la última vez, *sálvate, acuérda*te de mí, no te *olvides* de mi padre, *consuéla*le." A estas palabras, Rojério *cayó* en los brazos de Antónío, *derramando* un torrente de lágrimas." "*Lloras*, Rojério; no *son* lágrimas[142] lo que ahora *conviene*, sino valor i espíritu; si nos *detenemos, somos* perdidos, i tal vez jamas *hallarémos* otra ocasion: *escoje; ó vienes,* ó me *rompo* la cabeza contra las rocas." El Frances se *arrodilla;* pero el otro *persiste;* en fin, al cabo de un instante, Antónío le *abraza* tıernamente, i *ganando* la elevacion de una roca, se *precipitan* en el mar. *Caen* al fondo, *suben*; Antónío *nada llevando* á Rojério, que *parece openerse* á los esfuerzos de su amigo, por temor de *causar* su pérdida.

Los que *estaban* en el buque, sorprehendidos de un espectáculo que no *distinguian* bien, *creían* que *era* un mónstruo marino lo que se *acercaba* á ellos. Un nuevo objeto *llama*

---

[140] *Como no sacasen*, 'as they did not turn out.'

* *Al caer del dia,* 'at the fall of day.'

[141] Construct *los dos amigos viéndose solos.*

[142] *No son lágrimas,* 'it is not tears.'—Grammar, Observation in N. B. p 108.

su curiosidad: una chalupa se *apresuraba* en *seguir* lo que *juzgaban* mónstruo marino, i *eran* los soldados de la guárdia de los esclavos, que *trataban* de *alcanzar* á António i Rojério. Este los *vió venir; mira* á su amigo que *parecía debilitar*se;[143] *hace* un esfuerzo, i se *separa* de António, *diciéndo*le: "nos *persiguen; sálva*te i *déja*me *morir*, pues *interrumpo* tus esfuerzos." Apénas *dijo* esto, *cayó* al fondo del mar. Un nuevo transporte de amistad *reanimó* al Español, i *abalanzándo*se al Frances, le *coje* al momento de *perecer*, i ámbos *desaparecen*.

La chalupa, incierta del rumbo por donde *debía marchar*, se *había* detenido, miéntras que una lancha enviada del navío *pasaba* á *reconocer* lo que desde él apénas *distinguían*; en fin, *viéron* dos hombres de los cuales el uno *tenía* abrazado al otro, *esforzándo*se en *nadar* hácia la barca. Al momento *voló* ésta á su socorro, i ya António *estaba* por[144] dejar *escapar* á Rojério, cuando *oye gritar* desde la lancha; entónces *estrecha* á su amigo; *hace* nuevos esfuerzos, i *agarra* con mano desfallecida uno de los bordes de la barca. Prócsimo *estaba* á *soltar*se cuando los *ayudáron;* las fuerzas de António *estaban* apuradas, i solo *pudo esclamar:* "*socorred* á mi amigo; yo *muero.*" Rojério, que *estaba* desmayado, *abrió* los ojos, i *viendo* á António tendido sin muestras de vida, se *avanzó* á él *abrazando*le i *dando* gritos: "¡Mi amigo, bienhechor mio! ¿*es* posible que yo *sea* tu asesino? ¡Ah! ¡*pierda* yo[145] una vida desgraciada, *habiendo* perdido á mi amigo!"

El cielo, que sin duda se *conmueve* de las lágrimas cuando *son* sinceras, *dió* una muestra de su bondad en favor de un afecto tan raro. António *arrojó* un suspiro; Rojério *grita* lleno de júbilo; todos se *acercan* á *socorrer* al desgraciado Español, quien, *abriendo* los ojos i *dirijiéndo*los hácia su compañero, *esclamó:* "¡he salvado á mi amado Rojério!"

---

[143] *Debilitarse*, 'to become, to grow weak.'
[144] *Estaba por*, idiomatic, 'was about to,' 'on the verge of.'
[145] *Pierda yo*, 'may I lose.'

La barca *llegó* al navío, i estos dos hombres *inspiráron* el mayor respeto á todos. Rojério *llega* á Fráncia, *corre* á los brazos de su padre, que *piensa morir* de alegría; i á poco[146] *fué* nombrado gondolero de los estanques de Versalles. El Español, á quien se le *ofreció* un destino, *quiso* mejor ir á su tierra i *quedarse* con su mujer é hijos; mas la auséncia no *disminuyó* nada la amistad de ámbos.

Cecílio de Córpas

LA CONSTÁNCIA DEL AMOR.

EN el tiempo que Antequera *estaba* ya en poder de Cristianos, i frontera contra el reino de Granada, *había* en ella un caballero, Alcaide de aquella ciudad, que se *llamaba* Narváez. Este, como *era* costumbre, *hacía* entradas en tierra de Granada algunas veces, otras *enviaba* jente suya que las *hiciese;* el mismo estilo *tenían* los Granadinos[147] en todas aquellas fronteras. *Acaeció* una vez que Narváez *envió* ciertos caballos á *correr,* los cuales *partiendo* á la hora que *conviene partir* para aquel efecto *entráron* bien dentro de la tierra de Granada: i *yendo* por su camino[148] no *hallaron** otra presa sino *fué* un esforzado mozo el cual *venía* de la manera que aquí se *dirá;* i por *ser* de noche[149] no *pudo escaparse*; porqué sin *pensar, dió* en[150] los caballos de Narváez, i ellos tambien en él: i *viendo* que no *había* otra cosa en que *ganar*,[151] i avisados del jóven que toda la campaña *estaba*

---

[146] *Á poco,* 'a little while,' or 'time after.'

[147] *El mismo estilo tenian los Granadinos,* 'the Granadians in their turn did the same.'

[148] *Yendo por su camino,* 'going, following their way.'

* *Ninguna,* 'any,' understood.

[149] *Por ser de noche,* 'being, as it was, in the night time.'

[150] *Dió en,* idiomatic, 'fell upon,' 'met unawares.'

[151] *No había otra cosa en que ganar,* 'nothing else could be obtained.'

límpia, otro dia de mañana[152] se *volviéron* á Ronda i *presentáron*le á Narváez.

Era este mancebo de hasta veinte i dos á veinte i tres años, caballero i mui jentil hombre: *traía* una marlota de seda morada mui bien guarnecida á su modo,[153] una toca corta mui fina sobre un bonete de grana, en un caballo mui escelente i una lanza i una adarga labrada como *suelen ser* las de Moros principales. Narváez le *preguntó* quien *era*, i él *dijo* que *era* hijo del Alcaide de Ronda, bien conocido entre Cristianos por *ser* hombre de guerra.[154] *Preguntándo*le donde *iba*, no *respondió* palabra; porqué *lloraba* tanto que las lágrimas le *impedían* el habla. Narváez le *dijo:* "*Maravíllo*me de tí, que *siendo* caballero é hijo de un Alcaide tan valiente como es tu padre, i *sabiendo* que estos *son* casos de guerra, *estés* tan abatido i *llorés* como mujer, *pareciendo* en tu disposicion buen soldado i buen caballero." A este *respondió* el Moro: "No *lloro* por *verme* en prision, ni por *ser* tu cautivo, ni estas lágrimas *son* por la pérdida de mi libertad, sino por otra mui mayor i que me *duele* mas que *verme* en la fortuna que me *veo*."

Oidas estas palabras, Narváez le *rogó* mucho que le *dijese* la causa de su llanto, i el mancebo le *dijo:* " *Sábe*te que ha muchos dias que[155] yo *soi* servidor i enamorado de una hija del Alcaide de un tal castillo, i *he*la servido con mucha lealtad, i muchas veces *he* peleado por su servício contra vosotros los Cristianos, i ella ahora *viendo* la obligacion, que me *tenía*[156] *era* contenta de *casarse* conmigo, i *había*me enviado á *llamar*[157] para que la *sacase*, i *venirse** en mi compañía á mi

---

[152] *Otro dia de mañana,* 'the next day in the morning.'

[153] *Á su modo,* 'after his fashion.'

[154] *Hombre de guerra,* 'a military man.'

[155] *Sábete* or *sabe que ha muchos dias que,* 'it is some time since.'

[156] *Que me tenía,* 'under which she was to me.'

[157] *Habíame enviado á llamar,* 'she had sent for me.'

* *Ella*, 'she,' understood.

casa, *dejando* la de* su padre por amor de mí, i *yendo* yo con este contentamiento *esperando alcanzar* cosa tan deseada, *quiso* mi mala fortuna que me *tomasen* cautivo tus caballos, i *perdiese* mi libertad i todo el bien i buena ventura que *pensaba tener:* si esto te *parece* que no *merece* lágrimas, yo no *sé* con que *mostrar* la miséria en que *estoi*."

Fué tanta la piedad que Narváez *tuvo,* que le *dijo:* "Tú eres caballero, i si como caballero me *prometes* de *volver* á mi prision, yo te *daré* licéncia sobre tu fé." El Moro lo *aceptó,* i *dándo*le palabra se *partió,* i aquella noche *llegó* al castillo donde *estaba* su dama, donde *tuvo* mui buena forma de *hacer*le *saber* que *estaba* allí, i ella se *dió* tan buena maña[158] que le *dió* hora i lugar donde la *pudo hallar* á solas; mas todo el razonamiento del Moro *fuéron* lágrimas sin *poder*le *hablar* palabra: i maravillada la Mora de esto le *dijo:* "Como *es* esto; ¿ahora que *tienes* lo que *deseas,* pues me *tienes* en tu *poder* para *llevar*me, *muestras* tanta tristeza."?
El Moro le *respondió:* "*Sábe*te que *viniendo* á *verte* yo *fuí* cautivo de los caballos de Anteguera, i me *lleváron* á Narváez, el cual, como caballero, *sabiendo* mi mala fortuna me[159] *tuvo* lástima, i sobre mi *fé* me *dió* licéncia que te *viniese* á *ver;* i así yo vengo á *verte,* no como libre, sino como esclavo; i pues yo no *tengo* libertad, no *plegue* á Dios[160] que *queriéndo*te yo tanto, te *lleve* á donde *pierdas* la tuya: yo me *volveré,* porque *he* dado mi fé, *procuraré rescatar*me, i *volveré* por tí."

La Mora le *respondió:* "Antes de ahora me *has* mostrado

---

* *La de,* 'that of.'

[158] *Se dió tan buena maña,* 'she acted with so much address.'

[159] Verbs, adjectives, and substantives, requiring sometimes, in English, prepositions different from those required in Spanish, ME often represents the meaning of 'to,' 'on,' 'with,' 'from,' 'in me.' The same may be observed in regard to *te, le, se, nos, os,* and *les.*

[160] *No plegue á Dios,* 'God forbid.'

lo que[161] me *quieres*, i ahora me lo *muestras* mejor, pues *tienes* tanto respeto á mi libertad; mas pues *eres* tan buen caballero que *miras* lo que á mi me *debes*, i lo que *debes* á tu fé, no *plegue* á Dios que yo *esté* en compañía de nádie[162] sino *fuere* la tuya, i aunque no *quieras*, me *he* de *ir* contigo, i si *fueres* esclavo, *seré* esclava, i si Dios te *diere* libertad, á mí me[163] la *dará* tambien: aquí *tengo* este cofre con mui preciosas joyas, *tóma*me á las ancas de tu caballo, porqué yo *soi* mui contenta de *ser* compañera de tu fortuna."

Dicho esto se *salió* con él, i él la *tomó* á las ancas del caballo, i otro dia *llegáron* á Anteguera donde se *presentáron* delante de Narváez, el cual los *recibió* mui bien, i les *hizo* mucha fiesta,[164] *dándo*les algunas cosas, *alabando* el amor de la Mora i la palabra i verdad del Moro; i otro dia les *dió* licéncia que se *fuesen* libres á su tierra, i los *mandó acompañar* hasta *poner*los en salvo. Esta aventura, el amor de la doncella i del Granadino, i mas la jenerosidad del Alcaide Narváez, *fué* mui celebrada de los buenos caballeros de Granada, i cantada en los versos de los mejores injénios de entónces.*

José António Cónde.

---

[161] *Lo que*, here, synonymous of *cuanto*, 'how much.'

[162] *De nádie*, 'of no one,' meaning 'of any one.'

[163] *Á mí me*, 'to me.'—See reasons for this tautology, Grammar, Observation 2, p. 165.

[164] *Les hizo mucha fiesta*, idiomatic, 'he entertained them with great cordiality.'

* This historical anecdote has been beautifully translated into English by Washington Irving.

WITTICISMS AND TALES.

EL VALIENTE UFANO.

Uno mui preciado de[165] maton se *llegó* á Madrid á un gran señor *ofreciéndo*se á *servir*le, como valiente suyo, para *matar* á diestra i á siniestra[166] á cuantos se le *antojase*.[167] Este *había* recibido muchas heridas en algunas pendéncias, i *presentaba* por testimónio de su valentía las cicatrices. El señor le *déspidió* con irrision *diciéndole*: " *Tráiga*me V. para valientes mios á los que le *diéron* todos esos golpes; que á esos me *atengo* en todo caso.

Jerónimo Feijóo.

EL MÉDICO TUNANTE.

Llegó en la ciudad de Zaragoza un tunante *publicando* que *sabía* raros arcanos de medecina; entre otros, el de *remozar* las viejas. La prosa del bribon *era* tan persuasiva, que las mas del pueblo lo *creyéron*. *Llegáron* pues muchísimas á *pedir*le que les *hiciese* tan preciõso benefício. El les *dijo*, que cada una *pusiese* en una cedulilla, su nombre i la edad que *tenía*, como circumstáncia precisa para la ejecucion del arcano. *Había* entre ellas septuajenárias, octojenárias, nonajénarias.

*Hiciéron*lo así puntualmente, sin *disimular* alguna ni[*] un dia de edad para no *perder* la dicha de *remozarse*; i *fuéron* citadas por el tunante para *venir* á su posada el dia siguiente. *Viniéron*, i él, al *verlas*,[168] empezó a *lamentar* de que una

---

[165] *Mui preciado de*, the same as *que se preciaba mucho de*, 'who prided himself on being.'

[166] *Á diestra i á siniestra*, 'at random.'

[167] *Se le antojase*, 'it might cross his fancy,' 'he might wish.'—Grammar, Observation 3, p. 221.

[*] *Siguiera*, understood; *ni siguiera*, 'not even.'

[168] *Al verlas*, 'on seeing them.' *Al*, thus used, means 'on.'

bruja le *había* robado todas las cedulillas aquella noche, envidiosa del bien que le *esperaba;* así que *fué* preciso *volver* á *escribir*[169] cada una su nombre i edad de nuevo; i por no *retardarles* mas el conocimiento,* les *declaró,* que toda la operacion se *reducía* á que, á la que *fuese* mas vieja[170] entre todas, *habían* de quemar viva; i *tomando* las demas una porcion de sus cenizas, todas se *remozarían.*

Pasmáronse al *oir* esto las viejas; pero crédulas siempre de la promesa, *tratan* de *hacer* nuevas cédulas. *Hiciéronlas* en efecto, pero no con la legalidad que† la vez primera; porqué medrosa cada una de que ella por‡ mas vieja le *tocase ser*[171] sacrificada á las llamas, ninguna *hubo* que no se[172] *quitase* muchos años. La que *tenía*[173] noventa§, *pongo* por ejemplo, se *ponía* cincuenta; la de‖ sesenta, trenticinco, &c. *Recibió* el picaron las nuevas cédulas, i *sacando* entónces las que le habían dado el dia antecedente, *hecho* el cotejo de unas con otras, les *dijo:* "Ahora bien, señoras mias; ya Vds *lográron* lo que les[174] *prometí;* ya todas se *remozáron.* Vmd *tenía* ayer noventa años, ahora ya no *tiene* mas que cincuenta Vmd. ayer sesenta, hoi trenticinco." *Discurriendo* así por todas[175] las *despachó* tan corridas, como se *deja conocer.*[176]

El mismo.

---

[169] *Volver á escriber,* 'to write again.'—Grammar, note 2, p. 219.

* *Del secreto,* 'of the secret,' understood.

[170] *Á que, á la que fuese mas vieja,* 'to this, that her who was the oldest.'

† *Las hiciéron,* 'they made them,' understood.

‡ *Ser,* 'being,' understood; *por ser,* 'as she was.'

[171] *Le tocase ser,* 'should fall upon her lot to be.'

[172] *Se,* to her; here, 'from her.'—See note 157.

§ *Años,* 'years,' understood.

[173] *Tenía,* 'she was;' *tener* is used instead of *ser,* speaking of age.

‖ *De edad,* 'of age,' 'old,' understood.

[174] *Les,* 'you,' *le* and *les,* are objectives of *Vmd.* and *Vmds.* as well as of *el i ellos.* See those various words in the vocabulary.

[175] *Discurriendo así por todas,* idiomatic, 'addressing them all thus.'

[176] *Como se deja conocer,* as it lets itself be known, i. e. 'as it appears,' 'as the thing itself shows,' 'as it is manifest.'

RESPUESTA DE UNO AL PROVISOR.

Un hombre que *quería apartarse* de su mujer, con quien *tenía* poca paz, *pareció* á este fin ante el provisor. *Estrañó* éste la propuesta, porqué conocía la mujer i era de buenas cualidades. "*¿Porqué quereis dejar* á vuestra mujer?" le *preguntó* el provisor; "*¿no es* virtuosa?" "Sí, señor," *respondió* el hombre. "¿No *es rica*?" "Sí, señor." "¿No *es* fecunda?" "Sí, señor." En fin, á todas las partidas *respondía* en abono suyo. "Pues," le *dijo* el pretor; "si vuestra mujer *tiene* tantas calidades buenas, ¿porqué queréis *apartaros* de ella?" A esto el hombre, *descalzando* un zapato, *preguntó* al provisor; "Señor, ¿este zapato no *es* nuevo?" "Sí," *respondió* el provisor. *Añadió*; "¿no *está* bien hecho?" "Sí, á lo que[177] *parece*;" *respondió* el provisor. "¿No *es* de buen cordobán i buena suela?" *Respondió* del mismo modo que sí.[178] "Pues, *véa* V., con todo esto," *dijo* el descontento marido, "yo quiero *quitarme* este zapato, i *ponerme* otro que yo *sé* donde me *aprieta* i *manca*, i Vmd. no."

LA LARGA PETICION.

Estando enfermo el papa Urbano Quinto en Viterbo, *envió* la ciudad de Perusa* tres comisários á *solicitar* a su santidad[179] la espedicion de cierto negócio. Uno de ellos que *era* doctor i á quien por su grado le *tocaba hablar, compuso* i *mandó* á la memoria[180] una larga oracion sobre el asunto; *siendo tan* nécio que por mas que[181] los compañeros le *instáron* á que

---

[177] *Á lo que*, 'as far as.'
[178] *Que sí*, 'that it was.'—See note 134.
* Construct *la ciudad de Perusa envió*.
[179] *Á su santidad*, 'from her holiness.'—See note 129, 157.
[180] *Mandó á la memória*, 'committed to memory,' 'learned by heart.'
[181] *Por mas que*, 'how much soever,' 'however much.'—Grammar, *however*, p. 225.

la *acortase* no *quiso hacer*lo. Llegado el caso de la audiencia,* *enfiló* el importuno doctor toda su molestísima obra. *Siendo* Urbano de jénio benignísimo, le *toleró* sin *cortarle*, ó *interrumpirle*, aunqué se *dejaba ver*[182] la violéncia que en ello se *hacía*. Acabada la oracion, el papa, sin *negar*[183] ni *conceder*, *preguntó* a los disputados, si *querían*† otra cosa. Entónces uno de los otros dos que *era* mui discreto, i *había* notado la náusea con que el papa *había* escuchado al doctor, le *dijo:* "Santísimo Padre, otra cosa *ha* insertado nuestra ciudad en la comision, i *es,* que si Vuestra Beatitud no nos concede prontamente lo que pedimos, nuestro compañero *vuelva* á *relatar*‡ todo su sermon."

Jerónimo Feijóo.

EL ESTUDIANTE I LAS TRUCHAS.

Volviendo un estudiante de Salamanca á su tierra, con mui pocos cuartos, se *trataba* para que no se le *acabasen*[184] ántes de *conluir* el viaje, con estrecha economía por el camino. *Sucedió* que *llegando* á *hacer* noche á una posada§ donde la huéspeda *era* mujer de lindo entendimiento, lindo modo, i mucho agrado, le *preguntó,* "qué *quería cenar*." *Respondió* que‖ un par de huevos. "¿No mas, señor Licenciado?" *dijo* la huéspeda. A lo que *respondió* el estudiante; "*bástame*, señora, que yo *ceno* poco."

Trajéron los huevos, i al tiempo de *cenarlos*, le *propuso* la

---

* Construct *el caso de la audencia llegado.*
[182] *Se dejaba ver*, it let itself be seen, i. e. 'was manifest.'—See note 176.
[183] *Sin negar*, 'without refusing.'—Note 68.
† *Alguna*, 'some,' understood.
‡ See note 68.
[184] *Para que no se le acabasen*, (los cuartos,) that they (the cuartos or money,) should not end themselves to him, i. e. 'that he might not remain pennyless.'
§ Construct *á una posada á hacer noche,* 'at an inn to stop for the night.'
‖ *Quería cenar,* understood.

huéspeda unas truchas mui buenas, que *tenía* por si* las *quería*. *Negóse* el estudiante al envite. "*Mire*, señor Licenciado," *añadió* la huéspeda, "que *son* mui ricas, porqué *tienen* las cuatro F. F. F. F." "¿Como las cuatro efes?" *replicó* el estudiante. "¿Pues no *sabe*, señor Licenciado," *repuso* la huéspeda, "que las truchas para *ser* regaladas *han* de *tener* las cuatro efes?" "Nunca tal† *he* oído," *dijo* el estudiante, "y *quisiera saber*, qué cuatro efes *son* esas, ó que *significa* ese enigma." "Yo se lo *diré*, señor," *respondió* la huéspeda "*quiere decir*, que las truchas mas sabrosas *son* las que *tienen* cuatro circunstancias de‡ frescas, frias, fritas, i fragosas." A lo que *respondió* el estudiante, "ya *caigo* en ello;[185] pero, señora, si las truchas no *tienen* otra efe mas, para mí no *sirven*." "¿Que otra efe mas *es* esa?" *preguntó* la huéspeda—"señora, que *sean* fiadas, porqué en mi bolsa no *hai*§ con que *pagarlas* por ahora. *Agradó* tanto la agudeza á la huéspeda, que no solo le *presentó* las truchas graciosamente, mas le *previno* la alforja para lo que le *restaba* de camino.

Jerónimo Feijóo.

ESTRATAJEMA DE UN CURA.

Habiendo conspirado unos caballeros de buen humor en *meter* gorra á un cura de aldéa, que *era* mas agudo que liberal, *fuéron* con este intento de mañana á su casa, i le *manifestáron* á lo que *iban*, pretestando no *sé* que honesto motivo; él *viendo* la avenida, los *recibió* con buen semblante i buenas palabras, i al momento *despachó* los criados que *tenía* como que *iban*[186] á diferentes partes á *buscar* lo necesário para el

---

* *Acaso*, understood; *por si acaso*, 'in the event that he.'
† *Cosa*, 'thing,' understood.
‡ *Ser*, 'being,' understood.
[185] *Caigo en ello*, 'I understand it.'
§ *Dinero*, 'money,' understood.
[186] *Como que iban*, like *como si fuesen*, 'as if they went.'

convite. *Tomó* luego el breviário debajo del brazo, i les *dijo:* "Señores, con licéncia de Vmds. *voi,* miéntras se *prepara* la comida,[187] á *conciliar* un pobre apestado, á quien *confesé* ayer tarde por *dar*le el viático, porqué *está* mui de peligro," i al momento *tomó* la puerta. *Cayéron* en el lazo los caballeros,* i sin *poner* la menor duda en que *era* verdad lo que *decía* el cura, *considerando* el riesgo de que él *contrajese* el contájio del enfermo, i se le *comunicase* á ellos, se *escapáron* inmediatamente, i con tanta priesa como si la peste *fuese* tras ellos; i cada uno se *fué á comer* á su casa.

Jerónimo Feijóo.

---

[187] *Miéntras se prepara la comida,* 'while dinner is getting ready.'
* Begin by *Los Caballeros.*—See notes 2, 8, 23.

SELECT SENTENCES.

La vida no *es* un sueño; sino una realidad, anúncio i prelúdio de otra mas positiva, i mas duradera.*

Ofrecimientos *es* la moneda que *corre* en este siglo; hojas por[188] fruto *llevan* ya los árboles;† palabras por obras los hombres.†

Antónío Pérez.

Lastimar con verdades sin tiempo ni modo,[189] mas *es* malícia que[190] celo, mas *es* atrevimiento que adverténcia.

El tiempo *es* el bien mas precioso de cuantos[191] nos‡ *ha* prodigado la mano benéfica del Omnipotente. El momento actual *es* el único que nos *pertenece:* el que[192] le *precedió voló* para siempre; el que *va á seguirle*[193] *es* incierto.

Con todos los hombres *ten* paz, guerra con todos los vicios, i contigo concórdia; concertando tus palabras con tus pensa-

---

* Those sentences to which the name of their author has not been attached, are extracted from a work, entitled, '*Cartas sobre la Educacion del Bello Secso*,' written by a Chilian lady. In thought or language this book is second to none of its kind.

[188] *Por*, 'instead of.'

† See notes 9, 23.

[189] *Sin tiempo*, 'unseasonably;' *ni modo*, 'and improperly.'

[190] *Mas es* ..... *que*, 'it is ..... rather than.'

[191] *De cuantos*, 'of all those which.'

‡ *Nos*, 'upon us.'

[192] *El que*, 'that which,' 'the one which.'

[193] *Va á seguirle*, idiomatic, 'will follow it.'

mientos, tus obras con tus palabras, i tus deséos con tus obras.

Juan Eusébio Nieremberg.

Ten gran cuenta con[194] tu palabra i crédito, que quien[195] los *pierde* no *tiene* mas que[196] *perder.*

Juan Eusébio Nieremberg.

El que *responde* ántes de *oir* lo que[197] le *preguntan,* se *acredita* de nécio,[198] i merece que le *sonrojen.* La muerte i la vida *están* en manos de la léngua; segun el uso que se *haga*[199] de ella *serán* los frutos.

La prodigalidad *es* el azote de las buenas costumbres; *es* un jérmen corruptor que *emponzoña* todos los sentimientos, que nos *somete* á las mas duras privaciones, que nos *convierte* en objetos de burla i desprécio; en fin, *es* un manantial inagotable de males domésticos, i á veces de horribles catástrofes.

La pobreza no *tiene* armas contra el que[200] *sabe contentarse*[201] con poco; el vício no *tiene* prestíjios á los ojos acostumbrados al sublime espectáculo de la virtud. El fastídio no *aburre* jamas á quien[202] *sabe ocuparse;* el vano aparato

---

[194] *Ten gran cuenta con,* 'be very careful of.'
[195] *Que quien,* 'for he who.' *Que,* often means, 'for,' 'because.'
[196] *No tiene mas que,* 'has nothing else to.'
[197] *Lo que,* 'what,' 'that which.' *Ellos,* 'they,' is understood.—See note 31, and Grammar, R. XXII. p. 157.
[198] *Se acredita de nécio,* 'proves himself to be a fool.'
[199] *Se haga,* 'shall be made.'—See notes 5, 12, 18, and others.
[200] *El que,* 'him who.'
[201] *Contentarse,* 'how to be contented.'
[202] *Á quien,* 'to him who.'

del lujo, el veneno de la seduccion *son impotentes* en un corazon que *sabe dar* su verdadero précio a las cosas.

El fin de la* guerra *debe ser*[203] la* victória, el de[204] la* victória la* conquista, i el de[204] la* conquista la* conservacion i la* libertad.

La verdad *es* el fundamento i la razon de la perfeccion i de la belleza. No *sería* bella i perfecta una cosa,† de cualquiera naturaleza que *sea*, si no *fuera* verdaderamente todo lo que *debe ser*.

El órden social no *es* mas que[205] una série de sacrifícios i de condescendéncias. El jóven que no *sabe dominarse*, será el azote de los que le *obedezcan*,[206] i la víctima de sus superiores.

La agricultura *es* el princípio vital de la‡ poblacion, el oríjen material de la‡ indústria, la fuente inagotable del‡ comércio, en suma, la base i fundamento del poder real de las‡ sociedades.

Ortiz.§

---

* The article is used in Spanish, but omitted in English, before nouns taken in a general sense.—See Grammar, p. 121; and notes 2, 8, &c

[203] *Debe ser*, 'should be,' 'ought to be.'

[204] *El de*, 'that of.'—See Grammar, R. XXXVI. note 1, p. 182.

† Begin the phrase by *Una cosa*.—See note 23.

[205] *No es mas que*, 'is nothing more than,' 'nothing but.'

[206] *Le obedezcan*, 'will obey him.' The Spanish subjunctive present, frequently requires the English future of the indicative.

‡ Suppress the article in English.

§ The construction of this sentence has been changed a little from the original.

¡Qué *es* un conquistador sino un azote que la ira divina *envía* á los pueblos; un astro maligno, que solo *influye* muertes, robos, desolaciones, é incendios; un cometa, que igualmente *amenaza* á las chozas que á los palácios; en fin, un hombre enemigo de todos los hombres, pues á todos *quisiera quitar* la libertad,[207] i en la prosecucion de este desígnio á muchos *quita* la hacienda i la vida!

Jerónimo Feijóo.

Las pasiones que continuamente nos *ajitan son* mui poderosas i fuertes: no *tenemos* otras armas para *resistir* á ellas, que las de la virtud, i esta *se adquiere* con la buena crianza. Nuestra humana i flaca naturaleza nos *inclina* al mal; pero cuando *llega á gustar*[208] los encantos de la virtud, como los placeres que *produce son* verdaderos, i *traen* consigo una perpétua é inmutable tranquilidad, la *prefiere* al vício, que siempre *es* seguido de los remordimientos eternos, que en médio de los gustos i deleites del mundo, *ecsalan* unos fétidos vapores que *ofuscan* el corazon, i le *atormentan* sin *cesar*.[209]

García-Malo.

---

[207] *Á todos quisiera quitar la libertad,* 'he should like to deprive them all of liberty.'

[208] *Llega á gustar,* 'it once tastes,' 'it comes to taste.'

[209] *Sin cesar,* 'without ceasing,' 'incessantly.' A preposition in Spanish, requires invariably an infinitive, and not a participle present, as in English, when it governs a verb.—See Grammar, R. LII. note 1, p. 204.

HEROIC ACTIONS.

HUMANIDAD DEL CZAR.

Obstinado el Gobernador de Nerva en no *rendirse, entráron* los Rusianos la Plaza por asalto. *Ordenó* al punto el Czar[*] a sus oficiales, que *impidiesen* toda violéncia sobre los habitadores; mas, no *pudiendo* estos *contener* á los soldados, que furiosos[210] *robaban, violaban, i mataban* cuanto *veian, acudió* el Czar por sí mismo al remédio, i *corriendo* de calle en calle,[211] *arrancaba* las mujeres i los niños de las manos de los Rusianos; *amenazaba* á éstos con los mas severos castigos para que se *detuviesen, ayudando*, al império de su voz, el terror de su espada; pues con ella *mató* mas de cincuenta de los que[212] *halló* mas obstinados en *proseguir* las violéncias. En fin, atajado el desórden, *haciendo juntar*[213] en la Casa de ayuntamiento los principales ciudadanos, *entró* él, i *poniendo* su espada toda bañada en sangre sobre una mesa, les *dijo* estas palabras: "No *es* sangre de los ciudadanos de Nerva la de que *está* teñido este acero, sino de muchos Rusianos, que *he* sacrificado á vuestra conservacion."

Jerónimo Feijóo.

INTEGRIDAD DEL MARISCAL DE ETRÉ.

Estaban algunos cortesanos *entreteniendo* con mácsimas de política tirana, al gran Luís décimo-cuarto, cuando aquel prín

---

[*] Construct *el Czar al punto ordenó*, 'the Czar immediately ordered.'
[210] *Furiosos*, 'furiously.' In such cases the Spanish adjective is rendered by an English adverb.
[211] *De calle en calle*, 'through every street.'
[212] *De los que*, 'of those whom.'—Grammar, R. XXXV. and note, p. 180, 181.
[213] *Haciendo juntar*. 'ordering to be assembled.'—Note 71.

cipe no *tenía* mas de* quince años. A cinco mas que *tuviera*[214] el menor castigo que les *daría, sería desterrar*los para siempre de su preséncia, i de la corte. Mas la falta de esperiéncia, la capacidad, aun no del todo formada, junto con el ardor de su vivísimo espíritu, le *hacían oir* con agrado, aquella idéa de un ilimitado poder: al tiempo mismo, que el Mariscal de Etré, hombre anciano, de gran consejo i madurez, que se *hallaba* poco distante del rei, *estaba escuchando* á aquellos aduladores con suma indignacion. *Prosiguiendo* éstos su asunto, *trajéron* á la conversacion el ejemplo de los Emperadores Otomanos, *refiriendo* como aquellos monarcas *son* dueños despóticos de las vidas i haciendas de sus vasallos. "Verdaderamente eso *es* reinar," *dijo* el gran Luís, " felices monarcas por cierto." *Traspasáron*le estas palabras el corazon de parte á parte al buen Mariscal de Etré,[215] por *considerar*[216] las perniciosas resultas de aquella condescendencia, i *llegándo*se prontamente al rei, intrépido[217] le *dijo:* " pero, señor, *advertid*, que á dos ó tres de esos emperadores en mis dias les *diéron* garrote."

Jerónimo Feijóo.

HEROÏCIDAD DE GUZMAN EL BUENO.†

ENTRE los personajes malvados que *hubo* en aquel siglo, i los produjo mui malos, *debe distinguir*se el Infante Don Juan, uno de los hermanos del rei..... *Alborotóse* de

---

* *No tenía mas de,* 'he was but.'—See note 173.

[214] *Á cinco mas que tuviera,* 'had he been five years older.'—Grammar, Observation 2, p. 201.

[215] *Traspasáronle estas palabras el corazon al buen Mariscal de Etré,* 'these words pierced through good Mareschal's Etré's heart.'

[216] *Por considerar,* 'for considering,' i. e. 'as he considered.'—Note 68, 182.

[217] *Intrépido,* 'intrepidly,' 'boldly.'—Note 187.

† *Guzman el Bueno,* 'Guzman the good,' one of the greatest and best Spanish chivalrous characters of the middle ages, was intrusted by

HEROIC ACTIONS.

nuevo,²¹⁸ i no *pudiendo mantenerse* en Castilla, se *huyó* á Portugal, de donde aquel rei le *mandó salir*. De allí se embarcó, i *llegó* a Tánjer, i *ofreció* sus servícios al rei de Marruecos,²¹⁹ Aben Iacob, que *pensaba* entónces *hacer* guerra al rei de Castilla. Le *recibió* con todo honor i cortesía, i le *envió* en compañia de seis mil jinetes con los cuales *pasaron* el estrecho,²²⁰ i se *pusieron* sobre Tarifa.....

Tenía en su poder (el Infante Don Juan) al hijo mayor de Guzman que sus padres²²¹ le *habían* confiado²²² anteriormente para que lo *llevase* á la corte de Portugal, con quien *tenían* deudo.²²³ En vez de *dejarlo* allí,²²⁴ le *llevó* al África, i le *trajo* á España consigo; i entónces le *creyó* instrumento seguro para el logro de sus fines. Sacóle maniatado de la tienda, donde le *tenía*, i se le *presentó* al padre, *intimándo*le que si no *rendía* la plaza, le *matarían* á su vista.²²⁵ .....

King Sancho IV. son of Alphonsus the Learned,* at the end of the thirteenth century, with the defence of the fortress of Tarifa, the most southern point of Spain. Don Juan, brother to the king, who had in charge the oldest son of Guzman the Good, went over to the Moors and besieged Tarifa. He had Guzman's son brought before the ramparts of the castle, and told the father, that if he did not surrender, he would murder his son before his own eyes. Don Juan did so; but Guzman remained faithful to his trust.

²¹⁸ *Alborotóse de nuevo*, 'he rose in rebellion again.'
²¹⁹ *Rei de Marruecos*, 'king of Morocco.'
²²⁰ *Estrecho*, 'the straits of Gibraltar.'
²²¹ *Padres*, 'parents.' Guzman and his wife.
²²² *Le habían confiado*, 'had entrusted to him.'
²²³ *Con quien tenían deudo*, 'to whom they were related.'
²²⁴ *De dejarlo alli*, 'of leaving him there.' A preposition requires *always* the verb to be in the infinitive.—See Grammar, R. LII. note 1, p. 204.
²²⁵ *Á su vista*, 'before his eyes.'

---

* Very improperly called 'the Wise.'

Al *ver*[226] el hijo, *al oír*[226] sus jemidos, i al *escuchar*[226] las palabras del asesino, las lágrimas *viniéron* á los ojos del padre; pero la fe jurada al rei, la salud de la pátria, la indignacion producida por aquella conducta tan ecsecrable, *luchan* con la naturaleza, i *vencen; mostrándose* el héroe entero[227] contra la iniquidad de los hombres i el rigor de la fortuna.

"No enjendré hijo," *prorumpió*,[228] "para que *fuese*[229] contra mi tierra; ántes *enjendré* hijo á mi pátria para que *fuese* contra todos los enemigos de ella. Si Don Juan le *diese* muerte, á mí *dará* glória, á mi hijo verdadera vida, i á él eterna infámia en el mundo, i condenacion eterna despues de muerto.[230] I para que *vean*[231] cuan léjos *estoi* de *rendir* la plaza, i *faltar* á mi deber, allá *va* mi cuchillo, si acaso les *falta*[232] arma para *completar* su atrocidad." *Dicho* esto, *sacó* el cuchillo que *llevaba* á la cintura,[233] le *arrojó* al campo, i se *retiró* al castillo.

Sentóse á comer con su esposa, *reprimiendo* el dolor en el pecho, para que no *saliese* en el rostro. Entretanto el Infante, desesperado i rabioso, *hizo degollar* la víctima,[234] á cuyo sacrifício los cristianos que *estaban* en el muro, *prorumpiéron* en alaridos. *Salió* al ruído Guzman, i cierto de donde *nacía*[235] *volvió* a la mesa, *diciendo:* "Cuidé[236] que los enemigos en-

---

[226] *Al ver,* 'on seeing,' *al oír,* 'on hearing,' *al escuchar,* 'on listening to.' *Al,* before a Spanish infinitive, should be Englished on.

[227] *Mostrándose el héroe entero,* 'the hero maintaining himself firm.'

[228] *Prorumpió,* 'burst forth Guzman.'

[229] *Para que fuese,* 'that he might be.'

[230] *Despues de muerto,* 'after his death.'

[231] *I para que vean,* 'and that you may see.'

[232] *Les falta,* 'you are in want of,' 'you have no.'

[233] *Á la cintura,* 'at his waist.' The articles and not the possessive pronouns are used in Spanish to point out the various portions of the body.—See Grammar, Observation, p. 170.

[234] *Hizo degollar la víctima,* 'ordered the victim to be beheaded.'

[235] *De donde nacia,* 'whence it originated.'

[236] *Cuidé,* now obsolete, like *pensé,* I thought.

traban en Tarifa." De allí á poco[237] los Moros, desconfiados de *allanar* su constáncia, i *temiendo* el socorro que ya *venía*[238] de Sevilla á los sitiados, *levantáron* el cerco que *había* durado seis meses, i se *volviéron* a África sin mas fruto que la ignomínia i el horror que su ecsecrable conducta *merecía*.

Manuel José Quintana.

SERENIDAD DE CÁRLOS DOCE.

Estando Cárlos *dictando* á su secretário una carta para Stockolmo, *cayó* una bomba en la cuadra inmediata al gabinete, en que *estaban* los dos, i *reventó* en el mismo momento. *Estaba* abierta la puerta de comunicacion del gabinete á la cuadra;* pero *hubo* la dicha de que ninguno de los cascos de la bomba se *encaminase* por aquelle parte.[239] A la vista, i al horrísono estallido de la bomba, despavorido el secretário, *dejó caer* de la mano la pluma.[240] Pero el rei, como si ni con la vista, ni con el oído *hubiese* percibido novedad alguna, con rostro firme, con sosegada voz "qué *es* eso," le *dijo*; "porqué *soltais* la pluma?" sorprendido aun el espíritu del secretário: "Señor, la bomba," *fué* todo lo que *pudo articular*. A lo que el rei *replicó*, con el mismo sosiego: "Que conecsion *tiene* la bomba con lo que yo *estoi dictando*. Proseguid." I sin que *hubiese* mas palabras en médio,[241] se *continuó* la carta.[242]

Jerónimo Feijóo.

---

[237] *De allí á poco*, 'shortly after.'

[238] *Que ya venía*, 'that was already coming.'

* Construct, La puerta de comunicacion del gabinete á la cuadra estaba abierta.

[239] *Se encaminase por aquella parte*, 'should go that way.'

[240] *Dejó caer de la mano la pluma*, 'the pen dropped from his hand'

[241] *I sin que hubiese ..... en médio*, 'without intervening.'

[242] *Se continuó la carta*, the same as *la carta fué continuada*.—Note 5, 12, 18. Grammar, SE, Observation 2, p. 165.

DESINTERES DE ALIBEG.

Mahomet Alibeg, al princípio del siglo pasado, desde el humilde estado de pastorcillo, *subió* al elevado puesto de mayordomo mayor del rei de Persia. Un dia, que aquel rei *andaba* á caza[243] le *encontró tañendo* la flauta, i *guardando* cabras en el monte. Por diversion le *hizo* algunas preguntas, i prendado de la vivacidad i agudeza con que *respondió* el niño, se le *llevó* consigo á palácio: donde *habiendo* mandado *instruirle*,[244] la rectitud de su corazon, i claridad de su injénio, *ganáron* la inclinacion del rei; de modo, que *elevándo*le prontamente de cargo en cargo, *vino* á *colocar*le en el que ya se *dijo*, de mayordomo mayor.

Su integridad inflecsible al atractivo de los presentes, cosa[245] mui rara entre los Mahometanos, concitó contra él poderosos enemigos; pero sin *atreverse á intentar*[246] hostilidad alguna por *verle*[247] tan dueño del ánimo[248] del soberano: hasta que muerto éste, i *entrando* el[249] sucesor, que *era* jóven, *le *sujeriéron*, que Mahomet *habia* usurpado al† erário real grandes tesoros. *Ordenó*le el príncipe que dentro de quince dias *diese* cuentas. A qué Mahomet intrépido *respondió*, que no *era* menester esa dilacion, i que su majestad *fuese* servido *ir* inme-

---

[243] *Andaba á caza*, 'was a hunting.'

[244] *Instruirle*, 'to be instructed.' Verbs of command require an active, not a passive infinitive in Spanish.—Note 71, 190; or Grammar, R. LV. p. 215.

[245] *Cosa*, 'a thing.' The *a* not used in Spanish.—Grammar, case 2, p. 137.

[246] *Sin atreverse á intentar*, 'without daring to attempt.'

[247] *Por verle*, 'as they saw him.'

[248] *Tan dueño del ánimo*, 'so much in the good will.'

[249] *El*, 'his.' Articles are often used instead of possessives.—Grammar, Observations, p. 170–1.

* They, (the enemies of Alibeg,) understood.

† *Al*, to the, i. e. 'from the.' Verbs denoting *taking away*, require, in Spanish, *á* 'to,' and not *de*, 'from.'

diatamente con él á casa del tesorero, allí se las *daría*.²⁶⁰ *Fué* el rei, seguido de los acusadores; pero se *halló* todo en tan bello órden, i con tanta ecsactitud ajustada la cuenta de los caudales en los libros, que nádie *tuvo que decir*.²⁵¹

De allí se *pasó*²⁵² a la casa del mismo Mahomet, donde el rei *admiró* la moderacion que *había* en alhajas, i adornos. Pero *observando* uno de los enemigos del valido la puerta de un cuarto cerrada, guarnecida con tres cadenas fuertes, se²⁵³ lo *advirtió* al rei, el cual le *preguntó* que *tenía* cerrado en aquel cuarto. "Señor," *respondió* Mahomet, "aquí *guardo* lo que *es* mio. Todo lo que hasta ahora se *ha* visto, *es* de V. M." *Diciendo* esto, *abrió* la puerta. *Entró* el rei en el cuarto, i *volviendo* á todas partes los ojos, no *vió* otra cosa, sino las alhajas siguientes: una zamarra, una alforja, un cayado, i una flauta.

Atónito las *miraba* el rei, cuando, *poniéndose* de rodillas delante de él Mahomet, le *dijo*: "Señor, este *es* el habito, i estos los bienes, que yo *tenía* cuando el padre de V. M. me *trajo* á la corte. Esto *es* lo que entónces *tenía*, i esto lo que ahora *tengo*. Solo esto *conozco* por mio. I pues que lo *es*, *suplico* con el mayor rendimiento á V. M. me *permita gozar*lo, *volviéndo*me al monte de donde me *estrajo* mi fortuna."

Aquí no *pudiendo contener* el rei las lágrimas, le* *echó* los brazos al²⁵⁴ jeneroso valido, i no contento con esta demostracion, *despojándo*se prontamente de sus reales hábitos, se los *hizo vestir* á Mahomet; lo que en Pérsia se *estima* por la su-

---

²⁵⁰ *Se*, frequently stands for 'to him,' 'to her,' 'to you.' *Las*, 'them,' refers here to *cuentas*, 'accounts;' therefore, *allí se las daría*, means, 'there he would give, render, show or present them to him.'

²⁵¹ *Tuvo que decir*, 'had fault to find.'

²⁵² *Se pasó*, 'they went.'—See 3d use of SE, Grammar, p. 164.

²⁵³ *Se*, 'to him,' pleonastically used.—Grammar, p. 164.

* This *le* is redundantly used.—See Grammar, p. 164.

²⁵⁴ *Echó los brazos*, 'threw his arms.' The article used instead of the pronoun.—See Grammar, p. 170–1.

prema honra que el rei *puede hacer* á un vasallo. De este suceso *resultó* que Mahomet *logró* despues constantes[255] la confianza i cariño del príncipe toda su vida.

Jerónimo Feijóo.

LEALTAD I CONSTÁNCIA DE LOS SAGUNTINOS.*

En vano por *médio* de una oculta mina *logró* Aníbal *introducir* sus tropas en la plaza, i *sorprender*la; pues sus bizarros defensores, léjos de *desanimarse*, se *retiraron* al centro de la ciudad, se *fortificaron* en un pequeño recinto adonde *encerraron* sus famílias i sus haberes; i en esta disposicion se *mantuvieron* con audácia incomparable, hasta que los víveres *quedaron* absolutamente apurados. Aún entónces *oyeron* con desprécio las condiciones propuestas por Aníbal como indignas de su heroico valor i reputacion; i *creyendo* mas decoroso *vender* su libertad i vidas al caro précio de la sangre de Cartago, i *caer* como esforzados,[256] ántes que *dejarse consumir*[257] del hambre, *tomaron* la magnámina resolucion de *morir combatiendo*, i de *sepultarse* bajo las ruínas de su pátria.

Encendieron en médio de la plaza una crecida hoguera; *entregaron* á las llamas sus alhajas mas preciosas; i, *aprovechándose* de las sombras i siléncio de la noche, *hicieron* el

---

[255] *Constantes*, 'constantly.'—See notes 187, 194.

* The Saguntines, or inhabitants of Saguntum, now called Murviedro, on the coast of Valencia. At the beginning of the second century before Christ, this city was invested in due form, by Annibal, at the head of 150,000 men. After a siege of eight months, provisions entirely failed at Saguntum, whose male inhabitants, rather than die with, or surrender through hunger, sallied forth to meet the enemy, while the females set the city on fire, killed their infants, and threw themselves into the flames. The classic scholar has no doubt read in Livy a very interesting account of this memorable event.

[256] *Caer como esforzados*, 'to fall in battle like brave men.'

[257] *Antes que dejarse consumir*, 'rather than allow themselves to be wasted away.'

HEROIC ACTIONS. 71

ûltimo esfuerzo de su valor moribundo con una impetuosa salida. *Sorprendieron* al ejército,[258] le *atacaron* con furor i rábia, é *hicieron* horrible carnicería. El combate fué obstinado. Los Españoles *pelearon* como leones, i solo *cesó* el estrago[259] de los Cartajineses cuando *dejaron* de *vivir* los Saguntinos.[260] *Observaban* sus mujeres desde la trinchera la sangrienta peléa; i luego que[261] *conocieron* que el acero enemigo *había* acabado con[262] los últimos defensores de Sagunto, *quitaron* la vida á sus tiernos hijos; i despues *sacrificaron* las suyas[263] al rigor de la espada, i á la voracidad del incéndio que *consumía* los edifícios. Así *pereció* despues de ocho meses de sítio la célebre Sagunto, víctima de su constáncia i lealtad; *dejando* al vencedor por despojo[264] un monton de cenizas i un espantoso esqueleto de ciudad. La memória de su ruína *será* perpetuamente gloriosa á los Españoles.

Ascargorta.

---

[258] *Al ejército*, 'the enemy's army.'

[259] Construct *el estrago solo cesó*. The subject is frequently placed in Spanish after the verb.—See Grammar, Observations, p. 140, R. XXII. p. 157.

[260] Construct *cuando los Saguntinos dejaron de vivir*, 'when the Saguntines ceased to live.'—See the above note.

[261] *Luego que*, 'as soon as.'

[262] *Había acabado con*, 'had put an end to'

[263] *Las suyas*, 'their own.'

[264] *Por despojo*, 'spoils.'

NARRATIONS.

MANSEDUMBRE DE JESUCRISTO.

Jamas en el universo *ha* parecido un hombre tan dulce, tan virtuoso, tan benéfico i tan amable. En todas sus acciones i discursos no se *propuso* otro objeto que *hacernos* bien, *instruirnos*, *consolarnos*, i *darnos* idéas ó esperanzas las mas capaces de *satisfacer* á nuestro deséo insaciable de grandeza i de felicidad. Nada le *aflijía*, sino nuestros errores: nada le *desagradaba*, sino nuestros vícios: nada le *daba* placer, sino nuestras virtudes, i nada le *consolaba* tanto como *recojer* la oveja que se le *perdía*.

Nunca se le *vió* verdaderamente contristado, sino cuando *preveía* nuestra obstinacion i las desgrácias que nos *debía acarrear*.

Haced reflecsion sobre lo que *hizo*, cuando *yendo* con sus discípulos á Jerusalem, *predijo* las calamidades prócsimas de aquella rebelde i endurecida nacion. *Ved* la ternura i sensibilidad con que las *profetiza*, los suspiros dolientes que *eshala*, el torrente de lágrimas que *vierte*. ¿Que corazon se *aflijió* nunca tanto[265] con los males ajenos?[266] ¿Que hombre sensible i jeneroso no se *enternecerá viendo* una espresion tan dolorida de un amor tan desinteresado i tierno? No, no *es* posible *estudiar* ni *percibir* el carácter de su espíritu, i la dulzura de su corazon, sin *reconocer* que *fué* el mejor de los hombres; i que jamas el cielo en su misericórdia les *ha* dado un bienhechor tan digno de su mano.

Vedle cuando en sus viajes *pasando* por Samária, solo, sin *haber* comido, i fatigado del calor i cansáncio se *sienta* junto

---

[265] *Se aflijió nunca tanto*, 'was ever so much afflicted.'
[266] *Males ajenos*, 'other persons evils.'—Grammar, 10, note 1, p. 184

á Siquem cerca de un pozo; ¡Con que afabilidad *habla* á una mujer comun i pecadora! ¡Como la *convida* con el água celestial de su grácia! ¡Como la *declara* positivamente que el *es* el Mesías! ¡Como la *instruye* en el modo de *adorar* á Dios en espíritu i verdad! ¡Como, cuando los discípulos *llegan* i le *compadecen* de[267] no *haber* comido todavía, les *responde* que su alimento *es servir* á su Padre i *ganarle* corazones! ¡Como, cuando los hombres de la ciudad *vienen* conducidos por aquella mujer, tambien les *habla* con el mismo agradó! ¡Como aunqué su desígnio *fuese continuar* su camino rogado por aquellos Samaritanos, se *detiene!* ¡Como *entra* con ellos á la ciudad, i *pasa* con ellos el tiempo necesario hasta que los *instruye* i *convierte!* ¡Que afabilidad! ¡Que celo! ¡Que condescendencia!

*Ved*le con la Cananéa. En una de sus escursiones se le *presenta*[268] una mujer estranjera i jentil, *implora* su socorro. Se *resiste,* porqué *parece* que no *estaba* en el órden de su providéncia *empezar* sino por las ovejas perdidas de Israel. Pero la infeliz[269] con humildád i con fé *redobla* sus instáncias, *repite* sus ruegos con aquella importunidad que le *agrada* tanto, i su buen corazon, sin *poder resistir* mas, se *rinde,* le *concede* lo que *pide,* i la *despacha* consolada.

Pablo Olavídes.

PENITÉNCIAS DE LOS BRACMANES.

Hai unos, que en los días mas ardientes del estío, en un suelo arenoso, retostado de los rayos del sol, desnudos, fiados* solo sobre un pié, se *están*† desde el amanecer hasta el ano-

---

[267] *Le compadecen de,* 'pity him for.'

[268] *Se le presenta,* 'appears before him.'

[269] *La infeliz,* 'the unhappy woman.' In such cases the substantive is seldom expressed in Spanish.—Note 77

* *Fiados,* 'standing.'

† *Se están,* 'remain,' (in this manner,) understood.

checec. *Hai* quienes,²⁷⁰ *elevándo*se los piés en gárfios de hierro, fiados en el tronco de un árbol, se *están** pendientes allí piés arriba, i cabeza abajo, hasta que el peso del cuerpo, *rasgando* carnes, venas, nérvios, i artérias, *hace caer* el cuerpo á tierra. *Hai* quienes *haciéndose atar* las manos en las espaldas,²⁷¹ *llevan* violentamente los brazos por sobre los hombros, *estan padeciendo* por mucho tiempo inmensos dolores, hasta que por último *pierden* el uso de manos i brazos, *quedando* éstos por el resto de su vida pendientes, como partes inanimadas. Pero sus mas ordinárias mortificaciones *son* prolijos, i severísimos ayunos, con total abstinéncia de comida i bebida, que los *reduce* á la apariéncia de meros esqueletos.

Jerónimo Feijóo.

PENITÉNCIAS DE LOS AMIDAS.

Los sectários de Amida, se *hacen encarcelar*²⁷² en unas cavernas, donde apénas *tienen* espácio para *estar* sentados, i donde no *pueden respirar* sino por un tubo, que *tienen* cuidado de *conservar*. Allí se *dejan morir* de hámbre tranquilamente, con la esperanza de que Amida *vendrá á recibir* su alma al *salir*²⁷³ del cuerpo. Otros, se *colocan* sobre las puntas de unas rocas altísimas, donde *hai* minas de azufre,²⁷⁴ de que á veces *salen* algunas llamas; i allí *estan invocando* sin *cesar* la Deidad; *rogándo*le que *acepte* el sacrifício de su vida, i luego

---

²⁷⁰ *Unas, quien, cual, este,* are used often to express, 'some,' 'this one,' 'those,' 'others,' as the sense may require; *hai quienes,* 'there are some who.'

* See note (†) p. 73.

²⁷¹ *Haciéndose atar las manos en las espaldas,* making their hands to be tied, i. e. 'having their hands tied behind their backs.'

²⁷² *Se hacen encarcelar,* 'order themselves to be confined.'— Note 71, 190.

²⁷³ *Al salir,* 'on going out,' or 'separating itself;' *al,* in such cases, is equivalent to 'on.'

²⁷⁴ *Minas de azufre,* 'sulphur mines.'—Grammar, R. XV. note 2, p. 141.

que *parece* alguna llama, *tomándo*la por señal de consentimiento del Dios,[275] se *arrojan* por aquellos precipícios, en que se *hacen* pedazos.[276] Otros se *tienden* en tierra al encuentro de[277] los carros, en que *llevan* sus ídolos en procesion, para que las ruedas les *quiebren* los huesos,[278] i *destruyan* el cuerpo. Otros particularmente en las grandes solemnidades, en que *es* mayor el concurso al templo, se *postran* á la entrada, *esperando* á que cuando *sea* mayor el aprieto de la jente al *entrar*, ó al *salir*, los *pise*,[279] i *sofoque*.

Jerónimo Feijóo.

LAS ARTES DIVINATORIAS SON RIDÍCULAS.

RARA presuncion la del hombre, *querer averiguar* lo que *está* por *venir!*[280] *Pestañea* en lo pasado, *anda* á tientas[281] en lo presente, i* *juzga tener* ojos para lo futuro. *Miéntenle*[282] las histórias en lo que *fué*, los sentidos en lo que *es*, i* *cree* á vanos sueños[283] en lo que *será*.[284] Esta estravagáncia del entendimiento *nace* del desórden de la voluntad. Cuanto ésta *está* mas ciega, tanto[285] *pretende* que el entendimiento *sea* mas lince. Grande ceguera nuestra *es abrazar* con el deséo lo ilícito; pero aun mayor *buscar* con el discurso, lo impenetrable.

---

[275] *Del Dios*, 'of the God.' Here, *de ellos*, 'of them,' is understood.

[276] *Se hacen pedazos*, 'they tear themselves to pieces.'

[277] *Al encuentro de*, 'to be met by.'

[278] *Les quiebren los huesos*, 'may break their bones.'—Grammar, 3, p. 171.

[279] *Los pise*, 'it (the crowd) may trample upon them.'

[280] *Está por venir*, 'is to come.'

[281] *Anda á tientas*, 'he gropes.'

* *Sin embargo*, 'yet,' 'notwithstanding,' understood.

[282] *Miéntenle*, 'give him the lie,' 'give him erroneous accounts of.'

[283] *Á vanos sueños*, 'with foolish confidence.'

[284] *Será*, 'is to be.'

[285] *Cuanto ésta* . . . . . 'the more the will,' *tanto*, 'so much the more.' Grammar, R. XIX. p. 152.

Desde el celebro del hombre, á la rejion de los futuros continjentes, no *abrió* camino alguno la naturaleza; i donde no *hai* senda, que *guie* al término deseado, cualquiera rumbo que se *tome, lleva* al precipício. Esta ambicion *fué* el vicioso oríjen de tanta práctica supersticiosa²⁸⁶ como *inventáron* los antíguos idólatras. *Buscaban* noticia de lo venidero en los astros, en los cadáveres, en las piedras, en los troncos, en el acaso de las suertes,²⁸⁷ en los delirios de sueños, en las entrañas de las víctimas, en las voces de los brutos. A toda la naturaleza *preguntaban* lo que *había* de *suceder*²⁸⁸ i *creían oir* la respuesta por mas que la *hallaban* sorda²⁸⁹ á la consulta. De la variedad de instrumentos, que *usaban* para *adivinar*, se *denominaron* tantes artes divinatórias,* que apénas *caben* en la memória los nombres.

Jerónimo Feijóo.

COMODIDADES DEL RICO I DEL POBRE.

Viste el rico delicada olanda, i el pobre gruesa estopa; pero *dime* si hasta ahora *oíste quejar*se algun pobre, de que la aspereza de la estopa, le *ocasionaba* al cuerpo alguna moléstia.²⁹⁰ *Está* ocioso el rico, i el pobre *trabajando* todo el dia : pero no *observas* mas alegre al pobre en el trabajo, que al rico en el ócio; especialmente si trabaja en compañía, *pasa*† festivo,‡ *cantando*, i *chanceando* su taréa. *Acabada*

---

²⁸⁶ *De tanta práctica supersticiosa*, 'of so many a superstitious practice,' the singular is used for the plural in both languages.

²⁸⁷ *En el acaso de las suertes*, 'in the chance of fate.'

²⁸⁸ '*Lo que había de suceder*,' 'what was to happen.'—Note 12.

²⁸⁹ Construct *por mas sorda que la hallaban*, 'how deaf soever they might find her,' (all nature.)—Note 180.

* Construct *tantes artes divinatórias se denominaron*.

²⁹⁰ Construct *le ocasionaba alguna moléstia al cuerpo*.—Grammar, Observations, p. 170–1.

† Pasa, (el tiempo) understood, 'spends his time.'

‡ Note 187.

ésta,[291] el descanso no *es* un ócio insípido, como el del rico,[292] sino un dulce reposo; i despues duerme el pobre con blando i continuado sueño, al paso que con inquietud impaciente *da* el rico mil vueltas en la cama, de modo que se *puede decir* que el pobre *trabaja* de dia, i el rico de noche.

Si se *ofrece* una jornada,* es verdad que el rico la *hace* á caballo ó en carroza, i el pobre á pié. Sin embargo, el rico *tiene* mucho mas que *sentir* en ella:[293] ya la incleméncia del tiempo, ya la incomodidad de la posada, ya la dureza del lecho, ya la falta de regalo. El pobre, hecho á todo, nada *estraña;* i así de nada se *duele.* Yo, en mis viajes, *he* notado que siempre el mozo de á pié† que me *asistía*, *sentía* mucho ménos que yo, las incomodidades del camino. Pues *añádase* á esto el susto de los ladrones, á quienes el pobre no *tiene* por que *temer;*[294] cuando al rico, tras de cada tronco que *hai* en el camino, se le *representa* un salteador.

Jerónimo Feijóo.

EL NO SÉ QUÉ.[295]

En muchas producciones, no solo de la naturaleza, mas aun del arte, *encuentran* los hombres, fuera de aquellas perfecciones sujetas á su comprehension, otro jénero de primor misterioso, que cuanto* lisonjéa el gusto,* *atormenta* el enten-

---

[291] *Acabada ésta,* 'this being finished.'—Grammar, R. LIII. note 4, p. 205.

[292] *Como* EL *del rico,* 'as *that* of the rich man.'—Grammar, R. XXXVI. note 1, p. 182.

* Construct, *Si una jornada se ofrece,* 'if a voyage is to be performed.

[293] QUE *sentir en ella,* 'to feel in it,' (the journey.)—Grammar, R. LV. note 5, p. 215.

† *Mozo de á pié,* or *de espuela,* 'footman.'

[294] *No tiene por que temer,* 'has no reason to fear.'

[295] *El no sé qué,* 'the certain something;' the *'je ne sais quoi.'*—Note 113.

* *Mas* † *tanto mas,* understood, 'the more.'—Grammar, R. XXXVI. p. 182.

dimiento; que *palpa* el sentido,[296] i no *puede descifrar* la razon; i así, al *querer*[297] *esplicarle*, no encontrando voces, ni conceptos que *satisfagan* la idéa,[298] se *dejan caer* desalentados en el rudo informe,[299] de que tal cosa *tiene* un no sé qué, que *agrada*, que *enamora*, que *hechiza*, i no *hai* que *pedirles*[300] revelacion mas clara de esta natural mistério. *Entran* en un edifício, que al primer golpe de vista[301] los *llena* de gusto i admiracion. *Repásanle* luego con atento ecsámen, i no *hallan* que ni por su grandeza, ni por la cópia de luz, ni por la preciosidad del material, ni por la ecsacta observáncia de las reglas de arquitectura *esceda*, ni aun acaso *iguale* á otros que *han* visto sin *tener* que *gustar* ó que *admirar* en ellos.[302] Si les *preguntan*, que *hallan* de esquisito, ó primoroso en éste, *responden*, "*tiene* un no sé qué, que *embelesa*."

Jerónimo Feijóo.

DEBEMOS RECORRER NUESTRAS ACCIONES.

Piensa en los pecados que *has* hecho, i *haces* cada dia, despues que *abriste* los ojos al conocimiento de Dios; i *hallarás* que todavía *vive* en tí Adan con muchas de las raices i costumbres antíguas. *Mira* cuan descarado *eres* para con Dios, cuan ingrato á sus benefícios, cuan rebelde á sus inspiraciones, cuan perezoso para las cosas de su servício. . . . . *Considera* cuan duro *eres* para con el prójimo, i cuan piadoso para contigo: cuan amigo de tu própia voluntad, i de

---

[296] *El sentido,* 'our senses.'
[297] *Al querer,* 'on being willing,' 'anxious.'—Note 167, 218.
[298] *Que satisfagan la idéa,* 'to convey the idea.'
[299] *Se dejan caer desalentados en el rudo informe de,* 'they despair of giving any better explanation than this.'
[300] *I no hai que pedirles,* 'and there is no asking them,' or 'we must not ask them.'
[301] *Al primer golpe de vista,* 'at first sight.'
[302] *Sin tener que gustar ó admirar en ellos,* 'without having much to admire or to be pleased at.'

tu carne i de tu honra, i de todos tus intereses. *Mira* como todavía *eres* sobérbio, airado, súbito, vanaglorioso, envidioso, malicioso, regalado, mudable, liviano, sensual, amigo de tus recreaciones i conversaciones, risas i palerías. *Mira*, otrosí cuan inconstante *eres* en los buenos propósitos, cuan inconsiderado en tus palabras, cuan desproveido en tus obras, i cuan cobarde i pusilánime para cualesquier graves negócios.

Considera ya por esta órden la muchedumbre de tus pecados, *considera* luego la gravedad de ellos, para que *veas* como por todas partes *es* crecida tu miséria. Para lo cual *debes* primeramente *considerar:* contra quien *pecaste;* i *hallarás* que *pecaste* contra Dios, cuya bondad i majestad *es* infinita, i cuyos benefícios i misericórdias para con el hombre, *sobrepujan* las arenas del mar. ..... ¿Así se *paga* aquella sangre preciosa que se *derramó* en la cruz? ¡O miserable de tí,[303] por lo que *perdiste*, i mucho mas por lo que *hiciste*, i mui mucho mas si con todo esto no *sientes* tu perdicion!

Luís de Granada.

AMEMOS LA VIRTUD.

Vemos que entre las cosas criadas, unas *hai* honestas, otras hermosas, otras provechosas, otras agradables, i otras con otras perfecciones. Entre estas tanto *suele* una *ser* mas* perfecta i mas digna de *ser* amada, cuanto mas de estas perfecciones *participa*. Pues, segun esto, ¿cuanto *merece ser* amada la virtud, en quien todas estas perfecciones se *hallan?* Porqué si por honestidad *va*,[304] ¿que cosa mas honesta que la virtud que *es* la raiz i fuente de toda honestidad? Si por honra *va*, ¿á quien se *debe* la honra i el acatamiento, sino á la virtud? Si por hermosura *va*, ¿qué cosa mas hermosa, que

---

[303] *¡O miserable de tí!* 'wo to thee!' 'O wretched that thou art!'

* *Tanto suele una ser,* 'one is apt to be the more.'—Grammar, R. XXXVI. p. 182.

[304] *Si por honestidad va,* 'if it be in regard to honesty.'

la imájen de la virtud? Si por utilidad *va*, ¿que cosa *hai* de mayores utilidades i esperanzas que la virtud? pues por ella se *alcanza* el sumo bien. La longura de los dias, con los bienes de la eternidad, *están* en su diestra; i en su siniestra, riquezas i glória. Pues, si por deleites *va*, ¿que mayores deleites, que los de la buena conciéncia i de la caridad, i de la paz, i de la libertad de los hijos de Dios, i de las consolaciones del Espíritu Santo, lo cual todo *anda* en compañía de la virtud? Pues si* *deséa* fama i memória; en memória eterna *vivirá* el justo, i el nombre de los malos se *pudrirá*, i así como humo, *desaparecerá*.

Luís de Granada.

CALAMIDADES DE LA ALEMÁNIA, BORGOÑA, I LORENA.

¿Que jéneros de tormentos crueles, *inventáron* los tiranos contra la inocéncia, que no los[305] *hayamos*[306] visto en obra?[307] No ya contra bárbaros inhumanos, sino contra naciones cultas, civiles, i relijiosas; i no contra† enemigas, sino contra sí mismas, *turbando*‡ el órden natural del parentesco, i desconocido el afecto á la pátria.[308] Las mismas§ ausiliares se *volvían* contra quien las *sustentaba*; mas sangrienta *era* la defensa que la oposicion; no *había* diferencia entre la protec-

---

* *La virtud*, or *el virtuoso*, understood.

[305] *Los*, is here redundantly used. It might just as well be left out; if it were not that it seems to fill up the period better, and give it a more harmonious rotundity. In similar instances we frequently find these pronominal objectives used, apparently against the rules of grammar.

[306] *Hayamos*. Here the indicative, and not the subjunctive, as in Spanish, is required in English. The genius of the two languages sometimes differs in regard to the use of moods and tenses.—Grammar, p. 215, 217.

[307] *En obra*, inflicted, put in practice.

† *Naciones*; ‡ *Así*, or *de esta manera*, understood.

[308] *I desconocido el afecto á la pátria*, and the love of country being disregarded.—Grammar, R. LIII. note 4, p. 205.

§ *Tropas*, understood.

cion i el despojo; entre la amistad i la hostilidad. Á ningun edifício ilustre, á ningun lugar sagrado, *perdonó* la fúria i la llama. Breve espácio de tiempo *vió* en cenizas las villas i las ciudades, i reducidas á desiertos las poblaciones.

Insaciable *fué* la sed de sangre humana. Como en troncos, se *probaban* en los pechos de los hombres las pistolas i las espadas; la vista se *alegraba* de los disformes visajes de la muerte; abiertos los pechos i vientres humanos *servían* de pesebres. . . . . . Las mujeres se *vendían* i *permutaban* por vacas i caballos, como las demas presas i despojos. . . . . . En las selvas i bosques, donde *tienen* refújio las fieras,* no lo *tenían* los hombres; porqué con perros venteros los *buscaban* por el rastro. Los lagos no *estaban* seguros de la codícia injeniosa en *inquirir* las alhajas, *sacándo*las con anzuelos i redes de sus profundos senos. Aun los huesos difuntos *perdiéron* su último reposo; trastornadas las urnas,[309] i levantados los mármoles. para *buscar* lo que en ellos *estaba* escondido.

Diego Saavedra Fajardo.

COMO SE DESCUBRE EL INJÉNIO DE LOS NIÑOS.

Si el niño *es* jeneroso i altivo, *serena* la frente i los ojuelos, i risueño *oye* las alabanzas; i los† *retira entristeciéndo*se, si se le *aféa* algo.[310] Si *es* animoso; *afirma* el rostro, i no se *conturba* con las sombras i amenazas de miedos; si‡ liberal, *desprécia* los juguetes, i los *reparte;* si vengativo, *dura* en los enojos, i no *depone* las lágrimas[311] sin la satisfaccion; si

---

* Construct *las fieras tienen refújio.*

[309] *Trastornadas las urnas,* 'the urns being or having been upset.' Participles are very frequently used in this absolute manner.—See the preceding note.

† *Los,* 'them,' referring to the eyes.

[310] *Si se le aféa algo,* 'if he be reproached with any thing.'

‡ *Es,* understood.

[311] *No depone las lágrimas,* 'does not cease from shedding tears.'

colérico, por lijeras causas se *conmueve, deja caer* el sobrecejo,[312] *mira* de soslayo,[313] i *levanta* las manecillas; si benigno, con la risa i los ojos *granjea* las voluntades;[314] si melancólico, *aborrece* la compañia, *ama* la soledad, *es* obstinado en el llanto, difícil en la risa, i siempre cubierta con nubecillas de tristeza la frente;[315] si alegre, ya *levanta* las cejas, i *adelantando* los ojuelos, *vierte* por ellos luces de regocijo, ya los *retira*, i plegados los párpados en graciosos dobleces, *manifiesta* por ellos lo festivo del animo,[316] así las demas virtudes ó vicios *traslada* el corazon al rostro, hasta que mas advertida la edad[317] los *retira* i *cela*.   Pero no siempre estos juícios *salen* ciertos,[318] porqué la naturaleza tal vez *burla*[319] la curiosidad humana que *investiga* sus obras, i se *retira* de su curso ordinário...... Otras veces la naturaleza se esfuerza por *escederse á sí misma*,[320] i *junta* monstruosamente grandes virtudes i grandes vícios, como se *vió* en Alcibíades...... Así *obra* la naturaleza desconocida á sí misma; pero la razon i el arte, *corrijen* i *pulen* sus obras.

Diego Saavedra Fajardo.

INVASION DE LOS MOROS EN ESPAÑA.

No se *puede pensar* jénero de mal con que España no *fuese* aflijida; claro castigo de Dios, que por tal manera

---

[312] *Deja caer el sobrecejo,* 'puts on a frown.'

[313] *Mira de soslayo,* 'looks askance.'

[314] *Granjea las voluntades,* 'gains the good will of every body.'

[315] *Siempre cubierta con nubecillas de tristeza la frente,* 'his face always clouded with sadness.'

[316] *Lo festivo del ánimo,* 'the cheerfulness of his mind.'

[317] *Hasta que mas advertida la edad,* 'until becoming more cautious by age.'

[318] *Estos juícios salen ciertos,* 'these opinions prove to be correct.'

[319] *La naturaleza tal vez burla,* 'nature sometimes baffles.'

[320] *Se esfuerza para escederse á sí misma,* 'makes efforts to surpass herself.'

tomaba venganza, no solo de los malos, sino tambien de los inocentes, por el menosprécio de la relijion i de sus leyes......

De esta manera *cayó* España; tal *fué* el fin del nobilísimo reino de los Godos. Con el cielo sin duda se *revuelven* las cosas de acá,[321] lo que *tuvo* princípio, *es* necesario se *acabe*; lo que *nace, muere*; i lo que *crece, se envejece. Cayó*, pues, el reino i jente de los Godos; no sin providéncia i consejo del cielo, como á mí me *parece*, para que despues de tal castigo, de las cenizas i de la sepultura de aquella jente *naciese* i se *levantase* una nueva i santa España; de mayores fuerzas i señorío que ántes *era*, refújio en este tiempo, amparo i columna de la relijion católica, que,* compuesta de todas sus partes, i como de sus miembros, *termina* su mui ancho império, i le *estiende*, como hoi lo *vemos*, hasta los últimos fines del Levante i Poniente.

Juan de Mariana.

REINO DE NAVARRA.

Despues de aquel memorable i triste estrago con que casi toda España *quedó* asolada i sujeta por los moros, jente feroz i despiadada; de las ruinas del império Gótico, no de otra manera que de[322] los materiales i pertrechos de algun grande edifício cuando *cae*, muchos señoríos se *levantáron*; pequeños al princípio, de estrechos términos i flacas fuerzas. Las relíquias de los Españoles que *escapáron* de aquel fuego, i de aquel naufrájio comun i miserable, echados de sus moradas antíguas, parte se *refujiáron* á las Astúrias, de que *resultó* el reino de Leon; parte se *encerró* en los montes Pirinéos, en sus cumbres i asperezas, donde *moran*, i *tienen* su asiento los Vizcainos i Navarros...... Estos, confiados en la fortaleza i

---

[321] *Con el cielo sin duda se revuelven las cosas de acá*, 'by the decrees of heaven the affairs of this world are without doubt directed.'

* *Que*, refers to *España*.

[322] *No de otra manera que de*, 'in the same manner as from the.'

fragura de aquellos lugares, no solo *defendiéron* su libertad, sino *tratáron* i *acometiéron* tambien de *ayudar*[323] á los demas de España; varones sin duda escelentes; de mayor ánimo que fuerzas.

Juan de Mariana.

ESPAÑOLES ANTÍGUOS I MODERNOS.

GROSERAS, i sin policía ni crianza, *fuéron* antiguamente las costumbres de los Españoles. Sus injénios mas de fieras, que de hombres. En *guardar* secreto se *señaláron* estraordinariamente: no *eran* parte los tormentos,[324] por rigurosos que *fuesen*,[325] para *hacérsele* quebrantar. Sus ánimos inquietos i bulliciosos: la lijereza i soltura de los cuerpos estraordinária; dados á las relijiones falsas i culto de los dioses: aborrecedores del estúdio de las ciéncias, bien que de grandes injénios. Lo cual,[326] transferidos en otras províncias, *mostráron* bastantemente, que ni en claridad de entendimiento, ni en esceléncia de memória, ni aun en la elocuéncia i hermosura de las palabras, *daban* ventaja á[327] ninguna otra nacion. En la guerra *fuéron* mas valientes contra los enemigos, que astutos i sagaces. El arréo de que *usaban*, simple i grosero; el mantenimiento mas en cantidad que esquisito ni regalado: *bebían* de ordinário água, vino mui poco: contra los malhechores *eran* rigurosos, con los estranjeros, benignos i amorosos.

Esto *fué* antiguamente; porqué en este tiempo mucho se *han* acrecentado así[328] los vícios, como[329] las virtudes. Los

---

[323] *Tratáron i acometiéron tambien de ayudar*, 'thought of aiding and did actually aid.'

[324] *No eran parte los tormentos*, 'torments could not.'

[325] *Por rigurosos que fuesen*, 'however severe.'—Note 180, 233.

[326] *Lo cual*, 'which,' referring to the circumstance of being *de grandes injénios*, 'possessed of great talents.'

[327] *Daban ventaja á*, 'were surpassed by.'

[328] *Así . . . . . como*; 'both . . . . . and;' 'as well . . . . . as.'

NARRATIONS.

estúdios de la sabiduría *florecen* cuanto en cualquiera parte del mundo. En ninguna província *hai* mayores, ni mas ciertos prémios para la virtud; en ninguna nacion, *tiene* la carrera mas abierta i patente el valor i doctrina[329] para *adelantarse*.[330] En lo que mas se *señalan es* en la constáncia de la relijion i creéncia antígua: con tanta mayor glória, pues en las naciones comarcanas en el mismo tiempo, todos los ritos i ceremónias se *alteran* con opiniones nuevas i estravagantes Dentro de España *florece* el consejo; fuera, las armas.

Sosegadas las guerras domésticas, i echados los Moros de España,* *han* peregrinado por gran parte del mundo con fortaleza increible. Los cuerpos *son*, por naturaleza, sufridores de trabajos i de hambre; virtudes con que *han* vencido todas las dificultades que *han* sido en ocasiones mui grandes por mar i por tierra. Verdad *es*, que en nuestra edad se *ablandan* los naturales, i *enflaquecen* con la abundáncia de deleites i con el aparejo que *hai* de todo gusto i regalo de todas maneras, en comida i en vestido. El trato i comunicacion de las otras naciones que *acuden* á la fama de nuestras riquezas i *traen* mercaderías que *son* á propósito para *enflaquecer* los naturales con su regalo i blandura, *son* ocasion de este daño. Con esto, debilitadas las fuerzas i estragadas[331] con las costumbres estranjeras, ... muchos *viven* desenfrenados, sin *poner* fin ni tasa, ni á la lujúria, ni á los gastos, ni á los arréos i galas.

Juan de Mariana.

---

[329] Construct *en ninguna nacion el valor i doctrina tiene la carrera mas abierta i patente*.

[330] *Para adelantarse*, the same as *para que se adelante*, or *para que uno adelante*, 'for advancement.'

* *Ellos*, 'they,' referring to *los Españoles*, understood.

[331] *Debilitadas las fuerzas i estragadas*, 'the energy of the people being weakened and exhausted.'

SÍTIO I PRODUCCION DE LA ISLA DE CEILAN.

Es Ceilan una de las mas raras islas del orbe i la mas fértil. *Yace* frontera del Cabo Comorin, poblada i cultivada con magnificéncia. *Nacen* en ella todas las plantas conocidas en todas las otras partes de la tierra. *Riéganla*[332] diversos rios, i fuentes purísimas con escelentes propiedades, de águas deleitosas i medicinales, entre las cuales *nacen* otras* de betun líquido, mas denso que nuestro aceite; i alguna† de puro bálsamo. Volcanes de perpétuas llamas, que *arrojan* entre las asperezas de la montaña losas de azufre, i allí mismo[333] altas arboledas, en cuyas ramas se *suelen ver* jéneros de aves de cuantas *vuelan* en las otras partes del mundo.

Abunda de elefantes tan nobles, que les *reconocen* superioridad los demas,‡ puestos en su preséncia. Por su instinto en los de esta isla, se *puede afirmar* lo que Aristóteles, Plutarco, Atenéo, Eliano, Plínio, i otros que *tratáron* de la história natural, *testifican*, que, ora *sea* por conocimiento ó por hábito, *tienen* sociedad con[334] el injénio, sentidos i aun con la prudéncia de los hombres.§ Aquel honor‖ de no *quererse embarcar*, si *entienden* que *son* llevados para *servir* á príncipes en tierras peregrinas; i que *obedecen*, si les *juran* que les *volverán* á su pátria. *Aflijirse* de[335] palabras espantosas; *guardar*[335] cierta espécie de relijion, *reconociendo* al sol

---

[332] *Riéganla*, 'it is watered by,' in similar cases it is better to use the passive verb in English.

* *Fuentes*, † *Fuente*, understood.

[333] *Allí mismo*, 'in that same place.'

‡ Construct *que los demas les reconocen superioridad*.

[334] *Tienen sociedad con*, 'they partake of.'

§ In this and in the next instance, *asombra*, or *marancilla*, or *es admirable*, is understood.

‖ *Que tienen*, understood.

[335] *Aquel*, understood. *Aquel aflijirse de*, 'their being grieved or afflicted by;' *aquel guardar*, 'their keeping.'

i á la luna. *Tienen* memoria de lo que *aprenden,* i segun Jílio nos *persuade, podemos creer* que *lloran* las noches su servidumbre con angustiosas murmuraciones; i si en médio del llanto *sobreviene* alguna persona, *moderan* los jemidos con vergonzoso movimiento; i en efecto *parece* que *sienten* el agrávio de su suerte.

En esta tierra les *tocó* el *cargar* i *descargar* los navíos, donde el peso del comércio,* armas, metales, bastimentos, i cualquiera otra matéria del trato, *penden* de† sus colmillos, ó les *oprimen* la‡ cerviz. De mejor gana *sustentan*³³⁶ armada sobre sus espaldas la jente de guerra, i grandes castillos edificados en ellas. *Sirven* á los Chíngalas, no como en Roma en los espectáculos, sino en las batallas, como *solían*§ a los Cartajineses.

Bartolomé Leonardo de Arjénsola.

TRES ACCIONES FORMAN LA HISTÓRIA DE AMÉRICA.

Los hechos de Cristóbal Colon en su admirable navegacion, i en las primeras empresas de aquel nuevo mundo; lo que *obró* Hernan Cortés con el consejo i con las armas, en la conquista de Nueva España, cuyas vastas rejiones *duran* todavía en la incertidumbre de sus términos;²³⁷ i lo que se *debió* a Francisco Pizarro, i *trabajáron* los que le *sucediéron* en *sojuzgar* aquel dilatadísimo império de la América Meridional, teatro de várias trajédias i estraordinárias novedades, *son* tres argumentos de histórias grandes, compuestas de aquellas

---

* *El peso del comércio,* 'the weight of commercial commodities.'
† *Penden de,* 'hangs on,' 'is carried by.'
‡ *Les oprimen la,* 'presses on their.'
³³⁶ *De mejor gana sustentan,* 'they prefer to bear.'
§ *Servir,* understood; *solían servir,* 'were wont to serve,' 'they were wont to be used by.'
²³⁷ *Cuyas vastas rejiones duran todavía en la incertidumbre de sus términos,* 'the limits or boundaries of whose vast regions are yet unknown.'

ilustres hazañas, i admirables accidentes de ámbas fortunas,³³⁸ que *dan* matéria digna á los anales, agradable alimento á la memória, i útiles ejemplos al entendimiento i al valor de los hombres.

António de Solis.

MUERTE DE MAJISCATZIN.

Sintió Hernan Cortés su muerte como pérdida incapaz de consuelo;³³⁹ aunqué le *hacía* mas falta³⁴⁰ como amigo que como director de sus intentos, por *hallar*se ya introducido en la voluntad³⁴¹ i respeto de toda la república. Pero el cielo, que al parecer *cuidaba* de *animar*le para que no *desistiese*,* le *socorrió* entónces con un suceso favorable,† que *mitigó* su tristeza, i *puso* de mejor condicion sus esperanzas.

Resolvió otro día Cortés *entrar* de luto en la ciudad; *previno*se de ropas negras, que *vistiéron* sobre las armas él i sus capitanes, á cuyo efecto *mandó teñir*³⁴² algunas mantas de la tierra.³⁴³ *Hízo*se la entrada, sin mas aparato que la buena ordenanza, i un siléncio artificioso en los soldados, que *iba publicando*³⁴⁴ el duelo de su jeneral. *Tuvo* esta demostracion grande aplauso entre³⁴⁵ los nobles i plebeyos de la ciudad, porqué *amaban* todos al difunto como padre de la

---

³³⁸ *De ámbas fortunas*, 'of both good and bad fortune.'

³³⁹ *Incapaz de consuelo*, 'for which he could find no consolation.'

³⁴⁰ *Aunqué le hacía mas falta*, 'though he missed more.'

³⁴¹ *Por hallarse ya introducido en la voluntad*, 'as he had already gained the good will.'

* *Para que no desistiese*, 'that he might not desist,' (from entering the town of Flascala, to which Xicoteneal, who had just died, had invited him.)

† *Suceso favorable*, 'favourable occurrence,' 'happy thought.'

³⁴² *Á cuyo efecto mandó teñir*, 'for which purpose he ordered ..... to be dyed.'—Note 71, 190.

³⁴³ *De la tierra*, 'domestic,' 'home manufactured.'

³⁴⁴ *Iba publicando*, 'was proclaiming,' 'showed.'—Note 91.

³⁴⁵ *Tuvo ..... grande aplauso entre*, 'was very much applauded by.'

pátria. I aunqué no se *pone* duda en el sentimiento³⁴⁶ de Cortés, que se *lamentaba* muchas veces de su pérdida, i *tenía* razon para *sentir*la; se *puede creer* que *vistió* el luto con ánimo de *ganar* voluntades, i que *fué* una esterioridad á dos luces³⁴⁷ en que *hizo* cuanto *pudo* por su* dolor, sin *olvidarse* de *hacer* algo por el aura popular.³⁴⁸

— António de Solis.

ENCUENTRO DE JIL BLAS CON CHINCHILLA.

Luego que *llegué* á Madrid, *establecí* mi habitacion³⁴⁹ en una posada, en donde, entre otras personas, *vivía* un capitan viejo, que, desde las estremidades de Castilla la Nueva, *había* venido á la corte, para *solicitar* una pension que *creía tener* bien merecida. *Llamábase* Don Anibal de Chinchilla; no sin espanto le *vi* la primera vez: *era* un hombre de sesenta años, de una estatura jigantesca i estraordinariamente flaco. *Tenía* unos bigotes espesos que *subían*, *retorciéndose* por los dos lados, hasta las sienes; ademas de que le *faltaba*³⁵⁰ un brazo i una pierna, *tenía* tapado un ojo con un gran parche de tafetan verde, i casi todo su rostro lleno de cicatrices. En el resto *era* como los otros. Por lo demas no le *faltaba* entendimiento, i le *sobraba* gravedad. En cuanto á costumbres, *era* mui escrupuloso, i se *picaba* sobre todo en puntos de honra.

Naturalmente nos *interesamos* por un hombre valiente cuando se le *ve* ajado:³⁵¹ le *eshorté* á que se *mantuviera* firme;

---

³⁴⁶ *No se puede dudar el sentimiento de Cortés*, 'the sorrow manifested by Cortes cannot be doubted.'

³⁴⁷ *Á dos luces*, 'with two objects.'

* *Manifestar*, 'to show,' understood.

³⁴⁸ *Por el aura popular*, 'for the sake of popularity.'

³⁴⁹ *Establecí mi habitacion*, 'I took lodgings.'

³⁵⁰ *Ademas de que le faltaba*, 'besides his wanting.'

³⁵¹ *Se le ve ajado*, 'when we see him disfigured.' Here *se*, is the subject of *ve*, and stands for 'one,' 'they,' 'we,' &c.—Grammar, Observation 3, p. 165.

me *ofrecí* á *ponerle* de balde en limpio³⁵² sus memoriales; *llegué* hasta *abrirle* mi bolsillo, i le *supliqué* que *tomara* lo que *quisiera*. Pero no *era* de aquellos que en semejantes ocasiones *esperan* pocas súplicas; al contrário, se *manifestó* mui delicado, i me *dió* las grácias.³⁵³ Despues de esto me *dijo* que por no *molestar* á nádie, se *había* acostumbrado poco á poco á *vivir* con tanta sobriedad, que el menor alimento *bastaba* para su subsisténcia, lo que *era* mui cierto. No se *alimentaba* de otra cosa que³⁵⁴ cebollas i ajos, i así solo *tenía* el pellejo i los huesos. Para no *tener* testigos de sus malas comidas, se *encerraba* en su cuarto á la hora de ellas.

Jil Blas.*

LA CASADA I LA RELIJIOSA.

No *digo* yo que el casado ó alguno³⁵⁵ *ha* de *carecer* de oracion;³⁵⁶ sino, *digo* la diferéncia que *ha* de *haber*³⁵⁷ entre las buenas relijiosa i casada. Porqué, en aquella el *orar* es todo su ofício, en ésta *ha* de *ser* médio el *orar* para que mejor *cumpla* su ofício. Aquella no *quiso* el marido,³⁵⁸ i *negó* el mundo, i DESPIDIÓSE de todos para *conversar* siempre i desembarazadamente con Cristo; ésta *ha* de *tratar* con Cristo para

---

³⁵² *Á ponerle de balde en límpio*, 'to copy off gratis.'

³⁵³ *I me dió las grácias*, and he thanked me. The mere act of giving thanks, in Spanish, is expressive of answering in the negative.

³⁵⁴ *No se alimentaba de otra cosa*, 'he lived only on.'

* *Jil Blas* is the name of the book from which this and other pieces have been extracted. There hangs in regard to the authorship of this book a mystery which the severest investigation has not yet unravelled. Those who may be anxious to enter fully into this literary problem are referred to the *North American Review*, No. LVII. p. 278, and the works mentioned there.

³⁵⁵ *El casado ó alguno*, 'the married or any other person.'

³⁵⁶ *Ha de carecer de oracion*, 'must, or is to be wanting in prayer.'—Note 12.

³⁵⁷ *Que ha de haber*, 'there must,' 'there need be.'—Note 12.

³⁵⁸ *No quiso el marido*, 'did not wish to take a husband.'

alcanzar dél grácia i favor, con que *acierte*³⁵⁹ á *criar* el hijo i á *gobernar* bien la casa, i á *servir* como *es* razon³⁶⁰ al marido. Aquella ʜᴀ de *vivir* para *orar* contínuamente; ésta *ha* de *orar* para *vivir* como *debe*. Aquella *aplace* á Dios *regalándose* con él;³⁶¹ ésta le *ha* de *servir trabajando* en el gobierno de su casa por él.

Mas *considere* vm. como *reluce* aquí la grandeza de la divina bondad, que se *tiene* por servido de nosotros con aquella mismo que ᴇs provecho nuestro. Porqué, á la verdad, cuando no *hubiera* otra cosa que *inclinara* á la casada á *hacer* el deber³⁶² sino *es* la paz i sosiego i gran bien que en esta vida *sacan i interesan* las buenas³⁶³ de *serlo*;* esto solo *bastaba*. Porqué, sabida cosa *es*, que cuando la mujer *asiste* a su ofício, el marido la *ama*, i la família *anda* en concierto,³⁶⁴ i *aprenden* virtud los hijos, i la paz *reina*, i la hacienda *crece*. I como la luna llena, en las noches serenas se *goza* rodeada,³⁶⁵ i como acompañada, de clarísimas lumbres, las cuales todas *parece* que *avivan* sus luces en ella,³⁶⁶ i que la *miran i reveréncian*; así la buena† en su casa *reina i resplandece*, i *convierte* á sí³⁶⁷ juntamente los ojos i corazones de todos.

Luís de Leon.

---

³⁵⁹ *Con que acierte,* 'by means of which she may succeed in.'

³⁶⁰ *Como es razon,* 'as it is right she should.'

³⁶¹ *Regalándose con él,* 'giving herself up entirely to him.'

³⁶² *Á hacer el deber,* 'to perform her duty.'

³⁶³ *Sacan i interesan las buenas,* 'the good wifes derive and receive.'

* *De serlo,* 'of being so,' that is, of being good wifes.

³⁶⁴ *Anda en concierto,* 'is well arranged,' 'well managed.'

³⁶⁵ *Se goza rodeada,* 'delights in being surrounded.'

³⁶⁶ *Que avivan sus luces en ella,* 'to make it shine more vividly with their own light.'

† *Casada,* or *esposa,* 'wife,' understood.

³⁶⁷ *Convierte á sí,* 'attracts.'

EN QUE CONSISTE LA VERDADERA DICHA HUMANA.

Tenemos los hombres[368] unas idéas mui erradas sobre nuestra* felicidad; todos† jeneralmente la *buscamos* con la mayor ánsia, dilijéncia i desvelo, i mui pocos la *encontramos.* Creemos *hallar*la en aquellas mismas cosas, cuya instabilidad *conocemos;* i siempre ciegos, siempre insensatos, nos *dejamos arrastrar*[369] infelizmente de las preocupaciones mundanas, sin *poner* la mira en lo que *sabemos* por esperiéncia, que *es* lo mas sólido i permanente. Todos estos *son* efectos de nuestra flaqueza, que se *lisonjéa* con el vano esplendor de la vanidad i del orgullo; i ofuscados de aquella esterior brillantez que nos *presenta, seguimos* el ejemplo deplorable, i funesto de otros muchos que obcecados i alucinados de las mismas fútiles idéas, *hallan* por fin[370] el fastídio, la inquietud, el disgusto, la moléstia i la miséria en lo que *creían encontrar* el reposo, la alegría, el gusto i la felicidad.

Si el hombre *reflecsionase* con madurez, que no en las vanidades del mundo, ni en las riquezas que *anhela* la sedienta codícia,‡ sino en la tranquilidad de la conciéncia i en la mediocridad *está* la verdadera dicha; si *considerase* que no la satisfaccion de los sentidos, ni el *saciar* los apetitos,[371] *produce* el verdadero bien, sino el cultivo de la virtud i el cumplimiento de las obligaciones de su estado; se *contentaría* mas fácilmente;[372] *viviría* sin tantas[373] zozobras; no *anhelaría*

---

[368] *Tenemos los hombres,* 'men have.'

* *Nuestra,* 'their;' because the construction of the Spanish requires the verbs and pronouns to be in the *first person.*

† *Todos,* 'we all.'

[369] *Nos dejamos arrastrar,* 'we allow ourselves to be carried away.'

[370] *Por fin,* 'at last.'

‡ Construct: *que la sedienta codícia anhela,* 'which greedy avarice pants after.'

[371] *El saciar los apetitos,* 'the satiety of the appetites.'

[372] *Se contentaría mas fácilmente,* 'would be more easily satisfied.'

[373] *Tantas,* plural of *tanto-a,* 'so many.'

cargos pesados que no *puede desempeñar; abrazaría* solo aquel estado, á que sus inclinaciones le *llamasen;* no *fundaría* el entusiasmo del honor en los títulos pomposos, ni en los brillantes distintivos, sino en *obrar* en todo como hombre de bien,³⁷⁴ i al fin de esta corta i miserable vida, *moriría* sin aquellos temores que *producen* los vícios i delitos.³⁷⁵ Pero por desgrácia del jénero humano,³⁷⁶ jeneralmente se *tiene** por loco, fátuo ó estravagante cualquiera,* que, *despreciando* todo cuanto *puede openerse* ó *se opone*²⁷⁷ á un recto modo de *pensar* i *obrar*, lo que *puede precipitar*le en un irremediable precipício, lo que solo *es* apariéncia i futilidad, i lo que *es* dañoso á su conciéncia, *sigue* aquellas verdaderas mácsimas, própias de una filosofía cristiana, *aprécia* mas la virtud que todos los intereses mundanos, i solo *anhela* lo que sinceramente *conoce* le *puede proporcionar*† aquella felicidad i alegría inmutable, que no *pueden quitar* ni los hombres ni los siglos.‡

Son mui pocos los hombres que *piensan* de este modo, i por lo mismo³⁷⁸ *son* muchos los que *vituperan* i *censuran* á los que lo *hacen; siendo* la mayor lástima, que *incurren* en el

---

³⁷⁴ *Hombre de bien,* 'honest man.'

³⁷⁵ Construct *los vícios i delitos producen;* the subject, as has been frequently repeated, is placed in Spanish very often after the verb.—See, again, Grammar, Observations, p. 140, R. XXII. p. 157.

³⁷⁶ *Por desgrácia del jénero humano,* 'unfortunately for mankind.'

* The difficulty of translating this and the following sentences arises altogether from the fact, which it is impossible to repeat too often, that the verb in Spanish, is placed often before the subject. *Se tiene,* 'is held,' in this sentence precedes its subject *cualquiera,* 'any one.' Let the student construct *cualquiera se tiene por loco,* &c. 'any one is considered foolish,' &c. and he will find no difficulty in translating the rest.

³⁷⁷ *Puede openerse, ó se opone,* 'can be, or is opposed.' Another important consideration which the student must bear in mind is, that the reciprocal pronoun *se*, is used to form the passive voice.—See Grammar Observations, § 2, p. 165.

† *Le puede proporcionar,* 'can procure him.'

‡ Construct *ni los hombres ni los siglos pueden quitar.*

³⁷⁸ *I por lo mismo,* 'and for this reason.'

mismo pernicioso error aún las personas que por su dignidad, carácter i talentos *deberían despreciar* todo cuanto *sirviese* para *inspirar* en el corazon humano, ya de suyo³⁷⁹ débil i corrompido, vanidad, orgullo, sobérbia, i abandono de la virtud. Sin embargo de la corrupcion jeneral, no *faltan* corazones* que *séan* incontrastables é inaccesibles á estas vergonzosas pasiones, autorizadas por el mundo engañoso, que, *ofuscando* á los hombres con sus lisonjeros atractivos, les *hacen creer* que solo en ellos *está* el verdadero bien, i les *persuaden* á que se *consideren*³⁸⁰ como inmortales. ¡Qué ceguedad! ¡qué ilusion!

García Malo.

DESTIERRO DEL CONDE-DUQUE.†

*Divertía*se algunas vec*es* el conde, para *variar* sus ocupaciones, en *cultivar* su jardin. *Estába*le yo un dia *viendo* en aquel inocente trabajo, i me *dijo* en un tono sério i festivo; ¿"Qué te *parece*, Jil Blas, no *es* un espectáculo tan estraño como divertido, el *ver* á un ministro desterrado de Madrid, *hacer* dé jardinero en Loéches?" "Señor," le *respondí* en el mismo tono, "me *parece* que *estoi viendo* á Dionísio Siracusano *dando* la lei en Sicília, i *enseñando* despues á *leer* i *escribir* á los niños de Corinto." *Sonrió*se un poco el amo, i

---

³⁷⁹ *De suyo*, 'naturally,' 'by its own nature.'

* *No faltan corazones*, 'hearts are not wanting.'

³⁸⁰ *I les persuaden á que se consideren*, 'and persuade them to consider themselves.' One verb frequently governs another in the *subjunctive* in Spanish, when the *infinitive* is required in English.

† The Count Duque. Gaspar Ibáñez, Conde de Oliváres, and Duque de San Lúcar. He was born at Rome, in 1587, while his father was ambassador from Spain, at that court. He was a celebrated minister of Philip IV. He enjoyed for some time the entire confidence of the King, but was afterwards disgraced, and retired to *Loéches*. Here he bore his reverses with a philosophic spirit. But he was afterwards banished to *Toro*, became broken-hearted, and died 1643, in the 57th year of his age.

mostró que no le *desagradaba* el cotejo. Toda la família *estaba* contentísima i admirada de *ver* al conde tan superior á su desgrácia, *rebosando* de gozo en una vida tan diferente de la que *había* tenido hasta allí, cuando todos *advertímos* en él una repentina mudanza, que palpablemente *iba creciendo*, i nos *llenó* de grandísimo dolor. *Vímos*le taciturno, pensativo, i como abismado en una profundísima melancolía. *Abandonó* todo juego i pasatiempo, *huía* de la jente i se *mostraba* insensible á cuanto *podíamos hacer* i *discurrir* para *divertirle*. Luego que *acababa* de *comer* se *encerraba* en su cuarto, de donde no *salía* hasta la noche. *Pareció*nos que aquella tristeza *podía tener* oríjen en la memória de la grandeza pasada, i en este concepto[361] *procurámos dejar*le solo con el relijioso su confesor; pero su elocuéncia tampoco *pudo triunfar* de la melancolía del duque, ántes bien cada vez se *descubría* mayor.

Jil Blas.

HISTÓRIA DE ESPAÑA.

La península, llamada España, solo *está* contígua al continente de Europa por el lado de Fráncia, de que la *separan* los montes Pirinéos.* *Es* abundante en oro, plata, azogue, hierro, piedras, águas minerales, ganados de escelentes calidades, i pescas tan abundantes como deliciosas. Esta feliz situacion la *hizo* objeto de la codícia de los Fenícios i otros pueblos. Los Cartajineses, parte por dolo, i parte por fuerza, se *establecieron* en ella; i los Romanos *quisiéron completar* su poder i glória con la conquista de España; pero *encontráron* una resisténcia, que *pareció* tan estraña como terrible á los sobérbios dueños de lo restante del mundo.

Numáncia, una sola ciudad, les *costó* catorce años de sítio; la pérdida de tres ejércitos, i el desdoro de los mas famosos jenerales, hasta que reducidos los Numantinos á la precision

---

[361] *I en este concepto*, 'and, under this idea,' 'and, therefore.'

* Construct *de que los montes Pirinéos la separan.*

de *capitular* ó *morir*, por la total ruína de la pátria, *incendiáron* sus casas, arrojáron sus mujeres, niños, i ancianos en las llamas, i *saliéron* á *morir* en el campo raso con las armas en la mano. El grande Escipion *fué* testigo de la ruína de Numáncia; pues no *puede llamar*se propiamente* conquistador de la ciudad: *siendo*† de *notar*, que Luculo, encargado de *levantar* un ejército para aquella espedicion, no *halló* en la juventud Romana reclutas que *llevar*, hasta que el mismo Escipion se *alistó* para *animar*la.‡

Si los Romanos *conociéron* el valor de los Españoles como enemigos, tambien *esperimentáron* su virtud como aliados. Sagunto *sufrió* por ellos un sítio igual al de§ Numáncia contra los Cartajineses, i desde entónces *formáron* los Romanos de los Españoles el alto concepto que se *ve* en sus autores, oradores, historiadores, i poetas. Pero la fortuna de Roma, superior al valor humano, la hizo señora de España, como de lo restante del mundo, ménos algunos montes de Cantábria, cuya total conquista no *consta* de la história.

Largas revoluciones, inútiles de *contar*se en este paraje, *trajéron* del norte enjambres de naciones feroces, codiciosas i guerreras, que se *estableciéron* en España: pero, con las delícias de este clima, tan diferente del|| que *habían* dejado, *cayéron* en tal grado de afeminacion i flojedad, que á su tiempo³³² *fuéron* esclavos de otros conquistadores, venidos del mediodía. *Huyéron* los Godos Españoles hasta los montes de una província, hoi llamada Astúrias; i apénas *tuviéron* tiempo de *desechar* el susto, *llorar* la pérdida de sus casas, i ruína de su reino, cuando *saliéron* mandados por Pelayo, uno de los mayores hombres que la naturaleza *ha* producido.

---

* *Hablando*, † *Digno*, understood.
‡ *La*, 'it,' referring to *espedicion*.
§ *Al de*, 'to that of;' || *Del*, 'from that.'—Grammar, R. XXXVI. note 1, p. 182.
³³² *Á su tiempo*, 'in their turn.'

NARRATIONS.

Desde aquí se *abre* un teatro de guerras, que *duráron* cerca de ocho siglos. Várias reinos se *levantáron* sobre la ruína de la monarquía Goda Española, *destruyendo* el reino que *querían edificar* los Moros en el mismo terreno, regado con mas sangre Española, Romana, Cartajinesa, Goda, i Mora de cuanto se *puede ponderar*[383] con horror de la pluma que lo *escriba*, i de los ojos que lo *vean* escrito. Pero la poblacion de esta península *era* tal, que despues de tan largas guerras i tan sangrientas, aun se *contaban*[384] veinte millones de habitantes en ella.

Incorporáronse tantas províncias i tan diferentes en dos coronas, la de Castilla i la de Aragon; i ámbas en el matrimónio de D. Fernando i Doña Isabel, príncipes que *serán* inmortales entre cuantos *sepan* lo que *es* gobierno. La reforma de abusos, aumento de ciéncias, humillacion de los sobérbios, amparo de la agricultura i otras operaciones semejantes, *formáron* esta monarquía. *Ayudóles* la naturaleza con un número increible de vasallos insignes en letras i armas, i se *pudieron haber* lisonjeado de *dejar*[385] á sus sucesores un império mayor i mas duradero, que el de[386] Roma antigua, *contando* las Américas nuevamente descubiertas si *hubieran* logrado[387] *dejar* su corona á un heredero varon.

Nególes el cielo este gozo á trueque de tantos como[388] les *había* concedido, i su cetro *pasó* á la casa de Áustria, la cual *gastó* los tesoros, talentos i sangre de los Españoles en cosas ajenas de España, por las contínuas guerras, que así en Alemánia, como en Itália, *tuvo que sostener* Cárlos Primero de España, hasta que cansado de sus mismas prosperidades, ó

---

[383] *De cuanto se puede ponderar*, 'than can be dwelt upon.'
[384] *Aún se contaban*, 'it yet contained.'
[385] *De dejar*, 'of having left.'
[386] *Que el de*, 'than that of.'—Grammar, R. XXXVI. note 1, p. 182.
[387] *Si hubieran logrado*, 'if they could have succeeded in.'
[388] *A trueque ne tantos como*, 'to counterbalance the many that.'

tal vez conociendo con prudéncia las vicisitudes de las cosas humanas, no *quiso esponerse* á sus reveses, i *dejó* el trono á su hijo D. Felipe II.

Este príncipe, acusado por la emulacion, por ambicioso[389] i político como su padre, pero ménos afortunado, *siguiendo* los proyectos de Cárlos, no *pudo hallar* los mismos sucesos aun á costa de[390] ejércitos, de armadas, i de caudales. *Murió dejando* á su pueblo estenuado con las guerras; afeminado con el oro i plata de América; disminuído con la poblacion de un mundo nuevo; disgustado con tantas desgrácias, i deseoso de descanso. *Pasó* el cetro por las manos de tres príncipes ménos activos para *manejar* tan grande monarquía; i en la muerte de Cárlos Segundo no *era* España sino el esqueleto de un jigante.

José Cadalso.

---

[389] *Este príncipe, acusado por la emulacion, por ambicioso,* 'this prince, accused by his rivals of being ambitious.'

[390] *No pudo hallar los mismos sucesos aun á costa de,* 'could not be as successful even at the expense of.'

DESCRIPTIONS.

JUICIO FINAL.

Piensa cuan terrible *será* aquel dia, en el cual se *averiguarán* las causas de todos los hijos de Adan, i se *concluirán* los procesos de nuestras vidas, i se *dará* senténcia difinitiva de lo que para siempre *ha* de *ser*. Aquel dia *abrazará* en sí los dias de todos los siglos, presentes, pasados, i venideros: porqué en él *dará* el mundo cuenta de todos estos tiempos, i en él *derramará* Dios la ira i la saña que *tiene* recojida en todos los siglos. Pues que tan arrebatado *saldrá* entónces aquel tan caudaloso rio de la indignacion divina;* *teniendo* tantas acojidas de ira i saña, cuantos pecados se *han* hecho desde el princípio del mundo.

Considera las señales espantosas que *precederán* este dia: porqué, como *dice* el Salvador, ántes que *venga* este dia, *habrá* señales en el sol i en la luna i en las estrellas, i finalmente en todas las criaturas del cielo i de la tierra: porqué todas ellas *sentirán* su fin ántes que *fenezcan*, i se *estremecerán* i *comenzarán* á *caer* ántes que *caigan*. Mas los hombres, †*dice*, que *andarán* secos i ahilados de muerte,[391] *oyendo* los bramidos espantosos del mar, i *viendo* las grandes olas i tormentas que *levantará: barruntando* por esto las grandes calamidades i misérias que *amenazan* al mundo tan tenebrosas señales. I así *andarán* atónitos i espantados, las caras ama-

---

* *Pues que tan arrebatado saldrá entónces aquel tan caudaloso rio de la indignacion divina*, 'for such will be the impetuosity with which, then, the large river of divine indignation will spring forth.'

† *El*, referring to *el Salvador*, understood.

[391] *Andarán secos i ahilados de muerte*, 'will be as thin and emaciated as if they were dead.'

rillas i desfiguradas; ántes de la muerte,* muertos, i ántes del juício, sentenciados; *midiendo* los peligros con sus própios temores, i tan ocupados cada uno con el suyo, que no se *acordará* del ajeno aunqué *sea* padre ó hijo. Nádie *habrá* para nádie[392] porqué nádie *bastará* para sí solo......

Despues de esto *considera* cuan estrecha *será* la cuenta que allí á cada uno se *pedirá*. Pues que *sentirá* entónces cada uno de los malos, cuando *entre* Dios[393] con él en este ecsámen i allá dentro de su conciéncia, *diga* así: "*Ven* acé hombre malo, ¿qué *viste* en mí, porqué[394] así me *despreciaste* i te *pasaste* al vando[395] de mi enemigo? Yo te *crié* á mi imájen i semejanza, te *di* la lumbre de la fé, te *hice* cristiano, i te *redimí* con mi própia sangre...... Testigos *son* esta cruz i clavos que aquí *parecen*; testigos estas llagas de piés i manos, que en mi cuerpo *quedáron*; testigos el cielo i la tierra delante quien *padecí*. Pues ¿ qué *hiciste* de esa ánima tuya, que yo con mi sangre *hice* mia; en cuyo servício *empleaste* la que yo *compré* tan caramente?"

¡O jeneracion loca i adúltera! ¿porqué *quisiste* mas *servir* á ese enemigo† tuyo con trabajo, que á mí, tu Redentor i Criador, con alegría? *Llaméos* tantas veces, i no me *respondisteis*; *toqué* á vuestras puertas,‡ i no *despertasteis*; *estendí* mis manos en la cruz, i no las *mirásteis*. *Menospreciásteis* mis consejos, i todas mis promesas i amenazas; pues *decid* ahora vosotros, ánjeles, *juzgad*, vosotros jueces, entre mí i mi

---

* '*Se sentirán*,' or '*se hallarán como si fuesen*, 'will feel or find themselves,' understood.

[392] *Nádie habrá para nádie*, 'no one will be able to serve another.'

[393] *Cuando entre Dios*, 'when God shall enter.' The subjunctive present is frequently used for the future in Spanish.

[394] *Porqué*, as above, 'that.'

[395] *Te pasaste al vando*, 'thou wentest over to the band.'

† *Á ese enemigo tuyo*, 'that enemy of thine,' meaning 'the evil spirit.'

‡ *Toqué á vuestras puertas*, 'I knocked at your doors;' meaning, 'I touched your hearts.'

viña: ¿qué mas *debía* yo *hacer* por ella que lo que *hice?*"
Pues ¿qué *responderán* aquí los malos, los burladores de las cosas divinas, los mofadores de la virtud; los menospreciadores de la simplicidad, los que *tuviéron* mas cuenta con[396] las leyes del mundo, que con las de Dios, los que á todas sus voces *estuviéron* sordos, á todas sus inspiraciones insensibles, á todos sus mandatos rebeldes, i á todos sus azotes i benefícios, ingratos i duros?

Luís de Granada.

MORADORES CELESTIALES.

DESPUES de la esceléncia del lugar, *considera* la nobleza de los moradores, cuyo número, cuya santidad, cuyas riquezas i hermosura, *escede* todo lo que se *puede pensar.* ¿Qué cosa *puede ser* mas admirable? Por cierto, cosa *es* esta, que si bien se *considerase, bastaba* para *dejar* atónitos á todos los hombres. I si cada uno de aquellos bienaventurados espíritus, aunqué *sea* el menor de ellos, *es* mas hermoso de *ver*[397] que todo este mundo visible; ¿qué *será* el *ver* tanto número de espíritus tan hermosos, i *ver* las perfecciones i ofícios de cada uno de ellos? Allí *discurren* los ánjeles, *ministran* los arcánjeles, *triunfan* los principados, i *alégranse* las potestades, *enseñoréanse* las dominaciones, *resplandecen* las virtudes, *relampaguéan* los tronos, *lucen* los querubines, i *arden* los serafines, i todos *cantan* alabanzas á Dios.

Pues si la compañía i comunicacion de los buenos *es* tan dulce i amigable; ¿que *será tratar* allí con tantos buenos, *hablar* con los apóstoles, *conversar* con los profetas, con los mártires, con todos los escojidos? I si tan grande glória *es gozar* de la compañía de los buenos; ¿que *será gozar* de la compañía i preséncia de aquel á quien *alaban* las estrellas de

---

[396] *Los que tuviéron mas cuenta con,* 'those who paid more attention to.'
[397] *Mas hermoso de ver,* 'more beautiful to the sight.'

la mañana, de cuya hermosura el sol i la luna se *maravillan,* ante cuyo acatamiento se *arrodillan* los ánjeles i todos aquellos espíritus soberanos? ¿Qué *será ver* aquel Bien Universal, en quien *están* todos los bienes? i aquel mundo mayor, en quien *están* todos los mundos? i aquel que, *siendo* uno, *es* todas las cosas? i *siendo* simplicísimo, *abraza* las perfecciones de todas?

Luís de Granada.

LA INMENSIDAD DEL SEÑOR.

Todas las criaturas *tienen* finitas i limitadas sus naturalezas i virtudes, porqué* todas las criaste en número, peso, i medida, i les *hiciste* sus rayas,[398] i *señalaste* los límites de su jurisdiccion. Mui activo *es* el fuego en *calentar,* i el sol en *alumbrar,* i mucho se *estiende* su virtud; mas todavía *reconocen* estas criaturas sus fines, i *tienen* términos que no *pueden pasar.* Por esta causa *puede* la vista de nuestra ánima *llegar* de cabo á cabo, i *comprehender*las,[399] porqué todas ellas *están encerradas,* cada una dentro de su jurisdiccion. Mas vos, señor, *sois* infinito: no *hai* cerco que os *comprehenda:* no *hai* entendimiento que *pueda llegar* hasta los últimos términos de vuestra substáncia, porqué no los *teneis. Sois* sobre todo jénero i sobre toda espécie, i sobre toda naturaleza criada. Porqué así como[400] no *reconoceis* superior, así[400] no *teneis* jurisdiccion determinada.

A todo el mundo, que *criasteis* en tanta grandeza, *puede dar* vuelta por el mar océano un hombre mortal: porqué, aunqué él *sea* mui grande, todavía *es* finita i limitada su grandeza. Mas á vos, gran mar océano, ¿quién *podrá rodear?*

---

* *Vos, Señor;* 'thou, O Lord,' understood.

[398] *Les hiciste sus rayas,* 'didst set their boundaries.'

[399] *Llegar de cabo á cabo, i comprehenderlas,* 'may reach the extremities of the limits they occupy, and view them all at once.'

[400] *Así como .... así;* 'as,' 'in the same manner as .... so.'

Eterno *sois* en la duracion, infinito en la virtud, i supremo en la jurisdiccion. Ni vuestro ser comenzó en tiempo, ni se *acaba* en el mundo: *sois* ante todo tiempo, i *mandais* en el mundo, i fuera del mundo; porqué *llamais* las cosas que no *son* como á las que *son*. Pues, *siendo* como *sois*, tan grande ¿quién os *conocerá?* ¿Quién *conocerá* la alteza de vuestra naturaleza, pues no *puede conocer* la bajeza de la suya? De esta misma ánima con que *vivimos*, cuyos ofícios i virtud cada hora *esperiamentamos*, no *ha* habido filósofo hasta hoi que *haya* podido *conocer* la manera de la eséncia, por *ser* ella[401] hecha á vuestra imájen i semejanza. *Siendo*, pues, tal nuestra rudeza, ¿como *podrá llegar á conocer*[402] aquella soberana é incomprehensible substáncia?

Luís de Granada.

MONTE DE LA VIRTUD.

El monte escelso de la virtud *está* formado al reves de todos los demas montes. En los montes materiales *son* amenas las faldas, i ásperas las cumbres: así como se *va subiendo*[403] por ellos, se *va disminuyendo* la amenidad, i *creciendo* la aspereza. El monte de la virtud, *tiene* desabrida la falda, i graciosa la eminéncia. El que *quiere arribarle*, á los primeros pasos no *encuentra* sino piedras, espinas, i abrojos: así como se *va adelantando* el curso,[404] se *va disminuyendo* la aspereza i se *va descubriendo* la amenidad; hasta que en fin, en la cumbre no se *encuentran* sino hermosas flores, regaladas plantas, i cristalinas fuentes.

El primer tránsito *es* sumamente trabajoso, i resbaladizo. *Lláman*le al recien convertido, desde el mar del mundo, los

---

[401] *Por ser ella hecha á,* 'because it is made after.'
[402] *Como podrá llegar á conocer,* 'how will it ever know.'
[403] *Así como se va subiendo,* 'as we are ascending.'—Note 294, 91.
[404] *Así como se va adelantando el curso,* 'as we are advancing in our course.'

cantos de las sirenas.* *Aterran*le por la parte del monte, los rujidos de los leones. *Mira* con terneza la llanura del valle que *dejó*. *Contempla* con pavor el ceño de la montaña á que *aspira*. Libre de la cárcel del pecado, aun *lleva* en sus pasiones las cadenas, cuya pesadumbre *conspira* con la ardüidad del camino, para *hacer* tardo i congojoso el movimiento. *Oye* á las espaldas,[405] los blandos clamores de los deleites, que le *dicen*, como á Agustino: "¿*Es* posible que nos abandones? ¿*Es* posible que te despidas,[406] i *ausentes* de nosotros para siempre?

"No obstante *camina* aflijido un poco, tal vez *interrumpiendo* el paso algun tropiézo. Ya *va hallando* ménos áspera la senda: ya los clamores de las delícias terrenas *hacen* ménos impresion, porqué se *oyen* de mas léjos."[407] Así lo *esperimentaba* el mismo Agustino. *Adelantando* algunos pasos mas, ya se *va descubriendo*[408] algo llano el camino; aunqué una ú otra vez *representa* la costumbre antígua los gozados placeres, i la dificultad de *vivir* sin ellos, *es* tan lánguidamente, i con tanta tibiéza, que no *hace* fuerza alguna.

Jerónimo Feijóo.

CARÁCTER DE CHAVES, I SUS TERTULIANOS.

Era la Marquesa de Chaves une viuda de treinta i cinco años; bella, alta, airosa i bien proporcionada. No *tenía* hijos, i *gozaba* diez mil ducados de renta.[409] Nunca *ví* á mujer

---

* Construct *desde el mar del mundo, los cantos de las sirenas llámanle al recien convertido;* meaning, that, he who begins to enter into the path of virtue, is dissuaded, at first, from following this course, by his animal passions.

[405] *Oye á las espaldas,* 'he hears behind his back.'

[406] *Que te despidas,* 'that you take leave of us.'

[407] *Porqué se oyen de mas léjos,* 'because they are heard from a greater distance.'

[408] *Ya se va descubriendo algo llano el camino,* 'the road is becoming a little plainer.'

[409] *Gozar . . . . de renta,* 'to enjoy a revenue of . . . . . ;' as, *gozaba diez mil ducados de renta,* 'she enjoyed a revenue of ten thousand ducats.'

mas séria, ni que ménos *hablase.* Con todo eso, *era* celebrada en Madrid, i jeneralmente tenida por la dama de mayor talento. Lo que quizá *contribuía* mas que todo á esta univer sal reputacion, *era* la concurréncia á su casa de los primeros personajes de la Corte, así en nobleza como en literatura: problema que yo no me *atreveré á decidir.** Solo *diré* que *bastaba oir* su nombre para *formar* concepto de un génio superior, i cu casa *era* llamada por esceléncia: "El tribunal de las obras injeniosas."

Con efecto, todos los dias se *leían* en ella ya poémas dramáticos, ya poesías líricas; pero siempre sobre asuntos sérios. La mejor comédia, el romance ó la novela mas injeniosa, mas alegre i mas verosímilmente conducida, todo esto se *miraba* como una pueril i lijera produccion, que no *merecía* alabanza alguna. Por el contrário[410] la mínima obra séria, una oda, un soneto, una égloga *pasaba* allí por el último esfuerzo del injénio humano. *Sucedía* tal vez que el público no se *conformaba* con la decision del tribunal, ántes bien *silbaba* las obras que *habían* sido aplaudidas en aquel areópago.

La Marquesa me *hizo* maestresala de su casa. *Era* incumbéncia de mi empléo *preparar* el cuarto de mi nueva ama para *recibir* las jentes, *disponiendo* taburetes para las damas, sillas para los caballeros, i cada cosa en su respectivo sítio; *quedándo*me despues en la antesala, para *anunciar* é *introducir* á los que *llegaban.* Como todavía no los *conocía* yo; el primer dia, Molina, que *era* el ayo ó maestro de pajes[411] me *hizo* compañía en la antesala para *decir*me el nombre de ellos que *iban entrando;* i al mismo tiempo me *informaba* breve* i graciosamente del carácter de cada uno . . . . .

---

* Meaning, whether it was her wealth or her visitors, which gave her the reputation of possessing great talents.

[410] *Por el contrário,* 'on the contrary.'

[411] *Maestro de pajes,* 'first attendant.'

† Instead of *brevemente.*—Grammar 8, p. 223.

En esto[412] *vimos entrar* á un hombre seco, mui grave, cejijunto, i fruncido. No le *perdonó* mi caritativo instructor. Este *es*, me *dijo*, uno de aquellos entes sérios i engarrotados, que *quieren pasar* por hombres grandes á favor de[413] algunas senténcias de Séneca, que *saben de memória*, i *pronúncian* con recalcamiento i pomposidad, los cuales ecsaminados de cerca,[414] se *descubren ser* unos pobres mentecatos.

Tras de este *entró* otro caballerito de buen porte;[415] pero de furioso aire á la Griega,[416] *quiero decir* de un hombre lleno i pagado de sí mismo. *Pregunté* á Molina quien *era*, i me *respondió* que *era* un poëta dramático, el cual *había* compuesto cien mil versos que no le *habían* valido[417] cuatro cuartos; pero que recientemente por solo seis renglones en prosa *había* conseguido *formarse* una buena renta. . . . . .

¡Bravo! *esclamó* el maestro de pajes: ya *entró* en casa el Licenciado Campanal. A éste se le *oye* mucho ántes que se *deje ver*.[418] *Es* un solemnísimo tronera: *comienza á charlar* en voz alta i sonora desde la puerta de la calle, i no la *deja* hasta que *vuelve á salir* por ella.

Con efecto, *resonaba* en toda la casa la voz del Licenciado Campanal, que en fin *apareció* en la antesala con otro Bachiller amigo suyo, i *prosiguió atronándo*nos á todos, sin *cesar*, en el tiempo que *duró* la académica visita. Este Licenciado, *dije* á Molina, *parece* hombre de injénio. Sí, lo *es*, me respondió: *tiene* ocurréncias mui saladas; se *esplica* con grácia i agudeza; *es* mui divertida su conversacion; pero *es* un

---

[412] *En esto,* 'at this time,' 'at this juncture.'

[413] *Á favor de,* 'by means of.'

[414] *Ecsaminados de cerca,* 'being closely examined.'

[415] *De buen porte,* 'of genteel carriage.'

[416] *Á la Griega.* This is an elliptical sentence; having the word *moda*, 'fashion,' understood. *Á la Griega*, should therefore be translated 'after the Greek manner,' or 'fashion.'

[417] *No le habían valido,* 'had not been worth to him.'

[418] *Ántes que se deje ver,* 'before he appears.'

hablador molestísimo, i *repite* siempre sus dichos i cuentos. En suma para no *estimar* las cosas mas de lo que *valen*, estoi persuadido á que la mayor parte de su mérito *consiste* en aquel aire cómico i gracioso, con que *sazona* todo lo que *dice;* i así no *creo* que le *haría* mucho honor una coleccion de sus agudezas i gracias, si se *diese* á luz.

Fueron entrando despues otras personas, de todas las cuales me *hizo* Molina mui graciosas descripciones.

Jil Blas.

PRIMER SALIDA DE DON QUIJOTE.

Apénas *había* el rubicundo Apolo tendido por la faz de la ancha i espaciosa tierra, las doradas hebras de sus hermosos cabellos, i apénas los pequeños i pintados pajarillos con sus arpadas léngüas *habían* saludado, con dulce melíflua harmonía, la venida de la rosada aurora, que *dejando* la blanda cama del celoso marido por las puertas i balcones del manchego horizonte á los mortales se *mostraba;* cuando el famoso caballero Don Quijote de la Mancha, *dejando* las ociosas plumas,[419] *subió* su famoso caballo Rocinante, i *comenzó* á *caminar* por el antíguo i conocido campo de Montiél; i *añadió, diciendo:* "Dichosa edad i siglo dichoso aquel en donde *saldrán* á luz[420] las famosas hazañas mias, dignas de *entallar*se en bronce, *esculpir*se en mármoles, i *pintar*se en tablas para memoria en lo futuro."*

Miguel de Cervántes.

---

[419] *Ociosas plumas,* 'downy bed.'
[420] *En donde saldrán á luz,* 'in which will be published.'
* Cervántes wrote this far-fetched description, as a delicate critique against those novel writers, who always begin their narrations in a bombastic manner.

RETRATO DE CRISÓSTOMO.*

ESTE cuerpo, señores, que con piadosos ojos *estais mirando, fué* depositário de un alma en quien el cielo *puso* infinita parte de sus riquezas. Ese *es* el cuerpo de Crisóstomo que *fué* único en el injénio, solo en la cortesía, estremo en la jentileza, fénics en la amistad, magnífico sin tasa, grave sin presuncion, alegre sin bajeza; i finalmente, primero en todo lo que *es ser* bueno, i sin segundo en todo lo que *es* i *fué* desdichado. *Quiso* bien, *fué* aborrecido; *adoró, fué* desdichado: *rogó* á una fiera, *importunó* un mármol, *corrió* tras el viento, *dió* voces á la soledad, *sirvió* á la ingratitud, de quien *alcanzó* por prémio, *ser* despojo de la muerte en la mitad de la carrera de su vida.

Miguel de Cervántes.

EL FAMOSO LADRON MOMPÓDIO.

PARECÍA de cuarenta i cinco á cuarenta i seis años, alto de cuerpo,[421] moreno de rostro,[422] cejijunto, barbinegro, i mui espeso,† los ojos hundidos. *Venía* en camisa, i por la abertura de delante *descubría* un bosque; tanto *era* el vello que *tenía* en el pecho. *Traía* una capa de bayeta casi hasta los piés, en los cuales *traía* unos zapatos enchancletados. *Cubríanle* las piernas unos zaragüellos de lienzo anchos i largos hasta los tobillos: el sombrero *era* de los de hampa,[423] campanudo de copa,‡ i tendido de falda:‡ *atravesábale* un tahalí

---

† *Crisóstomo*, is a personage who, in *Don Quixote*, (the work from which this piece is extracted,) is supposed to have sunk into an untimely grave by the effects of disappointed love.

[421] *Alto de cuerpo*, 'of a high stature,' 'tall.'—G.

[422] *Moreno de rostro*, 'of a dark complexion.'—G.

† *Barbinegro i mui espeso*, 'black and thick beard.'

[423] *De los de hampa*, 'of those worn by vagabonds.'

‡ *Campanudo de copa*, 'bell-like in the crown;' *i tendido de falda*, 'and broad-brimmed.'

por espalda i pechos, á donde *colgaba* una espada, ancha i corta á modo de las del perrillo,[424] las manos *eran* cortas i pelosas, los dedos gordos, i las uñas hembras i remachadas:[425] las piernas no se le *parecían;*[426] pero los piés *eran* descomunales de anchos i juanetudos. En efecto él *representaba* el mas rústico i disforme bárbaro del mundo.

Miguel de Cervántes.

EDAD DE ORO.

DICHOSA edad i siglos dichosos aquellos á quien los antíguos *pusiéron* nombre de dorados; i no porqué en ellos el oro, que en nuestra edad de hierro tanto se *estima,* se *alcanzase* en aquella venturosa sin fatiga alguna, sino porqué entónces los que en ella *vivían ignoraban* estas dos palabras de "TUYO I MIO." *Eran* en aquella santa edad todas las cosas comunes:* á nádie le *era* necesário para *alcanzar* su ordinário sustento *tomar* otro trabajo, que *alzar* la mano, i *alcanzarle* de las robustas encinas que liberalmente les *estaban convidando* con su dulce i sazonado fruto.

Les claras fuentes, i corrientes rios en magnífica abundáncia sabrosas i transparentes águas les *ofrecían.* En las quiebras de las peñas, i en los huecos de los árboles, *formaban* su república las solícitas i discretas abejas, *ofreciendo* á cualquiera mano, sin interes alguno, la fértil cosecha de su dulcísimo trabajo. Los valientes alcornoques *despedían* de sí, sin otro artifício que el de su cortesía, sus anchas i livianas cortezas con que se *comenzáron* á *cubrir* las casas sobre rústicas estacas sustentadas, no mas que para defensa de las inclêmencias del cielo.

Todo *era* paz entónces, todo amistad, todo concórdia; aun

---

[424] *Á modo de las del perrillo,* 'like a cutlass.'
[425] *Uñas hembras i remachadas,* 'flat and short nails.'
[426] *No se le parecían,* 'were so small that they could scarcely be seen.'
* Construct *en aquella santa edad todas las cosas eran comunes.*

no se *había* atrevido la pesada reja del corvo arado* á *abrir* ni *visitar* las entrañas piadosas de nuestra primera madre,[427] que ella sin *ser* forzada *ofrecía*, por todas las partes de su fértil i espacioso seno, lo que *pudiese hartar*, *sustentar*, i *deleitar* á los hijos que entónces la *poseían*. Entónces sí que *andaban* las simples i hermosas zagalejas de valle en valle, i de otero en otero, en trenza i en cabello,[428] sin mas vestidos de aquellos que *eran* menester para *cubrir* honestamente lo que la honestidad *quiere* i *ha* querido siempre que se *cubra*. I no *eran* sus adornos de los que ahora se *usan*, á quien[429] la púrpura de Tiro, i la por tantos modos martirizada seda[430] *encarecen*, sino de algunas hojas de verdes lampazos i yedra entretejidas,† con lo que quizá *iban* tan pomposas i compuestas, como *van* ahora nuestras cortesanas con las raras i peregrinas invenciones que la curiosidad ociosa les *ha* mostrado.

Entónces se *decoraban* los conceptos amorosos del alma simple i sencillamente, del mismo modo i manera que ella los *concebía*, sin *buscar* artificioso rodéo de palabras para *encarecer*los. No *había* el fraude, el engaño, ni la malícia *mezclándo*se con la verdad i llaneza. La justícia se *estaba* en sus própios términos, sin que la *osasen turbar* ni *ofender* los del favor i los del interes,‡ que tanto ahora la *menoscaban*, *turban* i *persiguen*.

Miguel de Cervántes.

---

* Construct *la pesada reja del corvo arado aun no se había atrevido*.

[427] *Nuestra primera madre*, 'our first mother,' meaning 'the earth.'

[428] *En trenza i en cabello*, 'with braided and dishevelled hair.'

[429] *Á quien*, to which, referring to *adornos*. Now *quien*, 'whom,' refers only to persons.—Grammar, R. XXXVI. p. 173.

[430] *I la por tantos modos martirizada seda encarecen*, 'and the silk worked in so many ways renders more valuable.'

† Construct *entretejidas de verdes lampazos i yedra*.

‡ Place *los del favor i del interes*, 'favourites and intriguers,' before *osasen*.

LA JITANILLA PRECIOSA.[*]

Parece que los jítanos i jítanas solamente *naciéron* en el mundo para *ser* ladrones; *nacen* de padres ladrones, i finalmente *salen* con *ser* ladrones corrientes i molientes á todo ruedo,[431] i la gana de *hurtar*, i el *hurtar*, son en ellos como accidentes inseparables que no se *quitan* sino con la muerte.

Una, pues, de esta nacion, jitana vieja, que *podía ser* jubilada en la ciéncia de Caco,[432] *crió* una muchacha en nombre de nieta suya,[433] á quien *puso* por nombre Preciosa, i á quien *enseñó* todas jitanerías i modos de embelecos i trazas de *hurtar*. *Salió* la tal Preciosa la mas única bailadora que se *hallaba* en todo el jitanismo, i la mas hermosa i discreta que *pudiera publicar* la fama.

Ni los soles ni los aires, ni todas las incleméncias del cielo, á quien mas que otras jentes *están* sujetos los jítanos, *pudiéron deslustrar* su rostro, ni *curtir* sus manos; i lo que *es* mas, que la crianza tosca en que se *criaba*, no *descubría* en ella sino *ser* nacida[434] de mayores prendas que de jitana, porque *era* en estremo cortés i bien razonada; i con todo eso *era* algo desenvuelta pero no de modo que *descubriese* algun jénero de deshonestidad; ántes con *ser* aguda *era* tan honesta,[435] que en su preséncia ni *osaba* alguna jitana vieja ni

---

[*] *La Jitanilla Preciosa*, 'the Precious Gypsy,' the name and principal character of a novel of *Cervantes*.

[431] *Salen con ser ladrones corrientes i molientes á todo ruedo*, 'become consummate thieves.'

[432] *Que podía ser jubilada*, 'who might be considered as emeritus professor.'

[433] *En nombre de nieta suya*, 'passing her off as her niece.'

[434] *No descubría en ella sino ser nacida de mayores prendas que de jitana*, 'only showed that she had been born with qualities superior to those of a gypsy.'

[435] *Ántes con ser aguda era tan honesta*, 'although she was shrewd, she was so modest.'

moza *cantar* cantares lascivos, ni *decir* palabras no buenas. I finalmente la abuela *conoció* el tesoro que en la nieta *tenía*, i así *determinó* el águila vieja *sacar á volar* el aguilucho⁴³⁶ i *enseñar*le á *vivir* por sus uñas.

Miguel de Cervántes.

DON QUIJOTE Á SANCHO DORMIDO.

¡"O tú, bienaventurado sobre cuantos *viven* sobre la haz de la tierra, pues sin *tener* envídia ni *ser* envidiado, *duermes* con sosegado espíritu, ni te *persiguen* encantadores, ni *sobresaltan* encantamientos! *Duerme*," digo otra vez, i lo *diré* otras ciento, "sin que te *tengan* en contínua vijília, celos de tu dama, ni te *desvelen* pensamientos de *pagar* deudas que *debas*, ni de lo que *has* de *hacer* para *comer* otro dia, tú i tu pequeña i angustiada família.⁴³⁷

Ni la ambicion te *inquieta*, ni la pompa vana del mundo te *fatiga*; pues los límites de tus deseos no se *estienden* á mas que á *pensar* en tu jumento, que el* de tu persona sobre mis hombros se *tiene* puesto; contrapeso i carga, que *puso* la naturaleza i la costumbre á los señores. *Duérme* el criado, i está *velando* el señor, *pensando* como le *ha* de *sustentar*, mejorar i *hacer* mercedes. La congoja de *ver* que el cielo se *hace* de bronce⁴³⁸ sin *acudir* á la tierra con el conveniente

---

⁴³⁶ *Sacar á volar el aguilucho*, 'to draw the eaglet from the nest.'

⁴³⁷ Construct: *sin que celos de tu dama te* TENGAN *en contínua vijília, ni pensamientos de pagar deudas que debas, ni de lo que has de hacer para comer otro dia tú i tu pequeña i angustiada família te* DESVELEN. The verb may, in Spanish, as it has been frequently repeated, precede or follow its subject. The difficulty in translating into English the above sentence, as well as many others with which the student has already met, arises only from the circumstance of the verb preceding its subject. See notes 9, 23, 32, 40, 44.

* *Cuidado, pensamiento*, or some such word, understood.

⁴³⁸ *Se hace de bronce*, idiomatic, 'becomes hard,' 'inflexible.'

rocío, no *aflije* al criado sino al señor, que *ha* de *sustentar* en la esterilidad i hambre al que[439] le *sirvió* en la fertilidad i abundáncia.

Miguel de Cervántes.

SITUACION PASADA DE GALATEA.*

LAS selvas *eran* ántes mis compañeras, en cuya soledad muchas veces, convidada de la suave harmonía de los dulces pajarillos, *despedía* la voz á mil honestos cantares,[440] sin que en ellos *mezclase*[441] suspiros ni razones, que de enamorado pecho *diesen* indício alguno. ¡Ai! cuantas veces solo por *contentar*me á mí misma, por *dar lugar* al tiempo que se *pasase, andaba* de ribera en ribera,[442] de valle en valle, *cojiendo* aquí la blanca asucena, allí el cárdeno lírio, acá la colorada rosa, acullá la olorosa clavellína, *haciendo* de todas suertes de odoríferas flores una tejida guirnalda con que *adornaba* i *recojía* mis cabellos, i despues *mirándo*me en las claras i reposadas águas de alguna fuente, *quedaba* tan gozosa de *haber*me visto, que no trocara mi contento por otro alguno![443] *Pasaba* yo mi vida tan alegre i sosegadamente, que no *sabía* que *pedir* mi deséo.

Miguel de Cervántes.

---

[439] *Al que*, 'him who.'—Note 33.

* Galatea, the heroine of a novel of Cervántes, complains of her present feelings compared with those when she was free from love.

[440] *Despedía la voz á mil honestos cantares*, 'I raised my voice in a thousand chaste songs.'

[441] *Sin que en ellos mezclase*, 'without mixing in them.'

[442] *De ribera en ribera*, 'from bank to bank.'

[443] *Por otro alguno*, 'for any other.'

LA POBREZA.

*¡O pobreza, pobreza! no *sé* yo con que razon se *movió* aquel gran poeta Cordovés[444] á *llamar*te dádiva santa desagradecida. Yo, aunqué Moro, bien *sé* por la comunicacion que *he* tenido con cristianos, que la santidad *consiste* en la caridad, humildad, fé, obediéncia, i pobreza; pero con todo eso *digo* que *ha* de *tener* mucho de Dios[445] el que se *viniere* á contentar con *ser* pobre, si no *es* de aquel modo de pobreza[446] de quien *dice* uno de sus mayores santos: " *Tened* todas las cosas como si no las *tuviéseis*," i á esto *llaman* pobreza de espíritu.

Pero tú, segunda pobreza, que *eres* de la que yo *hablo*, ¿porqué *quieres estrellarte* con[447] los hidalgos i bien nacidos[448] mas que con la otra jente? Porque los† *obligas* á *dar* pantália,[449] á los zapatos, i á que los botones de sus ropillas unos *sean* de seda, otros de cerdas, i otros de vídrio? ¿Porque sus cuellos, por la mayor parte, *han* de *ser* siempre escarolados, i no abiertos con molde?[450]

¡Miserable del bien nacido,[451] que *va dando* pistos[452] á su honra *comiendo* mal i á puerta cerrada, *haciendo* hipócrita al

---

* Exclamations of Benengeli, the supposed historian of Don Quixote, on seeing this hero in a pitiful plight.

[444] Cervántes alludes to Seneca, who was born in Spain, in a city of the province of Andalusia, called Cordova, from which is formed the patronimic noun, *Cordovés*, a native of Cordova.

[445] *Que ha de tener mucho de Dios*, 'must be very much of a God.'

[446] *Si no es de aquel modo de pobreza*, 'unless it be that kind of poverty.'

[447] *Estrellarte con*, 'to fall out with,' i. e. 'to fly away from.'

[448] *Bien nacidos*, 'high born.'

† *Los*, them, referring to *la otra jente*, that is, 'poor people.'

[449] *Dar pantália*, 'to bid farewell.'

[450] *I no abiertos con molde*, 'and not widely open.'

[451] *Miserable del bien nacido*, 'unfortunate is the high-born man.'

[452] *Que va dando pistos á*, 'who is endeavouring to support.'

palillo de dientes⁴⁵³ con que *sale* á la calle despues de no *haber* comido cosa que le *obligue á limpiár*selos! Miserable de aquel,⁴⁵⁴ *digo*, que *tiene* la honra espantadiza,⁴⁵⁵ i *piensa* que desde una légua se le *descubre* el *remiendo* del zapato, el trasudor del sombrero, la hilaza del herreruelo, i la hambre de su estómago.

Miguel de Cervántes.

FERNANDO REI DE ARAGON.*

Tenía el injénio claro, el juício grave i acertado, la condicion suave i cortés, i clemente con los que *iban á negociar*. *Fué* diestro para las cosas de la guerra, para el gobierno sin par: tan amigo de los negócios, que *parecía* con los trabajos *descansaba*. El cuerpo no† con deleites regalado, sino con el vestido honesto i comida templada, ‡acostumbrado á propósito para *sufrir*⁴⁵⁶ trabajos ..... La avarícia de que le *tachan* se *puede escusar* con la falta que *tenía* de dineros, i *estar* enajenadas las rentas reales. Al rigor i severidad en *castigar*, de que así mismo le *cargan*, *diéron* ocasion los tiempos i las costumbres tan estragadas.

Los escritores estraños le *achacan* de hombre astuto, i que á veces *faltaba* en la palabra⁴⁵⁷ sí le *venía* mas á cuento.⁴⁵⁸ No *quiero tratar* si esto *fué* verdad, si invencion en ódio de

---

⁴⁵³ *Palillo de dientes*, 'tooth-pick.'
⁴⁵⁴ *Miserable de aquel*, 'unfortunate he,' 'wo to him.'
⁴⁵⁵ *Que tiene la honra espantadiza*, 'who is afraid of his reputation.'
* The celebrated Ferdinand of Aragon, who married Isabella of Castile, and both governed Spain, under the title of the Catholic Kings William H. Prescott, Esq. of Boston, has lately published the best history extant of these two distinguished sovereigns.
† *Estaba*, ‡ estaba, understood.
⁴⁵⁶ *Acostumbrado á proposito á sufrir*, 'was made purposely accustomed to endure.'
⁴⁵⁷ *Faltaba á su palabra*, 'did not fulfil his word.'
⁴⁵⁸ *Si le venía mas á cuento*, 'if it was more to his advantage.'

nuestra nacion : solo *advierto*, que la malícia de los hombres *acostumbra*⁴⁵⁹ á las virtudes verdaderas *poner* nombre de los vícios que les *son* semejables; como tambien al contrário, *engañan* i *son* alabados los vícios que *semejan* á las virtudes. Además que se *acomodaba* al tiempo, al lenguaje, al trato i mañas que entónces se *usaban*.

La ingratitud que con él se *usó*, *acrecentó* su glória, i aun le *preservó* que en lo último de su edad no *tropezase*, como *sea* cosa dificultosa i rara *navegar* muchas veces sin *padecer* alguna borrasca. A muchos grandes personajes con el discurso del tiempo se les *escurese* la claridad i fama que primero *ganáron*. El tiempo le *cortó* la vida : su nombre *competirá* con lo que el mundo *durare*.⁴⁶⁰ Príncipe el mas señalado en valor, justícia i prudéncia que en muchos siglos España *tuvo*. Tachas á nádie *pueden faltar*,⁴⁶¹ sea por la frajilidad própia, ó por malícia i envídia ajena, que *combate* principalmente los altos lugares. *Espejo, sin duda, por sus grandes virtudes, en que todos los príncipes de España se *deben mirar*.

Juan de Mariana.

DON ÁLVARO DE LUNA.

De bajos príncipios *subió* á la cumbre de la buena andanza;⁴⁶² de ella le *despeñó* la ambicion. *Tenía* buenas partes naturales, condicion i costumbres no malas : si las faltas, si los vícios *sobrepujasen*, el suceso i el remate lo *muestran*. *Era* de injénio vivo i de juício agudo, sus palabras concertadas i graciosas : *usaba* de donáires con que *picaba*, aunque *era* naturalmente algo impedido en la habla :

---

⁴⁵⁹ *Acostumbra . . . . . poner*, 'is apt to give.'
⁴⁶⁰ *Competirá con lo que el mundo durare*, 'will last as long as the wolrd.'
⁴⁶¹ *Tachas á nádie pueden faltar*, 'no one is free from blemishes.'
* *Es*, 'he is,' referring to Prince i. e King Ferdinand.
⁴⁶² *Buena*, or *bien andanza*; an obsoleto expression, meaning, 'good fortune.'

su astúcia i disimulacion grandes; el atrevimiento, sobérbia i ambicion, no menores. Todas estas cosas* *comenzáron* desde sus primeros años: con la edad se *fuéron aumentando*. *Allegó*se el menosprécio que *tenía* de los hombres, como enfermedad de poderosos.

*Dejába*se *visitar* con dificultad: *mostrába*se áspero, en especial de média edad adelante:[463] *fué* en la cólera mui desenfrenado, ecsasperado con el ódio de sus enemigos, i desapoderado por los trabajos en que se *vió:* á manera de fiera que *agarrochéan* en la leonera i despues la *sueltan*, no *dejaba* de *hacer* riza.[464] ¿Qué estragos no *hizo* con el deséo ardiente que *tenía* de *vengarse?* Con estas costumbres no *es* maravilla que *cayese;* sino cosa vergonzosa que por tanto tiempo se *conservase.* . . . . . Varon verdaderamente grande, i por la misma variedad de la fortuna maravilloso.

Juan de Mariana.

PEDRO EL CRUEL.

Fué este un estraño ejemplo, para que en los siglos venideros† *tuviesen* que *considerar*, se *admirasen*, i *temiesen;* i *supiesen* tambien que las maldades de los príncipes las *castiga* Dios, no solamente con el ódio i mala voluntad con que miéntras *viven son* aborrecidos, ni solo con la muerte, sino con la memória de las histórias, en que *son* eternamente afrentados i aborrecidos por todos aquellos que las *leen*, i sus almas sin descanso *serán* para siempre atormentadas.

Luego que *murió* el Rei D. Alonso su padre, *fué*, como *era* razon, en los reales de Aljeciras, apellidado por rei, si bien no *tenía* mas de quince años i siete meses. Su edad no *era* á propósito para cuidados tan graves: su natural *mostraba* ca-

---

* *Cosas*, 'things,' meaning 'qualities.'
[463] *De media edad adelante*, 'after his middle age.'
[464] *No dejaba de hacer riza*, 'he did not fail from committing havoc.'
† *Los hombres*, 'men,' understood.

pacidad de cualquier grandeza...... *Veíanse* en él muestras de grandes virtudes, de osadía i consejo: su cuerpo no se *rendía* con el trabajo, ni el espíritu con ninguna dificultad *podía ser* vencido. Entre estas virtudes se *veían* no menores vicios, que entónces *asomaban*, i con la edad *fuéron* mayores: *tener* en poco[465] i *menospreciar* las jentes, *decir* palabras afrentosas, *oir* soberbiamente, *dar* audiéncia con dificultad, no solamente á los estraños, sino á los mismos de su casa.

Estos vícios se *mostraban* en su tierna edad: con el tiempo se les *juntáron* la avarícia, la disolucion en la lujúria, i la aspereza de su condicion i costumbres...... No *faltáron* perversos hombres que *conquistaban* la tierna edad i voluntad del rei con un pésimo jénero de servício, que *era proponer*le todas las maneras de torpes entretenimientos, i *ayudar*le á *conseguir* sus deseos deshonestos, sin ningun respeto de lo honesto ni miedo de los hombres. En grandísimo perjuício de la república *granjeaban* el favor i privanza del rei. En el palácio todo *era* deshonestidad; fuera de él todo crueldad, á la cual todos los demas vícios *reconocían* i *daban* ventaja.

Juan de Mariana.

PARALELO ENTRE LA PAZ I LA GUERRA.

Hermosura *llamó* Dios á la paz por Isaías, *diciendo* que en ella, como sobre flores, *reposaría* su pueblo. Aún las cosas que *carecen* de sentido, se *rogocijan* con la paz. ¡Qué fértiles i alegres se *ven* los campos que ella *cultiva!* ¡qué hermosas las ciudades, pintadas, i ricas con su sosiego! i al contrário ¡qué abrasadas las tierras por donde *pasa* la guerra! Apénas se *conocen* hoi en sus cadáveres las ciudades i castillos de Alemánia. Tinta en sangre *mira* Borgoña la verde cabellera de su altiva frente, rasgadas sus ántes vistosas faldas, *quedando* espantada de sí misma.

---

[465] *Tener en poco*, 'to disregard,' 'to pay little attention to.'

Ningun enemigo mayor de la naturaleza que la guerra: quien *fué* autor de lo criado, lo *fué* de la paz: con ella se *abraza* la justícia. *Son* medrosas las leyes, i se *retiran* i *callan* cuando *ven* las armas. Por esto *dijo* Mário, *escusándo*se de *haber* cometido en la guerra algunas cosas contra las leyes de la pátria: que no las *había* oído con el ruído de las armas. En la guerra, no *es* ménos infelicidad, como *dijo* Tácito, de los buénos, *matar*, que *ser* muertos.

Diego Saavedra Fajardo

SPEECHES AND ADDRESSES.

RAZONAMIENTO DE BÁUCIO CAPETO.*

DE ánimo cobarde i sin brio *es llorar* las desgrácias i misérias, i fuera de las lágrimas, no *poner* ningun remédio á la desventura i trabajos. Por ventura ¿no nos *acordarémos* que *somos* varones, i tomadas luego las armas, *vengarémos* las injúrias recibidas? No *será* dificultoso *echar* de toda la província unos pocos ladrones, si los que en número, esfuerzo i causa les *hacemos* ventaja,⁴⁶⁶ *juntamos* con esto la concórdia de los ánimos. Para esto *hagamos* presente i grácia⁴⁶⁷ de las quejas particulares, que unos contra otros *tenemos*, á la pátria comun; porqué las enemistades particulares no *sean* parte para *impedirnos*⁴⁶⁸ el camino de la verdadera glória. Demás de esto, no *debeis pensar* que en *vengar* nuestros agrávios se *ofenden* Dios i la relijion, que *es* el velo de que ellos se *cubren*. Cá el cielo, no *suele favorecer* á la maldad; i es mas justo *persuadirse acudirá* á los que *padecen* injustamente; ni *hai* para que *temer* la felicidad i buena andanza de que tanto tiempo *gozan* nuestros enemigos. Antes *debeis pensar*, que Dios *acostumbra dar* mayor felicidad, i *sufrir* mas tiempo sin castigo, aquellos de quien *pretende tomar* mas entera ven-

---

* Speech which Mariana supposes *Báucio Capeto*, king or chieftain of the Turdatanians, an aboriginal tribe that inhabited the southern seacoast of Spain, to have delivered when the Phœnicians invaded that country.

⁴⁶⁶ *Les hacemos ventaja,* 'are their superiors.'

⁴⁶⁷ *Hagamos presente i grácia de, ... á la pátria comun,* 'let us forget . . . . . and think of nothing but our common country.'

⁴⁶⁸ *No sean parte para impedirnos,* 'may not be the means of preventing us from following.'

ganza, i en quien *quiere hacer* mayor castigo, para que *sientan* mas la mudanza i miséria en que *caen.*

Juan de Mariana.

VENÉCIA LIBRE, I VENÉCIA ESCLAVA.

¡Cuantas reflecsiones se *agolpan* á la mente del viajero al *contemplar*[469] el siléncio, la soledad, la degradacion que *reinan* hoi en aquel sítio, morada ántes de la opuléncia, de la actividad, del poder marítimo, de las artes, i de los placeres! ¡Que espantosa transformacion! Cuando Venécia *daba* leyes á los monarcas de Europa, cuando *encadenaba* al Oriente,* i *hacía* tributários de su comércio á todos los pueblos del mundo,* los archiduques de Áustria, apénas *figuraban* entre la turba de príncipes que *dividían* la Alemánia. Sus pueblos *estaban* envueltos en la barbárie, i la embriaguez, cuando en Venécia *florecían* injénios de primer órden.

Las prendas primitivas de estos dos pueblos *conservan* parte de su vigor orijinal; los Venecianos *son* vivos, intelijentes, injeniosos, fecundos en imájenes graciosas, apasionados por las artes; los Austríacos tetricos, flecmáticos, incapaces† de aquellas emociones vehementes que tantas grandes acciones han *producido;* el despotismo los *embrutece,* la severa disciplina militar los *degrada,* la superstición los *condena* al error i á la ignoráncia. I sin embargo[470] Venécia no es mas que[471] un cuartel de Austríacos; i la reina del Adriático *es* esclava de un gabinete opresor i enemigo de las luces.

José Joaquin de Mora.

---

[469] *Al contemplar,* 'on contemplating.'
* Construct: *i hacía á todos los pueblos tributários de su comércio.*
† The singular is *incapaz.*—See Grammar, *exceptions* 2d, p. 42.
[470] *I sin embargo,* 'and yet.'
[471] *No es mas que,* 'is nothing but.'

RAZONAMIENTO DE DON PELAYO.*

Conviene usar de presteza i de valor para que los que *tenemos* la justícia de nuestra parte, *sobrepujemos* á los contrários en el esfuerzo. Con corazones atrevidos *avivemos* la esperanza de *recobrar* la libertad, i *enjendrémosla* en los ánimos de nuestros hermanos. El ejército de los enemigos derramado por muchas partes, i la fuerza de su campo *está* embarazada en Fráncia. *Acudamos,*† pues, con esfuerzo i corazon: que esta *es* buena ocasion para *pelear* por la antígua glória de la guerra, por los altares i relijion, por los hijos, mujeres, parientes, i aliados que *están* puestos en una indigna i gravísima servidumbre. Pesada cosa *es relatar* sus ultrajes, nuestras misérias i peligros, i cosa mui vana *encarecerlos* con palabras, *derramar* lágrimas, *despedir* suspiros. Lo que *hace* al caso *es*⁴⁷² *aplicar* algun remédio á la enfermedad, *dar* muestra de vuestra nobleza, i *acordaros* que *sois* nacidos de la nobilísima sangre de los Godos.

La prosperidad i regalos nos *enflaqueciéron,* é *hiciéron caer* en tantos males; las adversidades i trabajos nos *avivan* i nos *despiertan.* ¡O grande i entrañable dolor, fortuna trabajosa i áspera, que vosotros mismos *seais* despojados de vuestras vidas i haciendas! todo lo cual *es* forzoso que *padezcan* los vencidos. ¿*Poneis* la confianza en la fortaleza i aspereza de esta comarca? A los cobardes i ociosos ninguna cosa *puede asegurar*; i cuando los enemigos no nos *acometiesen* ¿como *podrá* esta tierra, estéril i menguada de todo, *sustentar* tanta jente como se *ha* recojido á estas montañas? El pequeño número de nuestros soldados os *hace dudar*; pero *debeis*

---

* When Pelagus, *Pelayo,* wished to rouse the natives of Asturias against the Saracens, he is supposed by Mariana to have addressed them with the above speech.

† *Acudamos,* 'to arms,' 'on.'

⁴⁷² *Lo que hace al caso,* 'what is to the point is,' 'what we must do is'

acordaros de los tiempos pasados i de los trances variables de las guerras, por donde *podeis entender* que no *vencen* los muchos, sino los esforzados. *Estoi* determinado con vuestra ayuda, de *acometer* esta empresa i peligro, bien que mui grande; por el bien comun, mui de buena gana; i en tanto que yo *viviere mostrar*me enemigo, no mas á estos bárbaros, que á cualquiera de los nuestros que *rehusare tomar* las armas i *ayudar*nos en esta guerra sagrada, i no se *determinare* de *vencer* ó *morir* ántes de *sufrir* vida tan miserable, tan estrema afrenta i desventura. La grandeza de los castigos *hará* entender á los cobardes que no *son* los enemigos[473] los que mas deben *temer*se.

Juan de Mariana.

PINTURA DE LA INQUISICION.*

Señor, nada *he* pronunciado delante del congreso que no *sea* público, no solo á la nacion sino á toda la Europa. *Debo repetir* que he *sido* mui contenido i moderado en la pintura que *hice* de este odioso i horrible tribunal, que, desde su establecimiento en Castilla, *comenzó* á *desenfrenarse* i *escederse* en golpes de arbitrariedad, crueldad i despotismo, como *consta* del[474] breve del Santo Padre, Sicsto IV, i de otros monumentos históricos, que no *necesito reproducir*. †*Defiéndanlo*

---

[473] *No son los enemigos,* 'it is not the enemy.'—Grammar, § 6, p. 188.

* In the year 1811, the Inquisition was abolished in Spain by the Cortes, or National Congress. Before the final passage of the bill to that effect, the question of the continuance or abolition of that tribunal, was discussed with all the ardour, eloquence, knowledge, argument, and facts, which the best and wisest minds of Spain possessed, or could produce. *Ruiz Padron,* a Clergyman of great intellectual endowments, and moral purity, was one of the great champions against the Inquisition. The above piece is an extract of the end of one of his Speeches on the occasion.

[474] *Como consta del,* 'as appears by the.'

† Construct *sus patronos i protectores defiéndanlo como quieran.*

como *quieran* sus patronos i protectores; mas* *insultan* descaradamente á la humanidad cuanto† nos lo *pintan* dulce, suave, compasivo, caritativo, ilustrado, justo, piadoso. ¿Qué lenguaje *es* este, señor? Yo *entro* en los magníficos palácios de la inquisicion, me *acerco* á las puertas de bronce de sus horribles i hediondos calabozos, *tiro* los pesados i ásperos cerrojos, *desciendo* i me *paro* á média escalera.⁴⁷⁵ Un aire fétido i corrompido *entorpece* mis sentidos, pensamientos lúgubres *aflijen* mi espíritu, tristes i lamentables gritos *despedazan* mi corazon. Allí *veo* á un sacerdote del Señor *padeciendo* por una atroz calúmnia en la mansion del crímen; aquí á un pobre anciano, ciudadano honrado i virtuoso, por una intriga doméstica; acullá á una infeliz jóven,⁴⁷⁶ que acaso no *tendría* mas delito que su hermosura i su pudor..... Aquí *enmudezco*, porqué un nudo en la garganta no me *permite articular*; porqué la debilidad de mi pecho no me *deja*⁴⁷⁷ *proseguir*. Las jeneraciones futuras se *llenarán* de⁴⁷⁸ espanto i admiracion. La história *confirmará* algun día lo que *he* dicho, *descubrirá* lo que *oculto*, *publicará* lo que *callo*. ¿Qué *tarda*, pues,⁴⁷⁹ en *libertar* á la nacion de un establecimiento tan monstruoso?

Ruíz Padron.

---

* *Mas*, the more;' † *cuanto*, 'the more.'

⁴⁷⁵ *Á média escalera*, 'half-stairs,' 'half-way in the stairs.'

⁴⁷⁶ *Acullá, á una infeliz jóven*, 'there, an unfortunate young woman.' *Jóven*, being a substantive of the masculine and feminine gender, the article or the adjective alone agreeing with it, can determine in what gender it is used in a sentence.—See Grammar, § 5, p. 38.

⁴⁷⁷ *No me deja*, 'precludes me from,' 'does not allow me to.'

⁴⁷⁸ *Se llenarán de*, 'will be filled with.'—See Grammar, Observations, § 2, p. 169.

⁴⁷⁹ *Qué tarda, pues*, 'why do you delay, then?'

ESHORTACION DE OPAS* Á DON PELAYO.

CUANTA *haya* sido la glória de nuestra nacion ni tú la *ignoras*, ni *hai* para que[480] *relatar*la al presente. Por grande parte del mundo *estendimos* nuestras armas: á los Romanos, señores del mundo, *quitámos* á España: *sujetámos* i *vencimos* con nuestro esfuerzo naciones fieras i bárbaras, pero últimamente *hemos* sido vencidos por los Moros; i para ejemplo de la inconstáncia de la felicidad humana, de la bien andanza, donde poco ántes nos *hallabamos, hemos* caido en grandes i estremos trabajos. Si cuando nuestras fuerzas las *teniamos* enteras, no *fuímos* bastantes á *resistir* ¿por ventura,[481] ahora que *están* por el suelo,[482] *pensamos prevalécer?* ¿Por ventura esa cueva, en que pocos á manera de ladrones *estais* encerrados, i como fieras cercados de redes, *será* parte para *librar*os de[483] un ejército que *es* de no ménos que sesenta mil hombres? Los pecados, sin duda, de toda España con que *tenemos* irritado á Dios, que aun no *parece está* harto de nuestra sangre, os *ciegan* los ojos para que no *veais* lo que os *conviene.*

Juan de Mariana.

RAZONAMIENTO DE MONTEZUMA† Á CORTÉS.

ÁNTES que me *deis* la embajada, ilustre Capitan i valerosos estranjeros del príncipe grande que os *envía; debeis* vosotros,

---

* *Opas;* a traitor, who, having passed to the service of the Moors, is anxious to induce Pelagus and his soldiers, at that time shut up in a cave called the Covadonga, to follow his vile example.

[480] *Ni hai para que,* 'nor is it necessary to.'

[481] *Por ventura,* 'perchance;' used as above, 'shall we.'

[482] *Por el suelo,* on the floor, i. e. 'dispersed,' 'routed.'

[483] *Será parte para librar*os de, 'will be a sufficient protection from.'

† Montezuma, the last king of the Mexican Indians, is supposed, by Solis, to have addressed in this manner, Cortés, the conqueror of that people.

i *debo* yo, *desestimar* i *poner* en olvido lo que *ha* divulgado la fama de nuestras personas i costumbres, *introduciendo* en nuestros oídos aquellos vanos rumores que *van* delante de la verdad, i *suelen obscurecer*la *declinando* en lisonja ó vitupério. En algunas partes os *habrán* dicho de mí, que *soi* uno de los Dioses inmortales, *levantando* hasta los cielos mi poder i mi naturaleza; en otras, que se *desvela* en mis opuléncias la fortuna,[484] que *son* de oro las paredes i los ladrillos de mis palácios, i que no *caben* en la tierra mis tesoros; i en otras, que *soi* tirano, cruel, i sobérbio, que *aborrezco* la justícia, i que no *conozco* la piedad.

Pero los unos i los otros os *han* engañado con igual encarecimiento; i para que no *imajineis* que *soi* alguno,[485] ó conozcais el desvarío de los que así me *imajinan*, esta proporcion de mi cuerpo (i *desnudó* parte del brazo) *desengañará* vuestros ojos de que *hablais* con un hombre mortal, de la misma espécie, pero mas noble i mas poderoso que los demás hombres. Mis riquezas no *niego* que *son* grandes; pero las *hace* mayores la ecsajeracion de mis vasallos.

Esta casa que *habitais es* uno de mis palácios: *mirad* esas paredes hechas de piedra i cal, matéria vil que *debe* al arte su estimacion, i *colejid* de uno i otro, el mismo engaño i el mismo encarecimiento que os *hubieren* dicho de mis tiranías, *suspendiendo* el juício, hasta que os *entereis* de mi razon,[*] i *despreciando* ese lenguaje de mis rebeldes, hasta que *veais* si *es* castigo[†] lo que *llaman* infelicidad, i si *pueden acusar*le sin *dejar* de *merecer*le.[486]

---

[484] *Que se desvela en mis opuléncias la fortuna*, 'that fortune seems anxious for the preservation and increase of my opulence.'

[485] *Alguno*, any,' that is, 'neither a God nor a tyrant.'

[*] *De mi razon*, 'reasons,' 'facts in my favour.'

[†] *Si es castigo*, 'whether it is not condign punishment.'

[486] *I si pueden acusarle sin dejar de merecerle*, 'and whether they can blame it (the punishment) without deserving it.'

No de otra suerte[487] *han* llegado á nuestros oídos várioa informes de vuestra naturaleza i operaciones. Algunos *han* dicho que *sois* deidades, que os *obedecen* las fieras, que *manejais* los rayos, i *mandais* en los elementos; i otros, que *sois* facinerosos, iracundos, sobérbios, que os *dejais dominar* de los vícios, i que *venis* con una sed insaciable del oro que *produce* nuestra tierra. Pero yo *veo* que *sois* hombres de la misma composicion i masa que los demás, aunqué os *diferéncian* de nosotros* algunos accidentes de los que *suele influir* el temperamento de la tierra[488] en los mortales.

António de Solis.

RAZONAMIENTO DE CÁRLOMAGNO.†

Cuan fea cosa *sea* que las armas Francesas, mui señaladas por sus triunfos i troféos, *sean* vencidas por los pueblos mendigos de España, envilecidos por la larga servidumbre; aunqué yo lo *calle*, la misma cosa lo *declara*. El nombre de nuestro império, la fuerza de vuestros pechos os *debe animar*. *Acordaos* de vuestras grandes hazañas, de vuestra nobleza, de la honra de vuestros antepasados; i‡ los que, vencidas tantas províncias, *disteis* leyes á gran parte del mundo, *tened* por cosa mas grave que la misma muerte, *dejaros vencer* de[489] jente desarmada i vil, que á manera de ladrones no se *atreviéron* á *pelear* en campo raso. La estrechura de los lugares en que *estamos*, no *da* lugar para *huir*, ni *sería* justo *poner* la esperanza en los piés, los que *teneis* las armas en las manos.

---

[487] *No de otra suerte*, not in any other manner, i. e. 'in the same way,' 'likewise.'

* Place, *os diferéncian de nosotros*, at the end of the sentence.

[488] Construct: *el temperamento de la tierra suele influir*, 'the climate of a country is apt to produce.'

† Charlemagne is supposed, by Mariana, to have thus addressed his soldiers before the famous battle, at Roncesvalles, with the Spaniards.

‡ *Vosotros*, 'ye,' understood.

[489] *Dejaros vencer de*, 'to let yourselves be conquered.'

Los enemigos por la pobreza, miséria, i maltratamiento *están* flacos i sin fuerzas: el ejército se *ha* juntado de Moros cristianos que no *concuerdan* en nada, ántes se *diferéncian* en costumbres, leyes, estatutos, i relijion. Vos *teneis* un mismo corazon, una voluntad i necesidad de *pelear* por la vida, por la pátria, por nuestra glória.

Juan de Mariana.

INVOCACION AL TODOPODEROSO.

¡O Dios del tiempo i de la eternidad! Tú *eres* el solo que *ecsiste* por sí mismo. Tú *eres* el único que *es* grande i escelente por su propia naturaleza. Tú *eres* la fuente incorruptible, de donde se *deriva* todo lo bueno, verdadero i útil: el manantial inagotable de lo que *merece ser* deseado en la tierra i en el cielo. ¡Con qué placer, con qué delicia mi alma te *reconoce*, te *admira* i *adora*, como la única sabiduría que *regla* sus movimientos, como el solo fanal que *ilumina* mis tinieblas; *mostrándo*me el último destino de mi ecsisténcia, i *enseñándo*me el uso de los bienes i males de esta vida! ¡O Dios mio! eterno i soberano princípio de todas las intelijéncias; ¡qué consuelo *siente* mi corazon cuando prostrado ante el trono de tu inmensa Majestad *reconoce* el divino seno de que *ha* salido, i cuando *considera* que presto *volverá á unir*se con él, *sumerjiéndo*se en el insondable piélago de tus esplendores i de tu glória.

¿Qué, mi Dios, yo *seré* eterno como tú? ¿Tú *eres* la medida interminable de mi duracion, i el modelo de mi ecsistencia? ¿No *es* delírio de mi orgullo, que yo *nací* destinado á *vivir* contigo aun despues de la ruína de los impérios, de la destruccion de las grandezas, de la aniquilacion de las pasiones, de la estincion de los astros, i cuando ya toda esta máquina visible *haya* vuelto á *entrar* en la noche tenebrosa de destruccion? ¿*Es* verdad que á *pesar* de todas las vicisitudes con que tu providencia *puede probar* mi vida, si me *mantengo* constante en *amarte* i *servirte* me *veré* irrevocablemente incorporado en la sociedad de tu reino i de tu gloria! ¡Qué pensamiento! ¡Qué esperanza! ¿Donde *estás*, hombre, cuando no *estás* contigo mismo, cuando *buscas* otra glória que tu própia grandeza? ¿Qué *puedes encontrar* fuera de tí que *valga* mas de lo que *puedes ser?* ¿De qué te *aprovecha* esa inquietud de tu imajinacion, esa turbacion de pensamientos, esa infatigable variedad de deséos? ¿Qué *puede ganar* tu corazon con todo ese *estruendo* de tu orgullo? ¿Qué *esperas hallar* en esos espácios en que *corres* siempre vago i nunca satisfecho? Si *quieres ser* feliz, *busca* á tu Dios, que nunca *está* léjos de tí. Toda la naturaleza te lo *muestra*. Toda ella *canta* su santo nombre. Pero tú no la *escuchas;* porqué el tumulto de tus pasiones te *ensordece*. *Desciende* á tu corazon; allí *habita;* i allí te *hablará* con mas intimidad. Pero tú no *quieres oirle;* porque siempre *andas huyendo* de tí mismo.

Los incesantes dones que recibes te *indican* la mano de donde *vienen*. Esa vida en que le *desconoces* te *prueba* su amor, pues que te la *conserva*. Tú *duermes* tranquilo, reclinado en su seno paternal; pero, *olvidando* la mano protectora que te *sostiene,* te *entregas* á los delírios de sueños engañosos que te *halagan* con falsas ilusiones. Una flor te *interesa;* la amenidad de un campo te *complace;* todo lo injenioso te *admira;* todo lo hermoso te *agrada;* i tú atento i curioso, todo lo *reconoces;* todo lo *ecsaminas:* lo único que se te *esconde es* el gran poder que *ha* sabido *criar*lo. *Parece* que la misma hermosura de los objetos *es* velo que te *encubre* la mano que los *hizo;* porqué, detenido en el embeleso con que los gozas, te *olvidas* de su autor. La luz que *debía alumbrar*te, *es* la que mas te *ciega. Fijas* los ojos en los benefícios, i nunca los *levantas* para *reconocer* al bienhechor.

Deplorable mortal! Tú no *ves* mas que fantasmas; i solo la verdad te *parece* ilusion.

Pablo Olavídes.

LA MUERTE.

¡O MUERTE! ¡cuan amarga *es* tu memória al que no *pone* su esperanza sino en los tesoros i placeres! Por mas que se *haga* sordo,[490] la importunidad de tu voz austera, de tu grito terrible, *penetra* hasta su corazon, i le *hace estremecer* en médio de tus delincuentes. No *da* un paso sin *ver* los espantosos atributos de tu violéncia destructora; sin *hollar* las víctimas con que *cubres* el globo i que la justícia divina *entrega* á tu insaciable saña.

Dime, mortal, ¿no *oyes* algunas veces esos tañidos melancólicos que desde las torres de los templos se *esparcen* en los aires, i cuya severa majestad *domina* sobre el tráfago confuso del ruído i los negócios de los hombres? ¡Ai amigo! si los *oyes*, no te *distraigas* del horror saludable que *producen*. Ellos se *hacen entender* con acentos eficaces, i *hablan* con estilo poderoso al alma que *conserva* todavia un resto de su primitiva elevacion. Su impresion de terror i tristeza en un corazon que aún no *está* muerto, *es* un indício de que *puede volver* á la virtud; es el crepúsculo de la relijion, que *quiere amanecer* i *derramar* en él todas sus luces.

Pablo Olavídes.

PODER DEL DESÉO DE GLÓRIA.

EL deséo de *alcanzar* fama *es* activo en gran manera. ¿Quién *piensas* tú que *arrojó* á Horácio del puente abajo, armado de todas armas, en la profundidad del Tíbre? ¿Quién *abrasó* el brazo i la mano á Múcio? ¿Quién *impelió* á Cúrcio á *lanzarse* en la profunda sima ardiente que *apareció* en la mitad de Roma? ¿Quién contra todos los agüeros, que en contra se le *habían* mostrado, *hizo pasar* el Rubicon á César? I con ejemplos mas modernos, ¿quién *barrenó* los

---

[490] *Por mas que se haga sordo*, 'how deaf soever he may become.'—See Grammar, p. 225.

navíos i *dejó* en seco, aislados los valerosos Españoles, guiados por el cortesísimo Cortés en el Nuevo Mundo? Todas estas i otras grandes i diferentes hazañas, *son, fueron* i serán, obras de la fama que los mortales *deséan*, como prémio i parte de la inmortalidad que sus famosos hechos *merecen*.

Puesto que[491] los cristianos católicos, i andantes caballeros, mas *habemos* de *atender*[492] á la glória de los siglos venideros, que *es* eterna en las rejiones etéreas i celestes, que á la vanidad de la fama, que en este presente i acabable siglo se *alcanza;* así, ó Sancho, que nuestras obras no *han de salir* del límite[493] que nos *tiene* puesto[494] la relijion cristiana que *profesamos;* hemos de *matar* en los jigantes á la sobérbia,[495] á la envídia en[496] la jenerosidad i buen pecho, á la ira en el reposado continente i quietud del ánimo, á la gula i al sueño en el poco *comer* que *comemos*, i en el mucho *velar* que *velamos*, á la lujúria i lascívia, en la lealtad que *guardamos* á las que *hemos* hecho señoras de nuestros pensamientos, á la pereza, con *andar* por todas partes del mundo, *buscando* ocasiones que nos *puedan hacer* i *hagan*, sobre cristianos, famosos caballeros.

Cervántes.

---

[491] *Puesto que*, 'since.'

[492] *Mas habemos de atender*, 'we must attend more.'

[493] *Nuestras obras no han de salir del límite*, 'our actions must not go beyond the limits.'

[494] *Que nos tiene puesto*, 'which are prescribed to us by.'

[495] *Hemos de matar en los jigantes á la sobérbia*, 'we must destroy pride in the giants.' The preposition *á* is sometimes required by an active verb.—See Grammar, R. LIV. note 3, p. 214.

[496] *Á la envídia en*, 'envy through the medium,' 'by.'

ALLEGORIES AND FICTIONS.

HISTORIADORES CLÁSICOS ANTÍGUOS.

Este que *camina* con pasos graves i circunspectos, *es* Tucídides, á quien la emulacion á la glória de Heródoto *puso* la pluma en la mano para *escribir* sentenciosamente las guerras del Peloponeso.

Aquel de profundo semblante *es* Políbio, que en cuarenta libros *escribió* las histórias Romanas, de las cuales solamente *han* quedado cinco, á que *perdonó* la injúria de los tiempos; pero no la malícia de Sebastian Máccio, que ignorantemente le *maltrataba* sin *considerar* que *es* tan docto, que *enseña* mas que *refiere*.

El que con la toga lisa i llana, i con libre desenvoltura[497] le *sigue*, en cuya frente *está* delineado un ánimo cándido i prudente, libre de la servidumbre de la lisonja, es Plutarco, tan versado en las artes politicas i militares, que, como *dijo* Bodino, *puede ser* árbitro en ellos.

El otro de suave i apacible rostro, que con ojos amorosos i dulces, *atrae* á sí los ánimos, *es* Jenofonte, á quien Diójenes Laercio *llamó* "Musa Ática," i otros con mas propiedad "Abeja Ática."

Éste, vestido sucintamente,[498] pero con gran policía i elegáncia, *es* Cayo Salústio, grande enemigo de Ciceron, en quien la brevedad *comprehende* cuanto *pudiera dilatar* la elocuéncia.

Aquel de las cejas caidas i nariz aguileña, con antojos de larga vista,[499] desenfado i cortesano, cuyos pasos cortos *ganan*

---

[497] *Libre desenvoltura*, 'with easy folds.'
[498] *Vestido sucintamente*, 'plainly dressed.'
[499] *Antojo de larga vista*, 'spy-glass.'

mas tierra que los demas, *es* Cornélio Tácito, tan estimado del emperador Cláudio, que *mandó se pusiese* su retrato en todas las librerías, i que diez veces al año se *escribiesen* sus libros.

Repara en la serena frente, i en los eminentes lábios de este, que *parecen destilan* miel, i nota bien el ornato de sus vestidos, sembrado de varias flores, porqué *es* Tito Lívio, de no ménos glória á los Romanos que la grandeza de su império.

El que con la espada en la una mano, i la pluma en la otra se te *ofrece* delante, que no ménos *atemoriza* en lo feroz á los enemigos, que con la elegáncia á los que *quieren imitarle, es* Júlio César, último esfuerzo de la naturaleza en el valor, en el injénio, i juício.

Diego Saavedra Fajardo.

ENCUENTRO DE UN ÁRGOS MORAL.[*]

Prosiguiendo su camino *descubriéron* un hombre mui otro de cuantos *habían* topado hasta aquí; pues se *estaba haciendo ojos para notarlos*,[500] que ya *es* poco el *ver*.[501] *Fuese acercando*, i ellos *advirtiendo* que realmente *venía* todo rebutido de ojos de piés á cabeza, todos suyos, i mui despiertos. Que gran miron, *dijo* Andrénio! No sino prodijio de atenciones,[502] *respondió* Critilo. Si él *es* hombre, no *es* de estos

---

[*] Critilo and Egenius, are represented in a moral tale, to be in search of their companion Andrenius, whom they had lost, while they were at court. On looking for him, they are supposed to meet a person full of eyes, whom the author of the novel calls a moral Argus. This personage is introduced to show how important it is to be cautious, considerate, prudent in this world; that is, how necessary it is for us to see, or think deeply and maturely before we act.

[500] *Se estaba haciendo ojos para notarlos*, 'he was making eyes for himself to look at them.'

[501] *Que ya es poco el ver*, 'for people do not see much now-a-days.'

[502] *No sino prodíjio de atenciones*, 'else prodigiously attentive.'

tiempos: i si lo es,⁵⁰³ no es marido, ni aun pastor, ni tras cetro, ni cayado.

Mas ¿si sería⁵⁰⁴ Argos? Pero no, que ese fué del tiempo antíguo; i no se hallan ya semejantes desvelos. Ántes sí,⁵⁰⁵ respondió él mismo, que* estamos en tiempos que† es menester abrir el ojo i aun no basta, sino andar con cien ojos Prométeos que para poder vivir, es menester armarse un hombre de pies á cabeza, no de ojetes, sino de ojazos mui dispiertos para descubrir tanta falsedad i mentira: ojos en los manos, para ver lo que dan i mucho mas lo que toman: ojos en los brazos, para no abarcar mucho i apretar poco:⁵⁰⁶ ojos en la misma léngua, para mirar muchas veces lo que se ha de decir: ojos en el pecho,⁵⁰⁷ para ver en que le ha de tener: ojos en el corazon, atendiendo á quien le tira i le hace tiro:⁵⁰⁸ ojos en los mismos ojos, para mirar como miran: ojos, i mas ojos i reojos.

"¿Que hará," respondió Critilo, "quien no tiene sino dos, i estos nunca bien abiertos i mirando aniñadamente con dos niñas? ¿No nos venderíais, que ya nádie da, un par de esos que os sobran. ¡Qué es sobrar!"⁵⁰⁹ dijo Argos, "de mirar nunca hai harto,⁵¹⁰ ademas de que no hai précio para ellos,

---

⁵⁰³ I si lo es, 'and if it be so;' that is, 'of these times or age.'

⁵⁰⁴ ¿Si sería Argos? 'might he not be Argus?'

⁵⁰⁵ Ántes sí, 'on the contrary.'

* Que, here means 'for,' 'because.' † Here que is used for 'when.' Que, has so many meanings, that, to translate it properly into English, is not unfrequently very difficult.

⁵⁰⁶ There is a proverb in the Spanish language which runs thus, quien mucho abarca poco aprieta, 'he that embraces much, seizes little, i. e. all covet, all lose.

⁵⁰⁷ Pecho, means 'breast;' as well as 'courage;' therefore, ojos en el pecho para ver en que le ha detener, 'eyes in the breast, that we may see on what occasions we should be courageous.'

⁵⁰⁸ Atendiendo á quien le tira i le hace tiro, paying attention to whom it injures, or by whom it is injured.

⁵⁰⁹ ¿Que es sobrar! 'what do you mean, by being able to spare!'

⁵¹⁰ De mirar nunca hai harto, 'it is impossible to look too much.'

solo uno, i ese es un ojo de la cara."⁵¹¹ "Pues ¿Que *ganaría* yo en eso," *replicó* Critilo? "Mucho," *respondió* Argos, el *mirar* con ojos ajenos, que *es* una gran ventaja, sin pasion i sin engaño, que *es* el verdadero *mirar*.

Baltasar Gracian.

REINO DE LA INMORTALIDAD.*

Asistía á la puerta un tan ecsacto cuan absoluto portero, *cerrando* i *abriendo* á quien *juzgaba* digno de la inmortalidad; sin su aprobacion no *había* que *entrar* pretendiente. I es de *advertir* que no *podía* aquí nada el soborno, que *es* cosa bien rara; no *había* que *meter*le en la mano el doblon, porqué él no *era* de dos caras.⁵¹² Nada *valía* el coecho, nada *alcanzaba* el favor, tan poderoso en otras partes. No *escuchaba* interseciones, ni se *obraba* con él bajo manga,⁵¹³ que no la *tenía* ancha,⁵¹⁴ ántes de una légua *conocía* á todo hombre. No se *ahorraba* con nádie, jamas *hizo* cosa con escrúpulo; no *condescendía*, ni con señores, ni con príncipes, ni con reyes, i, lo que *es* mas, ni con validos.

---

⁵¹¹ *Solo uno, i ese es el ojo de la cara,* 'only for one, and this is the eye of the face;' meaning, that Argos could only dispose of the eye of his face, because, as his interior emotions appeared in it, and these emotions could be discovered by any one who would pay attention to them, the eye which thus exposed his feelings to others, could be at their mercy, or *sold* to them.

* A moral fiction, in which immortality is represented as a temple, guarded by Merit, who admitted into it the deserving only.

⁵¹² *Porqué él no era de dos caras,* 'because the porter had not two faces,' i. e. 'because he did not change sides,' was not changeable.

⁵¹³ *Ni se obraba con él bajo manga,* 'nor could they act with him in a concealed manner.'

⁵¹⁴ *Que no la tenía ancha,* 'because he was very sagacious,' 'acute.' It will be observed that the author plays here with the word *manga*, 'sleeve.' Gracian is fond of punning; and he is frequently felicitous in it. These extracts are given to initiate the student into an acquaintance with the style of the seventeenth century, when *double entendres* and ingenious conceits were much in use

En prueba de esto, *llegó* en aquella misma ocasion un grave personaje, no ya *pidiendo*, sino *mandando* que le *abriesen* las puertas tan de par en par como al mismo Conde de Fuentes. *Miró*selo el severo alcaide, i á la primera ojeada *conoció* que no la *merecía;* i *respondió*le que no *había* lugar.⁵¹⁵ "¿Como no," *replicó* él, "*habiendo* sido yo el famoso, el mayor, el mácsimo?" *Preguntó*,* quien le *había* dado aquellos renombres. *Respondió* que sus amigos. Rióĺo mucho, i *dijo*, "mas *valiera* que vuestros enemigos.† *Quita* allá,⁵¹⁶ que *venis* descaminado." . . . . .

"¿Que portero *es* este tan inecsorable, i ríjido," *preguntó* Andrénio? "Á fe que no *es* á la moda inconquistable á los doblones." Este, le *dijo*,⁵¹⁷ *es* el mismo MERITO en persona hecho i derecho.⁵¹⁸ O ¡gran sujeto! Ahora *digo* que no me *espanto*, trabajo *hemos* de *tener* en la entrada.

Llegaban unos i otros á *pretender*la,‡ en el reino de la inmortalidad, i *pedían*les las patentes, firmadas del constante trabajo, rubricadas del heróico valor, selladas de la virtud. "Esta letra," le *dijo* á uno,⁵¹⁹ "*es* de mujer, sí, sí, i que mala, aunqué de linda mano, *quita* allá. ¡Que asquerosa fama! Esta otra no *viene* firmada, que aun para ello le *dolió* el brazo á la poltronería; á ámbar *huele* este papel, mas *valiera* á pólvora."

"*Mirad*, señor, que todos mis antepasados *están* dentro i en gran puesto," *decía* uno vanamente confiado; "i así yo *tengo* derecho para *entrar* allá." Mejor *dijerais*⁵²⁰ obligacion

---

⁵¹⁵ *Que no había lugar*, 'that there was no admittance.'

* *El portero*, understood.

† *Os los hubieren dado*, 'had given them to you,' is understood

⁵¹⁶ *Quita allá*, 'away!'

⁵¹⁷ *Le dijo*, 'he was answered.'

⁵¹⁸ *Hecho i derecho*, an idiomatic expression, to denote that the person or thing we speak of, is the very self same we mean.

‡ *Pretenderla*, 'to ask it,' i. e. admittance.

⁵¹⁹ *Le dijo á uno*, 'said he to one,' i. e. 'said Merit to a new comer.'

⁵²⁰ *Mejor dijérais*, 'you should rather say.'

i obligaciones, i por lo tanto *debierais haber* cumplido con ellas, i obrado de modo que no os *quedarais* fuera. *Entended* que acá no se *vive* de ajenos blasones sino de hazañas própias i mui singulares. "¿Como se *puede sufrir*," decía un rei, "que quien *es* señor de tanto mundo se *maleara*;[521] que un gran príncipe de muchos estados i dictados no *tenga* un rincon en el reino de la Fama." "No *hai* acá rincones," le *respondiéron*, "ninguno *está* arrinconado."[522] *Mordanse*, en *llegando* á esta ocasion, las manos algunos grandes señores al *verse* escluidos del reino de la FAMA; i que *eran* admitidos algunos soldados de fortuna; un Julian Romero, un Villamayor, i un capitan Calderon, honrado de los mismos enemigos.

Baltasar Gracian.

---

[521] *Se maleara*, 'should fail in getting in.'
[522] *Arrinconado*, 'put in a corner,' 'unnoticed.'

POETRY.

QUEJAS DE NEMOROSO.[523]

Como al *partir*[524] del sol la sombra *crece*
I en *cayendo* su rayo, se *levanta*
La negra oscuridad que el mundo *cubre*.
De do[525] *viene* el temor que nos *espanta*,
I la medrosa forma en que se *ofrece*
Aquello que la noche nos *encubre*,
Hasta que el sol *descubre*
Su luz pura i hermosa:
Tal *es* la tenebrosa
Noche de tu *partir*,[526] en que *he* quedado
De sombra i de temor atormentado,
Hasta que muerte el tiempo *determine*,
Que á *ver* el deseado
Sol de tu clara vista me *encamine*.

Cual *suele* el ruiseñor con triste canto
Quejarse, entre las hojas escondido,
Del duro labrador, que cautamente
Le *despojó* su caro i dulce nido
De los tiernos hijuelos, entre tanto
Que[527] del amado ramo *estaba* ausente;
I aquel dolor que *siente*,
Con diferéncia tanta

---

[523] *Nemoroso* is a personage in an eclogue composed of himself, Salucius, and a Poet. The above mournful strain is excited by the death of Nemoroso's lover.

[524] *Al partir*, 'at the setting.'

[525] *De do*, 'whence.'

[526] *De tu partir*, 'of thy death:' alluding to his lover

[527] *Entre tanto que*, 'whilst.'

Por la dulce garganta
Despide, i á su canto el aire *suena*,
I la callada noche no *refrena*
Su lamentable officio i sus querellas,
Trayendo de su pena
Al cielo por testigo i las estrellas.

De esta manera, *suelto* yo la rienda[528]
Á mi dolor, i así me *quejo* en vano
De la dureza de la muerte airada.
Ella en mi corazon *metió* la mano
I de allí me *llevó*[529] mi dulce prenda,
Que aquel *era* su nido i su morada.

Garcilaso de la Vega.

LA SOLEDAD.

Ven, dulce soledad, i al alma mia
Libra del mar horrísono, ajitado
Del mundo corrompido;
I benigna la paz i la alegría
Vuelve al doliente corazon, llagado:
Ven, levanta mi espíritu abatido.
El venero crecido
Modera, de las lágrimas que *lloro*,[530]
I á tus quietas mansiones me *transporta*.
Tu favor celestial humilde *imploro*:
Ven, á un triste *conforta*,
Sublime soledad, i libre *sea*
Del confuso tropel que me *rodéa*.

¡Ai! ¿porqué así *ajitar*se el hombre insano;
I *viendo* ya á los pies ¡ó ciego! abierto

---

[528] *Suelto yo la rienda*, 'I give vent.'
[529] *I de allí me llevó*, 'and therefrom took away.'
[530] *Que lloro*, 'which I shed.'

El sepulcro, *gozarte?*
Pon, pon freno á la risa, polvo vano,
I en tan vulgar, culpable desconcierto
Entra en tu corazon á *contemplarte.*
¿Qué *ves* para *gloriarte?*
¿Qué *ves* dentro de tí? *Vuelve* los ojos
Á tus míseros dias; de tus gustos
La flor *huyó, quedáron* los abrojos
Como castigos justos:
I las fugaces horas se *volaron....*
¿Qué poder *tornará* las que *pasaron?*

Tú, augusta soledad, al alma *llenas*
De otra sublime luz, tú la *separas*
Del placer pestilente;
I miéntras en siléncio la enajenas,
Á la virtud el ánimo *preparas,*
I á la verdad *inclinas* transparente
Del cielo fuljente
Haciendo que nos *abra*[531] el hondo abismo
Do *esconde* sus tesoros celestiales.
El hombre iluminado *ve* en sí mismo
Las señas inmortales,
Merced á tu favor, de su grandeza,
Del mundo vil *hollando* la bajeza.

La mente sin los lazos que *detienen*
Preso su hidalgo ardor, en raudo vuelo
Las vagas nubes *pasa,*
Llegando á do su trono alzado *tienen*
Al inmenso Hacedor los altos cielos;
I á su divina norma se *compasa:*

---

[531] Construct: *I inclinas á la verdad transparente del cielo fuljente haciendo que nos abra,* 'and thou inducest transparent truth of refulgent heaven to open to us.'

De su lumbre sin tasa
Gozosa se *alimenta* i *satisface*.⁵³²
El fuego celestial con que* se *atreve*
Á las grandes empresas; cuanto *hace*
Bueno el hombre lo *debe*,
O soledad, á tu siléncio augusto,
Donde Dios *habla* i se *descubre* al justo.

Mas los hombres que ilusos no *perciben*
Su misteriosa voz, cuyos oídos
Á la verdad cerrados,
I al error *son* patentes, así *viven*
Del mundo en el estrépito metidos,
Cual en galera míseros forzados :†
Siervos aherrojados
Al antojo liviano i las pasiones
*Sorprehénde*los de súbito la muerte.
El sábio, solo el sábio, las prisiones
Rompe con mano fuerte :
Intrépido de todo se *retira*;
I de la playa la borrasca *mira*.

Juan Meiendez Valdes.

LAS FLORES.

Nacéd, vistosas flores,
Ornad el suelo, que *lloró* desnudo
So el cetro helado del Invierno rudo,
Con los vivos colores,

---

⁵³² Construct: *Gozosa se alimenta i satisface de su lumbre sin tasa*, 'the mind, joyful, feeds on and enjoys its immense light,' i. e. the light issuing from the Maker's throne.

* *El hombre,* understood.

† Construct: *así viven metidos en el estrépito del mundo, cual en galera míseros forzados*, they live in the noise of the world, like wretches in the galleys

En que *matiza* vuestro *fresco* seno
Rica naturaleza.
Ya *rie* Mayo, i céfiro sereno
Con deliciosos besos, *solicita*
Vuestra sin par belleza;
I el rudo broche á los capullos *quita*.
Pareced, pareced, ¡ó del verano
Hijas i la alma Flora!
I al nacarado llanto de la Aurora
Abrid el cáliz virjinal.   Ya *siento,*
Ya *siento* en vuestro aroma soberano,
Divinas flores, empapado el viento;[533]
I *aspira* la nariz i el pecho *alienta*[534]
Los ámbares que el prado les *presenta*
Do *quiera* liberal.[535] ¡Oh! ¡que infinita
Profusion de colores
La embebecida vista *solicita!*
¡Que majía! ¡qué primores
De subido matiz, que *anhela* en vano
Al lienzo *trasladar* pincel liviano![536]
Con el arte natura
Á *formar*os en una *concurriéron,*
Galanas flores,[537] i á la par os *diéron*
Sus grácias i hermosuras.
Mas ¡ah! que acaso un dia
Acaba tan pomposa lozanía,
Imájen cierta de la suerte humana;

---

[533] Construct: *ya siento, divinas flores, el viento empapado en vuestro aroma soberano,* I feel, divine flowers, the wind full of your delightful fragrance.

[534] Construct: *I la nariz aspira i el pecho alienta.*

[535] *Do quiera liberal,* 'every where with great liberality,' or 'liberally.' Note 187.

[536] Construct: *que pincel liviano en vano anhela trasladar al lienzo.*

[537] Construct: *galanas flores, natura con el arte concurrieron en una á formaros.*

Empero mas dichosas.
Si os *roba*, flores, el ferviente Estío,
Mayo os *levanta* del sepulcro umbrío;
I á *brillar* otra vez *naceis* hermosas.
Así, ¡o jazmin! tu nieve
Ya á *lucir* torna, aunqué en espácio breve,
Entre el verde agradable de tus ramas;[538]
I con tu olor subido
Parece que amoroso
Á las zagalas que te *corten, clamas,*
Para *enlazar* sus sienes venturoso.
Miéntras el clavel en púrpura teñido
En el flecsible vástago se *mece;*
I oficioso desvelo á la belleza,
Á Flora i al Amor un trono *ofrece*
En su globo encendido,
Hasta que trasladado
Á algun pecho nevado,
Mústio sobre él *desmaya* la cabeza
I el cerco *encoje* de su pompa hojosa.
I la humilde violeta, vergonzosa,
Por los valles perdida
Su modesta beldad *cela* encojida.
Mas el ámbar fragrante
Que le *roba* fugaz mil vueltas *dando*
El aura susurrante,
En él sus vagas alas empapando,
Descubre fiel do esconde su belleza.
*Orgulloso levanta la cabeza
I la vista *arrebata*
Entre el vulgo de flores olorosas
El tulipan, honor de los verjeles;*

---

[538] Construct: *tu nieve, aunqué en espácio breve, ya torna á lucir entre el verde agradable de tus ramas.*

* Before *orgulloso*, place *el tulipan, honor de los verjeles.*

I en galas *emulando* á los claveles,
Con fajas mil vistosas
De su viva escarlata
Recama la riquísima libréa.*
Pero ¡ah! que en mano avara le *escaséa*
Cruda Flora su encienso delicioso;
I solo así á la vista *luce* hermoso.
No tú,⁵³⁹ azucena virjinal, vestida
Del manto de inocéncia en nieve pura
I el cáliz de oro fino recamado;
No tú, que en el aroma mas preciado
Bañando tu hermosura,
Á par los ojos i el sentido *encantas*
De los toques mecida
De mil lindos Amores,
Que vivaces *codician* tus favores,
¡O como entre sus brazos te *levantas!*
¡Como *brilla* del Sol al rayo ardiente
Tu corona esplendente!⁵⁴⁰
¡I cual en torno cariñosas *vuelan*
Cien mariposas, i en *besar*te anhelan!
Tuyo, tuyo seréa,
O azucena el império⁵⁴¹ sin la rosa,
De Flora honor, delícia del verano,
Que, en fugaz plazo de belleza breve,†
Su cáliz *abre* al *apuntar* el dia;‡

---

* Construct: *recama la libréa de su viva escarlata.*
⁵³⁹ *No tú,* 'not thou,' that is, 'it is not so in regard to thee.'
⁵⁴⁰ Construct: *como tu corona esplendente brilla al rayo del sol ardiente.*
⁵⁴¹ *El império,* that is, 'the empire of,' 'the superiority over all the flowers.'

† *Que, en fugaz plazo de belleza breve,* 'which, during a flying term of short beauty,' i. e. 'which, in a display of beauty, though of short duration.'

‡ *Al apuntar el dia,* 'on the day peeping out,' i. e. 'at day-break.'

I en púrpura bañada, el soberano
Cerco *levanta* de la frente hermosa.
Su aljófar nacarado el Alba *llueve*
En su seno divino:*
Febo la *enciende* con benigna *llama*,
I le *dió* Citérea[542]
Su sangre celestial, cuando aflijida
Del bello Adónis la espirante vida,
Que en débil voz la *llama*,
Quiso acorrer,† i del fatal espino
Ofendida ¡oh dolor! la planta bella
De púrpura *tiñó* la infeliz *huella*.
*Codícia*la Cupido
Entre las flores por la mas preciada,
I la nupcial guirnalda que *ciñera*
Á su Psíquis amada
De rosas *fué* de su pensil de Gnido,
I el tálamo feliz tambien de rosa
Donde *triunfó* i *gozó*, cuando abrasado
En su llama dichosa
Tierno *esclamó* en sus brazos desmayado.
Hoi, bella Psíquis, por la vez primera
Siento que el Dios de las delícias *era*.
¡O reina de las flores!
¡Glória del mayo! ¡venturoso fruto
Del llanto de la Aurora!

---

* Construct: *el alba llueve en su divino seno, su aljófar nacarado,* 'the dawn sheds on its divine bosom, its pearl-coloured dew drops.'

[542] This passage refers to the account given in ancient mythology about a thistle sticking into the veins of Cythera's foot, when, being called by Adonis, who was sick, she ran to nurse him. To enhance the colour of the rose, the poet here says, that Venus, on being pricked, gave that flower the blood which issued from her foot.

† Construct: *cuando (ella) aflijida quiso acorrer la espirante vida del bello Adónis, que en débil voz la llama.*

Salve ¡rosa divina!
Salve; i *ve*, llega á mi jentil **pastora**
Á *rendir*le el tributo
De tus suaves odores;
I humilde á su beldad la frente *inclina*.
Salve ¡divina rosa!
Salve; i *deja* que *viéndo*te en su* pecho
Morar ufana, i por su nieve pura
Tus frescas hojas *derramar* segura,
Loco *envídie* tu suerte venturosa,
I *anhele* en tí trocado
Sobre él† *morir* en ámbares deshecho,
‡ Me *aspirará* su lábio regalado.

Juan Melendez Valdes.

---

* *Su*, referring to *pastora*.
† *Él*, referring to *pecho*.
‡ *Así de esta manera*, understood.

VOCABULARY.

ABBREVIATIONS.

art. article.
s. singular.
p. person plural.
m. masculine.
f. feminine.
sm. substantive masculine.
sf. substantive feminine.
sub. substantive.
collec. collective.
dim. diminutive.
prop. proper.
a. adjective.
part. participle.
abs. absolute.
adjec. adjectified.*
substan. substantified.†
pron. pronoun.
per. personal.
pos. possessive.
rel. relative.
indef. indefinite.
ad. adverb.
prep. preposition.
conj. conjunction.
inter. interjection.
inf. infinitive.
ind. indicative.
imp. imperative.
subj. subjunctive.
ger. gerund.
pres. present.
impf. imperfect.
pret. preterite.
fut. future.
con. conditional.
1, 2, or 3. first, second, or third person.
v. verb.
va. verb active.
vn. verb neuter.
vr. verb reflective.
aux. auxiliary.
impers. impersonal.
F. from.

Those adjectives which terminate in, *o, an,* or *on,* are made feminine by the changing of *o* into *a;* and by the addition of *a,* to those that end in *an* or *on.* The rest never change from masculine to feminine; as, *bueno-a, haragan-a, poltron-a.*

The plural of words is formed in Spanish by the addition of *s* to those which end in a vowel, and *es* to those that end in a consonant, or accented vowel; as, *libro-s, amor-es, alholí-es.*

Those ending in *z,* change the *z* into *ces,* as *almirez,* a mortar, *almireces,* mortars.

Those ending in *i,* change it into *yes,* as *rei,* king; *reyes,* kings.

* Used as adjectives. † Used as substantives.

VOCABULARY.

A.

Á, *prep.* to, in, at, for, under, on.

Á, or Ah, *inter.* ah, alas.

Á lo lejos, *ad.* far off, at a distance.

Abájo, *ad.* under, underneath, below, downwards.

Abalanzándo, F. *Abalanzar, ger.* rushing against.

Abalanzár, *inf. va.* to rush against, to counterpoise, to weigh.

Abandonádo-a, *a.* and *part.* abandoned, profligate, left, desponded.

Abandonáis, F. *Abandonar, ind. pres.* 2p. ye, or you abandon.

Abandonár, *inf. pres. va.* to abandon, to desert, to despair.

Abandónas, F. *Abandonar, ind. pres.* 2s. thou abandonest.

Abandónes, F. *Abandonar, subj. pres.* 2s. thou mayest abandon.

Abandóno, *sm.* abandonment, dereliction.

Abandóno, F. *Abandonar, ind. pres.* 1s. abandon.

Abandonó, F. *Abandonar, ind. pret.* 3s. abandoned.

Abarcár, *inf. va.* to clasp, to embrace, to contain, to undertake.

Abásto, *sm.* supply, abundance, store; purveyorship.

Abáte, F. *Abatir, ind. pres* 3s. overthrows.

Abatír, *inf. va.* to overthrow, to stoop; *vn.* to be depressed

Abatído-á, *a.* dejected, depressed, mean, base.

Abatimiénto, *sm.* depression; destruction, overthrow.

Abéja, *sf.* a bee.

Abertúra, *sf.* aperture, way, commencement.

Abismado, *a.* plunged, immersed.

Abiérto-a, F. *Abrir, a.* and *part.* open, free, sincere; opened.

Abiérto, *part. abs.* being opened.

Abismado, *part.* and *a.* plunged, sunk into; depressed.

Abísmo, *sm.* abyss, hell.

Abándan, (se) *ind. pres.* 3p. they soften; become softened.

Ablandár. *inf. va.* to soften, to mitigate, to sooth, to assuage.

Abóno, *sm.* favour, security, manure, receipt.

Aborrecedór-a, *s.* a detester, (he who dislikes, or hates.)

Aborrecído, F. *Aborrecer, part.* hated, disliked, abhorred.

Abordará, F. *Abordar, ind. fut.* 3s. will land.

Abordára, F. *Abordar, subj. imp.* 1 or 3s. could, or might board.

Aborréce, F. *Aborrecer, ind. pres.* 3s. abhors.

Aborrecér, *inf. va.* to despise, to abhor, to detest, to hate.

Aborrecían, F. *Aborrecer, ind. imp.* 3p. they hated.

ABS   ACA

Aborrezcámos, F. *Aborrecer, subj. pres.* 1p. may hate.

Aborrézco, F. *Aborrecer, ind. pres.* 1s. I abhor.

Ábra, F. *Abrir, subj. pres.* 1 or 3s. may open.

Ábra, F. *Abrir, imp. pres.* 2s. open thou.

Abrasádo-a, F. *Abrasar, part. adjec.* burned, parched, dissipated.

Abráza, F. *Abrazar, imp.* 2s. embrace thou.

Abrazába, F. *Abrazar, ind. imp.* 1 or 3s. embraced.

Abrazándo, F. *Abrazar, ger.* embracing.

Abrazár, *inf. va.* to embrace, to avail one's self, to hug.

Abrazára, or Abrazaría, F. *Abrazar, subj. impf.* 1 or 3s. would or should embrace.

Abrázo, F. *Abrazar, ind. pres.* 1s. I embrace.

Abrazó, F. *Abrasar, ind. pret* 3s. he burned.

Ábre, F. *Abrir, ind. pres.* 3s. opens.

Abrevaba, F. *Abrevar, ind. imp.* 3s. watered.

Abría, F. *Abrir, impf. pres.* 2p. ye, or you opened.

Abriéndo, F. *Abrir, ger.* opening, or beginning.

Abriésen, F. *Abrir, subj.* 3 *impf.* 1 or 3p. should open.

Abríste, F. *Abrir, ind. pret.* 2s. thou openedst.

Abrió, F. *Abrir, ind. pret.* 3s. opens.

Abráza, F. *Abrazar, ind. pres.* 3s. embraces.

Abrír, *inf. va.* to open, to commence, to communicate.

Abrójo, *sm.* bramble, briar, thorn.

Abrumádo-a, F. *Abrumar, part. abs.* crushed, overwhelmed, teased.

Absolúto-a, *a.* absolute, tyrannical, independent.

Abstinéncia, *sf.* abstinence, forbearance.

Abuéla, *sf.* grandmother; *abuelo, sm.* grandfather.

Abultár, *inf. va.* to increase, to enlarge, to augment in size.

Abultár, *inf. vn.* to be bulky, to be large.

Abúnda, F. *Abundar, inf. pres.* 3s abounds.

Abundár, *inf. pres. vn.* to abound, to have plenty.

Abundáncia, *sf.* abundance, plenty.

Aburre, F. *Aburrir, ind. pres.* 3s. is irksome.

Abundánte, *a.* abundant, plentiful, generous.

Abúso, *sm.* abuse, slander, ill-use.

Acǎ, *ad.* here, in this place.

Acába, F. *Acabar, ind. pres.* 3s. terminates.

Acabába, F. *Acabar, ind. impf.* 1 or 3s. terminated.

Acabáble, *a.* finishable, (what can be terminated or concluded.)

Acabádo-a, *a.* terminated; sunk, consumed, filled.

Acabándo, F. *Acabar, ger.* concluding, finishing, having terminated.

Acabár, *inf. va.* to terminate, to conclude, to finish, to harass.

Acabár, *inf. vn.* to terminate in, to die, to expire.

Acabarán, F. *Acabar, ind. fut.* 3p. they will finish or end.

Acábas, F. *Acabar, ind. pres.* 2s. thou concludest.

Acabásen, F. *Acabar, subj.* 3 *impf.* 3p. they should conclude.

Acábe, F. *Acabar, subj. pres.* 1 or 3s. may finish.

Acábe, F. *Acabar, imp. pres.* 3s. let it, him or you terminate.

Acábo, F. *Acabar, ind. pres.* 1s. I conclude or end.

150

Académico-a, *s.* academician, or a member of an academy.
Académico-a, *a.* academic, (relating to an academy.)
Acaeció, F. *Acaecer, ind. pret. 3s.* it there happened.
Acarreár, *inf. pres. va.* to bring on, to occasion.
Acáso, *sm.* chance, casualty, adventure.
Acáso, *ad.* perhaps, by accident, by chance.
Acátan, F. *Acatar, ind. 3p.* they respect.
Acatár, *inf. va.* to respect, to revere, to behold, to inspect.
Acatáron, F. *Acatar, ind. pret. 3p.* they respected.
Acatamiénto, *sm.* presence; respect, acknowledgment, attention.
Acéite, *sm.* oil.
Accidénte, *sm.* accident, peculiarity; chance, occurrence.
Acción, *sf.* action, act, share.
Acénto, *sm.* accent, voice, lamentation.
Acelerár, *inf. va.* to accelerate, to hasten, to despatch.
Aceptár, *inf. pres. va.* to accept, to admit.
Aceptó, F. *Aceptar, ind. pret. 3s.* he accepted.
Acercába, (se) F. *Acercar, ind. impf.* 1 or 3s. it, he, or she drew, came near.
Acércan, F. *Acercar, ind. pres. 3p.* they draw near.
Acercándo, F. *Acercar,* ger. approaching, drawing near.
Acércar, *inf. pres. va.* to draw near, to approach.
Acérco, F. *Acercarse. ind. pres.* 1s. approach.
Acéro, *sm.* steel, sword.
Acertádo-a, *a.* fit, proper, successful; rightly hit.

Achácan, F. *Achacar, ind. pres. 3p* they impute, say that he was.
Achacár, *inf. pres. va.* to impute, to ascribe.
Aciérto, *sm.* success; luck.
Aclamación, *sf.* acclamation, joy, cheering.
Acojída, *sf.* stream; reception, asylum.
Acometér, *inf. va.* to attack, to assault, to undertake, to tempt.
Acometiéron, *ind. pret. 3p.* they attacked; undertook.
Acometiésen, F. *Acometer, subj.* 3 *impf.* 3p. should attack.
Acomodába, *ind. impf.* 1 or 3s. was suitable, accommodated.
Acompañádo-a, *a.* accompanied, attended.
Acompañádo, F. *Acompañar, part.* accompanied, attended.
Acompañár, *imp. va.* to accompany, to escort.
Aconsejár, *inf. va.* to advise, to counsel; to take advice.
Aconsejásen, F. *Aconsejar, subj. impf.* 3p. they should advise.
Acordáos, F. *Acordárse, imp.* 2p. remember ye.
Acordár, *inf. va.* to remind, to determine, to deliberate.
Acordár, *inf. vn.* to agree, to remember, to recollect.
Acordára, F. *Acordar, subj. impf.* 1 or 3s. would, or should remember.
Acordarémos, F. *Acordar, ind. fut.* 1p. we shall agree.
Acorrér, *inf. pres. vn.* to save, to succour, to repair.
Acordáran, F. *Acordar, subj.* 1 *impf.* 3p. they would remember.
Acórres, F. *Acorrer, ind. pres.* 2s. thou hast recourse.
Acostúmbra, F. *Acostumbrar, ind. pres.* 3s. is in the habit.

ADE   ADÓ

Acortáse, F. *Acortar, subj. imp.* 3s. he should shorten or abridge.

Acostumbrádo-a, *part. a.* accustomed, used to, inured, habituated.

Acostumbrár, *inf. va.* to accustom, to inure; *vn.* to be wont.

Acrecentádo, F. *Acrecentar, part.* increased, augmented.

Acrecentó, F. *Acrecentar, ind. pret.* 3s. he increased.

Acreedor, *sm.* creditor, meritorious person.

Actívo-a, *a.* active, diligent.

Ácto, *sm.* act, event, fact; *en el acto*, at this moment.

Actual, *adj.* actual, present.

Acudámos, F. *Acudir, subj. pres.* 1p. let us, or we may repair.

Acúden, F. *Acudir, ind. pres.* 3p. they repair.

Acudió, F. *Acudir, ind. pres.* 3s. it, he, or she repaired.

Acudír, *inf. pres. vn.* to succour, to repair, to apply.

Acudirá, F. *Acudir, ind. fut.* 3s. shall or will assist.

Acuérda, F. *Acordar, subj. pres.* 1 or 3s. she may remind.

Acuérdo, *sm.* decree, opinion, advice, consent.

Acullá, *ad.* there, in that place, yonder.

Acusába, F. *Acusar, ind. impf.* 1 or 3s. accused.

Acusádo-a, *a.* accused, charged; being accused.

Acusár, *inf. pres. va.* to accuse, to acknowledge, to charge.

Adán, *sm.* Adam, the first man created.

Adarga, *sf.* shield, target.

Adelantár, *inf. vn.* to advance, to progress, to improve.

Adelantándo, F. *Adelantar, ger.* advancing, improving.

Adelánte, *ad.* higher up, farther off; henceforward.

Adelánte, *inter.* go on, proceed, come on.

Además, or Ademas de que, *prep.* besides, independently of.

Adios, *ad* adieu, farewell, good by.

Adivinár, *inf. pres. va.* to foretell, to guess, to divine, to unriddle.

Admiráble, *a.* admirable, astonishing, great.

Admiración, *sf.* admiration, wonder, surprise.

Admirádo-a, *part. a.* astonished, surprised, *part.* admired.

Admirár, *inf. va.* to admire, to excite admiration.

Admirásen, F. *Admirar, subj.* 3 *impf.* 3p. they should admire.

Admíro, F. *Admirar, ind.* 1s. I admire.

Admitído, F. *Admitir, part.* admitted, received, acknowledged.

Admitió, F. *Admitir, ind. pret.* 3s. it, he, or she admitted.

Admitír, *inf. va.* to admit, to receive, to accept, to permit.

Adonde, *ad.* and *pron.* where, in, to which.

Adónis, *sm.* Adonis, a fabulous god.

Adóra, F. *Adorar, ind. pres.* 3s. worships, adores.

Adorár, *inf. pres. va.* to adore, to worship, to reverence, to revere

Adormido-a, *Adormir, part.* calmed, lulled.

Adormecído-a, *a.* drowsy, nodding, benumbed, torpid.

Adornába, F. *Adornar, ind. impf.* 1 or 3s. ornamented.

Adornádo-a, *part. a.* ornamented, beautified, embellished.

Adornádo, F. *Adornar, part.* adorned, embellished.

Adórno, *sm.* ornament, decoration, furniture.

Adoró, F. *Adorar, ind. pret.* 3*s.* he adored.

Adóro, F. *Adorar, ind. pres.* 1*s.* I adore.

Adriático, *sm.* Adriatic Sea, or Gulf of Venice.

Adquerír, *inf. va.* to acquire, to attain, to obtain.

Adquiéro, F. *Adquerir, ind. pres.* 1*s.* I acquire.

Adriáno, *sm.* Adrianus, the 15th emperor of Rome.

Adulación, *sf.* adulation, flattery.

Aduladór, *sm.* flatterer.

Adúltero, *sub.* adúlterer; *Adúltera,* adulteress.

Adúlto, *sm.* adult.

Adversidád, *sf.* misfortune, adversity, calamity.

Advérso-a, *a.* adverse, afflictive, opposite.

Adverténcia, *sf.* discretion, prudence.

Advertí, F. *Advertir, ind. pret.* 1*s.* I noticed.

Advertíd, F. *Advertir, imp. pres.* 2*p.* observe ye, or you.

Advertido-a, *a.* cautious, considerate, prudent.

Advertímos, F. *Advertir, ind. pres.* or *pret.* 1 or 3*p.* observed.

Advertír, *inf. va.* to caution, to take notice of, to advise.

Adviértes, F. *Advertir, ind. pres.* 2*s.* thou observest.

Adviérte, F. *Advertir, imp. pres.* 2*s.* observe thou.

Adviérten, F. *Advertir, ind. pres.* 3*p.* they observe.

Adviérto, F. *Advertir, ind. pres.* 1*s.* I observe.

Advirtiéndo, F. *Advertir, ger.* observing, taking for granted.

Advirtió, F. *Advertir, ind. pret.* 3*s.* observed.

Afabilidád, *sf.* affability, easy manners, freedom of action.

Afán, *sm.* eagerness, vehemence, labour, effort.

Aféa, F. *Afear, ind. pres.* 3*s.* disfigures.

Afeár, *inf. va.* to deform, to censure, to disfigure.

Afectadamente, *ad.* affectedly, with affected politeness.

Afécto, *sm.* affection, love, pain.

Afécto-a, *a.* affectionate, inclined, fond of.

Afeminación, *sf.* effeminacy, softness, delicacy, effemination.

Afeminádo-a, *part. adjec.* enervated, weak, effeminated.

Afírma, F. *Afirmar, ind pres.* 3*s.* affirms, emboldens.

Afirmar, *inf. va.* to affirm, to assure, to make fast.

Aflíje, F. *Aflijir, ind. pres.* 3*s.* grieves.

Aflijía, F. *Aflijir, ind. impf.* 1 or 3*s.* afflicted, grieved.

Aflijído, *part. adjec.* afflicted, grieved, tormented.

Aflijído, F. *Aflijir, part.* afflicted, tormented.

Aflijió, F. *Aflijir, ind. pret.* 3*s.* afflicted.

Aflijir, *inf. pres. va.* to pain, to grieve, to afflict, to torment.

Afortunádo-a, *a.* fortunate, lucky, successful.

Afrénta, *sf.* affront, insult, dishonour, courage.

Afrentádo, *part. adjec.* affronted, insulted.

Afrentóso-a, *a.* ignominious, insulting.

África, *sf. prop.* Africa, one of the five great divisions of the globe

.53

AGU   ALÁ

Agarra, F. *Agarrar, ind.* 3s. he seizes, or grasps.

Agarrár, *inf. va.* to seize, to grasp, to lay hold of, to obtain.

Agarrochéan, F. *Agarrochear, ind.* 3p. they pierce, goad.

Agólpan, (se) F. *Agolpar, iud. pres.* 2p. crowd into.

Agráda, F. *Agradar, ind. pres.* 3s. pleases, delights.

Agradába, F. *Agradar, ind. impf.* 1 or 3s. pleased.

Agradáble, *a.* agreeable, pleasing.

Agardár, *inf. va.* to please, to gratify, to render acceptable.

Agradár, *inf. pres. vn.* to be pleased with.

Agradecér, *inf. va.* to thank, to be obliged to, to recompense.

Agradecémos, F. *Agradecer, ind. pres.* 1p. we thank.

Agradecimiénto, *sm.* gratitude, gratefulness.

Agrádo, F. *Agradar, ind. pres.* 1s. I please.

Agrádo, *sm.* affability, pleasing manners, will.

Agrávio, *sm.* offence, insult, oppression.

Agricultúra, *sf.* agriculture, husbandry.

Ágrio-a, *adj.* sour, acrid, pungent.

Água, *sf.* water.

Agúdo-a, *a.* acute, sharp-pointed, dangerous.

Agudeza, *sf.* cunning, witticism, jest.

Agúardo, F. *Aguardar, ind. pres.* 1s. I wait.

Aguardar, *inf. pres. va.* to wait for, to expect, to grant time.

Aguéro, *sm.* augury, prognostication, omen.

Águila, *sf.* eagle.

Aguilúcho, *sm.* eaglet, *dim.* of *Aguila,* eagle.

Agustíno, *sm.* Augustinian, monk of the order of St. Augustin.

Aherrojádo-a, *part. adjec.* chained, fettered, shackled.

Ahiládo-a, *part. adjec.* emaciated, fainting, weak.

Ahogádo-a, *a.* stifled, drowned; *s* a drowned person.

Ahogarémos, F. *Ahogar, ind. fut.* 1p. we shall, or will drown.

Ahondába, F. *Ahondar, ind. impf.* 1 or 3s. sounded.

Ahóra, *ad.* now, the present; *ahora bien,* well, now.

Ahorraba, F. *Ahorrar, ind. imp.* 3s. spared.

Ahórro, see *Aórro.*

Ai, *inter.* alas! wo!

Airádo, *a.* angry, wrathful.

Áire, *sm.* air, grace, manner.

Airóso-a, *a.* graceful, airy, genteel, successful.

Aisládo-a, *a.* insulated; embarrassed; alone.

Ajéno-a, *pron. indef.* foreign, strange, of another, of others.

Ajádo-a, *a.* disfigured, injured.

Ajitár, *inf. va.* to agitate, to ruffle, to discuss.

Ájo, *sm.* garlick.

Ajustádo-a, *a.* and *part.* adjusted, settled, balanced.

Al, contraction of *á el, prep.* and *art.* to the, in the, at the.

Alabádo-a, *part.* praised, hallowed, flattered.

Alabánza, *sf.* praise, applause, rejoicing.

Alabando, F. *Alabar, ger.* praising.

Alában, F. *Alabar, ind. pres.* 8p. praise.

Alabár, *inf. va.* to praise, to hallow, to applaud, to commend.

Alábes, F. *Alabar, subj. pres.* 2s thou mayest praise

Alárgan, F. *Alargar, ind. pres.* 3p. they enlarge.

Alargándo, F. *Alargar, ger.* extending, increasing, enlarging.

Alargár, *inf. va.* to lengthen, to enlarge, to extend, to protract.

Alarído, *sm.* outcry, clamor.

Álba, *sf.* dawn; surplice.

Alborozádo-a, *part.* exhilarated, merry, rejoiced, gladdened.

Alcáide, *sm.* governor, keeper of a castle.

Alcánza, F. *Alcanzar, ind. pres,* 3s. reaches, or obtains.

Alcanzádo, F. *Alcanzar, part.* obtained, acquired, reached.

Alcánzan, F. *Alcanzar, ind. pres.* 3p. they obtain.

Alcanzár, *inf. va.* to reach, to obtain, to comprehend.

Alcanzár, *inf. vn.* to suffice, to be sufficient, to reach.

Alcánzo, F. *Alcanzar, ind. pres.* 2s. I reach, or comprehend.

Alcanzó, F. *Alcanzar, ind. pret.* 3s. he obtained.

Alcanzába, F. *Alcanzar, ind. impf.* 1 or 3s. reached.

Alcornoque, *sm.* cork-tree. In Latin *Quercus suber.*

Alcibíades, *sm.* Alcibiades, an ancient personage, distinguished for his personal attractions, and versatility of genius.

Aldéa, *sub.* village, hamlet, country.

Alégra, F. *Alegrar, ind. pres.* 3s. animates, gladdens.

Alegrába, (se) *ind. impf.* 1 or 3s. rejoiced, was rejoiced at.

Alegrár, *inf. pres. va.* to rejoice, to beautify, to make merry.

Alegrár, *inf. vr.* to rejoice, to become merry.

Alégre, *a.* cheerful, lively, contented.

Alegría, *sf.* joy, mirth, merriment.

Alegrísimo-a, *a. sup.* most merry; most contented, most rejoiced.

Alemánia, *sf.* Germany, a country in Europe.

Alentár, *inf. pres. vn.* to breathe, to respire; to encourage.

Alérta, *sm.* watch-word, on the look out, watch.

Alforja, *sf.* portmanteau, saddle-bags.

Álgo, *indef. pron.* something, somewhat, a little.

Algún, *indef. pron.* some, some one.

Algúno-a, *pron. indef.* some, somebody.

Aljecíras, *sub.* Algeciras, a city in the South of Spain.

Aljófar, *sm.* dew-drops, pearls.

Alhaja, *sf.* jewel, ornament, furniture.

Alhagueño-a, *a.* attractive, alluring, smiling, flattering.

Alhajas, *sp.* furniture, jewels, property.

Aliádo-a, *a.* allied, federated.

Aliánza, *sf.* alliance, coalition, convention.

Alíbeg, *sm.* Alibeg, a Moor of great integrity.

Aliénta, F. *Alentar, ind. pres.* 3s. breathes, encourages.

Aliénto, *sm.* breath, spirit, smell; encouragement.

Alimentába, F. *Alimentar, ind. impf.* 1 or 3s. fed.

Alimentában, F. *Alimentar, ind. impf.* 3p. fed.

Alimentár, *inf. va.* to maintain, to feed, to support.

Alistár, *inf. va.* to enlist, to enrol, to prepare.

Alísto, F. *Alistar, ind. pres.* 1s. I enrol.

Alistó, F. *Alistar, ind. pret.* 3s. he enlisted.

Alívian, F. *Aliviar, ind. pres.* 2p. they alleviate.
Aliviár, *inf. pres. va.* to solace, to recreate; to succour, to alleviate.
Aliviará, F. *Aliviar, ind. fut.* 3s. mitigate.
Aliviaré, F. *Aliviar, ind. fut.* 1s. I shall or will mitigate.
Allá, *ad.* there, in that place, yonder.
Allanar, *va.* to overcome, to conquer, to subdue.
Alléga, F. *Allegar, ind. pres.* 3s. approaches.
Allegár, *inf. va.* to approach, to draw near, to unite, to collect.
Allégo, F. *Allegar, ind. pres.* 1s. I approach.
Allegó, (se) F. *Allegar, ind. pret.* 3s. came arrived to him.
Allí, *ad.* there, that time; *de allí,* thence.
Álma, *sf.* soul, courage, spirit, life, mind, disposition.
Alredór, *sm.* environ, circuit; *ad.* around.
Altéra, F. *Alterar, ind. pres.* 2s. alters, or becomes disturbed.
Alterár, *inf. pres. va.* to alter, to change, to become agitated.
Alteráron, F. *Alterar, ind. pret.* 3p. they altered.
Altéren, F. *Alterar, subj. pres.* 3p. may alter, become agitated.
Altéza, *sf.* highness.
Altívo-a, *a.* haughty, proud; *s.* a haughty person.
Álto, *sm.* height, summit; story (of a house.).
Álto-a, *a.* high, tall, lofty.
Alucinádo-a, *part.* deceived.
Alumbrár, *inf. pres. va.* to light, to enlighten, to restore light.
Alzádo-a, *a.* elevated, raised, high, lifted up.

Alzár, *ind. pres. va.* to raise up, to elevate, to erect.
Álzo, F. *Alzar, ind. pres.* 1s. I raise.
Áma, *sf.* mistress, tutoress, governess.
Áma, F. *Amar, ind. pres.* 3s. loves.
Áma, E. *Amar, imp. pres.* 2s. love thou.
Amába, F. *Amar, ind. impf.* 1 or 3s. loved.
Amáble, *a.* amiable, lovely, affectionate.
Amában, F. *Amar, ind. impf.* 3p. they loved.
Amádo-a, *a.* loved, beloved, esteemed; *s.* a lover.
Amádo, F. *Amar, part.* loved.
Amanéce, F. *Amanecer, ind. pres.* 3s. it grows light.
Amanecér, *inf. pres. impers.* to grow light; *sub.* day-break.
Áman, F. *Amar, ind. pres.* 3p. they love.
Amaneciéra, F. *Amanecer, ind. impf.* 3s. might, could grow light.
Amaneciése, F. *Amanecer, subj. impf.* 3s. should grow light.
Amár, *inf. pres. va.* to love, to regard with affection, to like.
Amára, F. *Amar, subj. impf.* 1 or 3s. would, should love.
Amáre, F. *Amar, subj. fut.* 1 or 3s. I, should, may love.
Amárgo-a, *a.* bitter, sour.
Amarillo-a, yellow, sallow.
Ámbar, *sm.* amber.
Ambición, *sm.* ambition, honour, covetousness.
Ámbos-as, *indef. pron.* both, one and the other.
Amémos, F. *Amar, imp. pres.* 1p. let us love.
Amémos, F. *Amar, subj. pres.* 1p. we may love.
Amenaza, F. *Amenazar, ind. pres* 3s. threatens.

156

Amenazába, F. *Amenazar*, *ind. impf.* 1 or 3s. threatened.
Amenazadór-a, *a.* threatening, menacing.
Amenázan, F. *Amenazar*, *ind. pres.* 3p. they threaten.
Amenazár, *inf. va.* to threaten, to menace.
Améno-a, *a.* agreeable, romantic, pleasant, florid.
Amída, *sf.* Amida, the name of an idol in Japan.
Amída, *sm.* Amida, a person who worships Amida.
Amígo-a, *s.* friend; *a.* friendly.
Amíntas, *sm.* Amintas, a personage in the anecdotes of Corpas.
Amistád, *sm.* friendship, amity.
Ámo, *sm.* master, owner, protector.
Amór, *sm.* love, esteem, affection, Cupid.
Amoroso-a, *a.* affectionate, loving.
Ampáro, *sm.* protection, favour, refuge, asylum.
Anca, *sf.* back; paunch, croup; *á las ancas*, behind.
Áncho-a, *a.* broad, wide.
Anciáno, *s.* old man; *anciana*, old woman.
Anciáno-a, *a.* ancient, old, antiquated.
Ánda, F. *Andar*, *ind. pres.* 3s. goes, or walks.
Ánda, F. *Andar*, *imper.* 2s. go, or walk thou.
Andába, F. *Andar*, *ind. impf.* 1 or 3s. went, walked.
Andában, F. *Andar*, *ind. impf.* 3p. they went.
Andádo, F. *Andar*, *part.* gone, walked, marched.
Andáis, F. *Andar*, *ind. pres.* 2p. you, or ye go.
Ándan, F. *Andar*, *ind. pres.* 3p. they go, or walk.
Andante, *a.* errant, wandering

Andánza, *sf.* fortune, luck; event
Andár, *inf. va.* to walk, to go, to march, to behave, to move.
Andarán, F. *Andar*, *ind. fut.* 3p. they will go.
Ándas, F. *Andar*, *ind. pres.* 2s. thou goest.
Andrénio, *sub. prop. m.* Andrenius, a man's name.
Anduviéron, F. *Andar*, *ind. pre.* 3p. they walked.
Andúvo, F. *Andar*, *ind. pret.* 3s. went.
Anéga, F. *Anegar*, *ind. pres.* 3s. he drowns.
Angústia, *sf.* grief, affliction, anguish.
Angustiado-a, *a.* painful; distressed.
Angustioso-a, *a.* distressful, piteous.
Anhéla, F. *Anhelar*, *ind. pres.* 3s. desires.
Anhelár, *inf. pres. vn.* to wish eagerly, to be ambitious of.
Anhelaría, F. *Anhelar*, *subj. impf.* 3s. would desire.
Aníbal, *sm. prop.* Annibal, an ancient Carthagenian chief of great renown.
Animál, *sm.* animal, beast.
Animál, *a.* beastly, brutish, cruel.
Ánimo, *sm.* soul, courage, mind; *con ánimo*, for the purpose.
Aníñadamente, *ad.* childishly, in a childish manner.
Aniquilacion, *sf.* annihilation, destruction, devastation.
Ánjel, *sm.* angel.
Anochecer, *vn.* to grow dark; *s.* sun-set.
Ánsia, *sf.* anxiety.
Ánte, *prep.* before (previous to.)
Ánte, *a.* before (in the presence of.)
Antecedénte, *sf.* antecedent, precedent.
Antepasádo, *sm.* forefather, ancestor, progenitor.

ÁPA   ÁPO

Antequera, *sub. prop. f.* Antequera, a town in Andalusia, Spain.
Anteriormente, *adv.* anteriorly, before.
Ántes, ántes de, ántes que, *prep.* before.
Ántes, ántes bien, *ad.* rather, on the contrary.
Antesálá, *sf.* antechamber.
Antíguamente, *ad.* formerly, anciently, in ancient times.
Antíguo-a, *a.* ancient, antiquated, old.
Antojáse, F. *Antojar, subj. impf. 3s.* he should desire.
Antójo, *sm.* desire, longing.
Antójos, *sm.* spectacles, eye-flaps.
António, *sub. prop. m.* Anthony, a man's name.
Anunciába, F. *Anunciar, ind. impf.* 1 or 3s. announced.
Anunciában, F. *Anunciar, ind. impf.* 3p. they announced.
Anúncio, *sm.* presage, foreboding, omen.
Anzuélo, *sm.* fish-hook, allurement; a keen, sharp person.
Añáde, F. *Añadir, ind. pres. 3s.* adds.
Añádase, F. *Añadirse, impf. pres. 3s.* let it be added.
Añadió, F. *Añadir, ind. pret. 3s.* added.
Añadír, *inf. pres. va.* to add, to subjoin, to increase, to exaggerate.
Año, *sm.* a year, a twelvemonth.
Aórro, *sm.* parsimony, saving, sparingness.
Apacibilidad, *sf.* affability, mildness, sweetness of temper.
Apacíble, *a.* pleasant, mild, agreeable.
Aparáto, *sm.* pomp, ostentation, eclat.
Aparecér, *inf. pres. vn.* to appear, to rise, to peep, to break out.

Apareciéron, F. *Aparecer, ind. pret.* 3p. they appeared.
Apareció, F. *Aparecer, ind. pret. 3s.* appeared.
Aparejo, *sm.* preparation, apparatus.
Apasionado-a, *adj.* fond of.
Apárta, F. *Apartar, ind. pres. 3s.* separates.
Apartár, *inf. va.* and *n.* to remove, to separate from, to withdraw.
Apeár, *inf. pres. va.* to alight, to measure lands, to prop, to dissuade, to remove difficulties.
Apellidádo-a, *part. adjec.* called, named, surnamed.
Apénas, *ad.* scarcely, no sooner.
Apéo, F. *Apear, ind pres.* 1s. I alight.
Apeó, F. *Apear, ind. pres. 3s.* it alighted.
Apercibió, F. *Apercibir, ind. pret.* 3s. prepared, received.
Apercibír, *inf. pres. vn.* to get ready, to provide, to receive.
Apercíbo, F. *Apercibir, ind. pres.* 1s. I prepare, receive.
Apestado, F. *Apestar, part.* infected with the plague.
Apetíto, *sm.* appetite, desire, anxiety, wish.
Apláca, F. *Aplacar, ind. pres. 3s.* pacifies.
Aplacár, *inf. pres. va.* to appease, to pacify, to mitigate.
Aplacer, *inf. va.* to please, to satisfy, to consent.
Aplaúso, *sm.* applause, approbation.
Aplíca, F. *Aplicar, ind. pret. 3s.* applies.
Aplicacion, *sf.* turn, direction; application.
Aplicár, *inf. pres. va.* to apply, to attribute, to study, to direct.
Apoderádo-a, *a.* empowered; *part.* taken possession.

Apoderár, *inf. vr.* to take possession of, to possess one's self.
Apólo, *sub. prop. m.* Apollo, a fabulous deity.
Apóstol, *sm.* apostle, missionary.
Aprécio, *sm.* value; appraisement, esteem.
Aprécia, F. *Apreciar, ind. pres. 3s.* values, prefers.
Aprénden, F. *Aprender, ind. pres. 3p.* they learn.
Aprendér, *inf. pres. va.* to learn, to acquire a knowledge.
Aprendían, F. *Aprender, ind. impf. 3p.* they were learning.
Aprendiése, F. *Aprender, subj. impf.* 1 or 3s. should learn.
Apresurába, F. *Apresurar, ind. impf.* 1 or 3s. hastened.
Apresurámos, F. *Apresurar, ind. pret.* 1p. we hastened.
Apresurár, *inf. va.* to accelerate, to hasten; *vr.* to be in a hurry.
Apretár, *inf. pres. va.* to tighten, to press, to afflict, to urge.
Apriésa, *ad.* swiftly, promptly, in haste, in a hurry.
Apriéto, *sm.* crowd, predicament, conflict, difficulty.
Apriéta, F. *Apretar, ind. pres. 3s.* presses.
Apriéta, F. *Apretar, imp. pres. 2s.* press thou, or make it tighter.
Aprovécha, F. *Aprovechar, ind. pres. 3s.* improves.
Aprovechándose, F. *Aprovechar, ger.* taking advantage.
Aprovechár, *inf. vn.* to advance, to progress, to improve.
Aprovechár, (se) *inf. pres. vr.* to take advantage, to avail one's self.
Aprovechémos, *subj. pres.* 1p. we may, or let us avail ourselves.
Apuntár, *va.* to peep out; *s.* a peeping.

Apurado-a, F. *Apurar, part.* exhausted.
Apurándo, F. *Apurar, ger.* purifying, finding out, exhausting.
Apurár, *inf. pres. va.* to exhaust, to purify, to investigate.
Aquél-lla, *pron. dem. n.* or *o.* that; that one, the former.
Aquél-lla, *pron. per. n,* or *a.* he, she; him, her.
Aquéllo-a, *pron. dem. neut. o.* or *n.* that, that thing, that which.
Aquí, *adv.* here, in this place; this time.
Arádo, *sm.* a plough.
Aragón, *sub. prop. m.* Arragon, a province of Spain.
Arbitrariedád, *sf.* arbitrariness, tyranny.
Arbítrio, *sm.* recourse, free-will, means; umpire.
Árbitro, *a.* despotic, arbitrary.
Árbol, *sm.* tree, mast.
Arboléda, *sf.* grove.
Arbustíto, *sm.* small shrub, *dim.* of arbusto.
Arcánjel, *sm.* archangel.
Arcáno, *sm.* secret, arcanum.
Árco, *sm.* arch, vault.
Archidúque, *sm.* archduque.
Árden, F. *Arder, ind. pres. 3p.* they burn.
Ardér, *inf. vn.* to burn, to be agitated by any passion.
Ardía, F. *Arder, ind. impf.* 1 or 3s. burned.
Ardiénte, *a.* hot, boiling, ardent, passionate.
Ardór, *sm.* ardor, enthusiasm, warmth, vehemency.
Ardüidád, *sm.* difficulty, perplexity.
Aréna, *sf.* sand.
Arénga, *sf.* speech, oration, harangue.
Areópago, *sm.* Areopagus

Árgos, *sub. prop. m.* Argus, a mythological personage, supposed to have a hundred eyes.

Argumento, *sm.* proof, argument, matter, occurrence.

Arístio, *sub. prop. m.* Aristio, a sophist of Athens, and also a man's name.

Aristóteles, *sub. prop. m.* Aristotle, a great ancient philosopher.

Arjél, *sub. prop. m.* Algiers, the name of the capitol of one of the Barbary states, in N. Africa. It now belongs to France.

Arjénsola, (Bartolomé Leonardo de) *sm. prop.* Arjénsola, a classic prose and poetic writer of Spain. Born in Barbastro, Arragon, in 1564, died 1631.

Árma, *sf.* arm, weapon.

Armába, F. *Armar, ind. impf.* 1 or 3*s.* armed.

Armádo-a, *part. a.* armed.

Armár, *inf. pres. va.* to arise, to set up, to prepare one's self, to arm.

Armonía, *sf.* harmony.

Aróma, *sf.* odour, aromatic flower, all sorts of gums, or balsams.

Arpádo-a, *a.* forked, toothed; harp-tongued.

Arqueándo, F. *Arquear, ger.* arching.

Arquitectúra, *sf.* architecture, or the art of building.

Arrancába, F. *Arrancar, ind. imp.* 3*s.* he snatched.

Arrancár, *inf. pres. va.* to pluck, to draw, to pull off.

Arrebáta, F. *Arrebatar, ind. pres.* 3*s.* he carries away.

Arrebatádo-a, *part.* snatched, seized, wrested, led away.

Arrebatár, *inf. va.* to snatch, to wrest, to be led away.

Arrebató, F. *Arrebatar, ind. pret.* 3*s.* snatched.

Arrebatóso, *a.* impetuous; *ad.* impetuously.

Arreglado, *adj.* regulated; well balanced, well organized.

Arreglar, *inf. va.* to regulate, to organize, to reduce to order.

Arréo, *sm.* dress, ornament.

Arríba, *ad.* above, more than; upwards, uppermost.

Arribár, *inf. pres. vn.* to arrive, to reach, to harbour in distress.

Arrinconádo-a, *part. a.* placed in a corner, withdrawn from office.

Arrodílla, F. *Arrodillar, ind. pres.* 3*s.* kneels down.

Arrodillár, *inf. vr.* to kneel down, to bend one's knee before.

Arrója, F. *Arrojar, ind. pres.* 3*s* throws.

Arrójan, F. *Arrojar, ind. pres.* 3*p* they throw.

Arrojár, *inf. va.* to throw, to dart, to shoot, to turn away.

Arrojáron, F. *Arrojar, ind. pret.* 3*p* they threw.

Arrójo, F. *Arrojar, ind. pres.* 1*s.* I throw.

Arrojó, F. *Arrojar, ind. pret.* 3*s.* hurled, launched, threw.

Arróyo, *sm.* rivulet, creek, stream.

Árte, *sm. s.* art, science.

Ártes, *sf. p.* arts.

Artícula, F. *Articular, ind. pres.* 3*s.* it, he, or she articulates.

Articuládo-a, *part. adjec.* articulated, uttered, mentioned, pronounced.

Articulár, *inf. pres. va.* to articulate, to utter, to speak, to pronounce.

Artificióso-a, *a.* artificial, skilful, cunning, artful.

Asálto, *sm.* assault, sudden passion; *por asalto*, by storm.

Ascargorta, *sm. prop.* Ascargorta, a living Spanish writer of some celebrity.

Ásco, *sm.* loathsomeness, annoyance.
Asegúra, F. *Asegurar, ind. pres.* 3*s.* it, he, or she assures.
Asegurádo-a, *part. adjec.* secured, insured, safe, sheltered, bailed.
Asegurár, *inf. pres. va.* to assure, to insure, to bail, to warrant, to guarantee.
Aseguró, F. *Asegurar, ind. pret.* 3*s.* it, he, or she secured.
Asesino, *sm.* assassin, murderer.
Así, *ad.* thus, in this manner.
Así, or así que, *conj.* thus, being so, therefore, consequently.
Asiéndo, F. *Asir, ger.* seizing.
Asiénto, *sm.* chair, seat, settlement.
Asír, *inf. pres. va.* to grasp, to seize, to dispute, to contend.
Asiste, *ind. pres.* 3*s.* performs, is present.
Asistía, F. *Asistir, ind. impf.* 3*s.* it, he, or she assisted.
Asistír, *inf. pres. vn.* to assist, to be present, to live.
Asoládo-a, F. *Asolar, part.* desolated.
Asóma, F. *Asomar, ind. pres.* 3*s.* it, he, or she appears.
Asomában, F. *Asomar, ind. impf.* 3*p.* they appeared.
Asomár, *inf. pres. vn.* to peep, to appear, to rise.
Asómbro, *sm.* astonishment, dread; *ind.* 3*s.* asombra, is astonished.
Asperéza, *sf.* rugged steep, ruggedness.
Áspero-a, *a.* harsh; severe, rugged, grating.
Aspíra, F. *Aspirar, ind. pres.* 3*s.* it, he, or she aspires, inhales.
Aspíran, F. *Aspirar, ind. pres.* 3*p.* they desire.
Aspirár, *inf. pres. vn.* to aspire, inspire, inhale, aim at.
Asqueróso-a, *a.* loathsome, filthy.
Ástro, *sm.* planet, star, luminary.

Astúcia, *sm.* acuteness, slyness, cunningness, archness.
Astúrias, *sub. prop. f. p.* Asturias, a province in the north of Spain.
Astúto-a, *a.* sly, acute, cunning, crafty; *s.* a crafty person.
Asúnto, *sm.* affair, business, transaction.
Atajádo, *part. pas.* intercepted, stopped; having put an end.
Atár, *inf. va.* to tie, to stop, to be embarrassed.
Atáras, F. *Atar, subj.* 2 *impf.* 2*s.* wouldst or shouldst tie.
Ataúd, *sm.* coffin.
Atemoríza, F. *Atemorizar, ind. pres.* 3*s.* terrifies.
Atemorizár, *inf. va.* to terrify, to frighten, to strike with terror.
Atención, *sf.* attention, civility.
Atendér, *inf. vn.* to attend, to fix the mind, or wait for.
Atendiéndo, F. *Atender, ger.* considering, attending.
Atenéo, *sub. prop. m.* Athenæus, Athenæum.
Atenér, *inf. pres. vr.* to stand to, to stick, to adhere.
Aténgo, F. *Atener, ind. pres.* 1*s.* I stick to.
Aténto-a, *a.* attentive, polite.
Atérran, F. *Aterrar, ind. pres.* 3*p.* they frighten.
Ático-a, *sm.* Attick, Greek, poignant, keen.
Atizándo, F. *Atizar, ger.* kindling, stirring.
Atorménta, F. *Atormentar, ind. pres.* 3*s.* torments.
Atormentádo-a, F. *Atormentar, part. adjec.* tormented.
Atorméntan, F. *Atormentar, ind. pres.* 3*p.* torture.
Atormentár, *inf. pres. va.* to torment, to rack, to torture.
Atractívo, *sm.* attraction, charm

Atráe, F. *Atraer, ind. pres.* 3s. attracts, allures, or charms.

Atravesába, F. *Atravesar, ind. impf.* 1 or 3s. crossed.

Atravesándo, F. *Atravesar, ger.* crossing, running through, piercing.

Atravesar, *inf. va.* to cross, to run through, to pierce.

Atréve, F. *Atrever, ind. pres.* 3s. dares.

Atrevér, *inf. vr.* to dare, to be too bold, to venture.

Atreveré, F. *Atrever, ind. fut.* 1s. shall, or will dare.

Atreviéron, F. *Atrever, ind. pret.* 3p. they durst.

Atrevído-a, *a.* daring, bold.

Atrevimiénto, *sm.* boldness, petulance, audacity.

Atribúye, F. *Atribuir, ind. pres.* 3s. it, he, or she attributes.

Atribuír, *inf. va.* to attribute, to ascribe, to impute, to arrogate.

Atronába, F. *Atronar, ind. impf.* 1 or 3s. made a great noise.

Atronando, F. *Atronar, ger.* stunning.

Augustaménte, *ad.* augustly, magnificently.

Aumentába, F. *Aumentar, ind. impf.* 1, 3s. increased, augmented.

Aumentándo, F. *Aumentar, ger.* augmenting, increasing.

Audácia, *sf.* audacity, boldness, courage.

Audiéncia, *sm.* audience, chamber, or court of oyer and terminer.

Augústo, *sub. prop. m.* Augustus Cæsar, the second emperor of Rome.

Augústo-a, *a.* august, great.

Auménto, *sm.* increase, enlargement, augmentation.

Aún, *ad.* yet, still; *conj.* notwithstanding.

Aunqué, *conj.* though, when, if.

Áura, *sub. prop. f.* zephyrs.

Auróra, *sf.* the dawn.

Auséncia, *sf.* absence, separation.

Auseńta, F. *Ausentar, ind. pres.* 3s. absents.

Ausentár, *inf. vr.* to absent one's self.

Auséntе, *a.* absent, separated.

Auséntes, F. *Ausentar, subj. pres.* 2s. thou mayest absent thyself.

Ausiliár, *sm.* auxiliary, help, aid.

Austéro-a, *a.* austere, rigid, stern.

Austríaco, *s.* and *adj.* Austrian, or a native of Austria.

Autorizado-a, *part.* authorized, approved.

Autór, *sm.* author, inventor.

Avanzár, *inf. va.* or *n.* to advance, to push forward, to charge.

Avánzo, F. *Avanzar, ind. pres.* 1s. I advance.

Aváro-a, *a.* sparing, avaricious; *s.* a miser.

Avenída, *s.* a rise, a sudden arrival; an overflow.

Aventura, *sf.* adventure, event, occurrence.

Áve, *sf.* bird, fowl.

Aventuróso-a, *a.* fortunate, lucky, successful.

Avergonzár, *inf. va.* to make ashamed, to put to the blush.

Avergonzó, F. *Avergonzar, ind. pret.* 3s. put to the blush.

Averígua, F. *Averiguar, ind. pres.* 3s. ascertains.

Averiguár, *inf. va.* to ascertain, to investigate, to find out.

Averiguarán, F. *Averiguar, ind. fut.* 3p. will investigate.

Avisado, *part.* and *a.* being informed; discreet, prudent.

Avívan, F. *Avivar, ind. pres.* 3p. they enliven.

Avivár, *inf. va.* to enliven, to encourage, to heat, to inflame.
Avivémos, F. *Avivar, subj. pres.* 1p. let us enliven; may enliven.
Ayér, *ad.* yesterday.
Áyo, *sm.* tutor, governor.
Ayúda, *sf.* help, assistance, aid; *ayuda de cámara*, valet.
Ayúdan, F. *Ayudar, ind. pres.* 3p. they help.
Ayudándo, F. *Ayudar, ger.* aiding, helping, assisting.
Ayudár, *inf. va.* to aid, to help, to favour.
Ayudarémos, F. *Ayudar, ind. fut.* 1p. shall or will help.
Ayudáron, F. *Ayudar, ind. pret.* 3p. helped.
Ayúdo, F. *Ayudar, ind. pres.* 1s. I help.
Ayúno, *sm.* fast, abstinence.
Ayuntamiénto, *sm.* city council · city hall.
Azóte, *sm.* scourge, calamity, lash
Azógue, *sm.* quicksilver.
Azucéna, *sf.* white lily.
Azúfre, *sm.* brimstone, sulphur.
Azuládo-a, *a.* azure, blue.

B

Bachillér, *sm.* bachelor, a Bachelor of Arts.
Bachillér, *a.* querulous, loquacious.
Bailador-a, *sm.* male-dancer; *sf.* female-dancer.
Bailár, *inf. pres. vn.* to dance, to move in a lively manner.
Báile, *sm.* dance, ball.
Bajá, *sub. prop. m.* bashaw, a Turkish governor.
Bája, F. *Bajar, ind. pres.* 3s. descends.
Bajár, *inf. pres. vn.* to descend, to lessen, to diminish, to lower.
Bajéza, *sf.* vileness, baseness.
Bájo, *sm.* basement-story, base person; *a.* low, common; *ad.* under, beneath.
Bajó, F. *Bajar, ind. pret.* 3s. came down.
Balcón, *sm.* balcony.
Bálde, *sm.* bucket.
Balde (de,) gratis, for nothing, also written, *de valde*.
Bálsamo, *sm.* balm.
Baltasar, *sm. prop.* Balthasar, a man's christian name.
Bándo, *sm.* edict, order.
Bañádo-a, *part. adj.* bathed, wet, drenched.
Bañándo, F. *Bañar, ger.* bathing, bedewing, or washing.
Bañár, *inf. pres. va.* to bathe, to immerse, to wash.
Bañáron, F. *Bañar, ind. pres.* 3p they bathed.
Barbárie, *sf.* rusticity, incivility, roughness.
Bárbaro-a, *a.* barbarous; *s.* a barbarian.
Barbinégro, F. *barba* and *negro*, *sm.* black-bearded.
Bárca, *sf.* vessel, boat.
Barre, F. *Barrer, ind. pres.* 3s. he sweeps.
Barrenár, *inf. va.* to sink, to bore, to pierce.
Barrenó, F. *Barrenar, ind. pret.* 3s. sunk.
Barruntándo, F. *Barruntar, ger.* conjecturing, foreseeing.
Barruntár, *inf. pres. va.* to conjecture, to descry, to foresee.
Bartolomé, *sub. prop. m.* Bartholomew, a man's name.

Básta, F. *Bastar, ind. pres. 3s.* suffices, is enough, sufficient.
Bastába, F. *Bastar, ind. impf.* 1 or 3s. sufficed, was sufficient.
Bastánte, *ad.* enough, sufficient.
Bastántemente, *ad.* sufficiently, enough.
Bastár, *inf. pres. vn.* to be enough, sufficient, to be no more wanting.
Bastará, F. *Bastar, ind. fut. 3s.* will suffice, be sufficient.
Bastiménto, *sm.* vessel; provisions.
Bastón, *sm.* cane, staff, stick.
Batálla, *sf.* battle, fight, struggle.
Batallon, *sm.* battalion, a division of infantry.
Báte, F. *Batir, ind. pres. 3s.* beats, fights, coins.
Batió, F. *Batir, ind. pret. 3s.* beat, fought, or coined.
Báucio, *sub. prop. m.* Baucio, a man's name.
Bayeta, *sf.* baize, common cloth.
Beatifíca, F. *Beatificar, ind. pres. 3s.* beatifies.
Beatificár, *inf. va.* to beatify.
Beatitúd, *sf.* beatitude, a title given to the Pope.
Bebían, F. *Beber, ind. impf. 3p.* were drinking, drank.
Bebido-a, *a. substan.* drunk, a beverage.
Beléño, *sm.* hen-bane, an herb.
Bélico-a, *a.* warlike, military.
Belléza, *sf.* beauty, decoration.
Bellísimo-a, *a. sup.* most beautiful, most handsome.
Béllo-a, *a.* beautiful, handsome.
Bendecír, *inf. pres. va.* to bless, to praise, to exalt, to consecrate.
Bendíce, F. *Bendecir, ind. pres. 3s.* blesses.
Bendiciéndo, F. *Bendecir. ger.* blessing.
Bendijéron, F. *Bendecir, ind. pret. 3p.* they blessed.

Bendíto-a, *a.* holy, blessed.
Bendígan, F. *Bendecir, subj. pres. 3p.* they may bless.
Bendígo, F. *Bendecir, ind. pres. 1s.* I bless.
Bendijésen, F. *Bendecir, subj. impf. 3p.* they should bless.
Beneficéncia, *sf.* beneficence, goodness, benevolence.
Benefício, *sm.* benefit, favour, culture.
Benéfico, *a.* beneficent, kind, benevolent.
Benevoléncia, *sf.* benevolence, good-will, kindness.
Benignísimo-a, *a.* most benign, most kind, most gracious.
Benígno-a, *a.* benign, gracious, mild.
Berlína, *sf.* landau, an open carriage.
Bésan, F. *Besar, ind. pres. 3p.* they kiss.
Besár, *inf. pres. va.* to kiss, to touch closely.
Béso, F. *Besar, ind. pres. 1s.* I kiss.
Besó, F. *Besar, ind. pret. 3s.* kissed.
Béso, *sm.* kiss.
Betún, *sm.* bitumen, cement.
Bién, *ad.* and *a.* well, good, very; *de bien,* honest, good; *si bien, bien que,* although.
Bién, *sm.* good, blessing; well-being, property, estate.
Bienaventurádo-a, *sub.* a blessed, blissful.
Bienaventurádo-a, *a.* blessed.
Bienhechór-a, *sub.* benefactor, benefactress.
Bigótes, *sm. p.* mustachoes.
Bizárro-a, *a.* gallant, high-spirited, valiant.
Blánco, *a.* white; *sm.* end, aim.
Blancúra, *sf.* whiteness, a white spot on the eye.

Blándo-a, *a.* soft, smooth, gentle.
Blandúra, *sf.* softness, delicacy.
Blas, *sub. prop. m.* Blas, a man's name.
Blasfémo-a, *a.* blasphemous.
Blason, *sm.* blazon, laurel, glory.
Blasónes, *sm. p.* honour, glory, laurels; armorial bearings.
Bóca, *sf.* mouth, opening, grate.
Bóda, *sf.* wedding, marriage.
Bodéga, *sf.* store-house, wine-vault.
Bólsa, *sf.* pocket, purse, bag.
Bolsíllo, *sm.* purse, pocket.
Bómba, *sf.* pump, bomb.
Bondád, *sf.* goodness, kindness.
Bonéte, *sm.* bonnet, cap.
Boótes, *sub. prop. m.* Bootes, a northern constellation.
Borbotón, *sm.* ebullition.
Bordado-a, F. *Bordar, a. s.* embroidery, embroidered.
Bórde, *sm.* brim, edge, bank, border.
Borgóña, *sub. prop. f.* Burgundy, a province of France.
Bórra, F. *Borrar, ind. pres. 3s.* effaces or washes out.
Borrár, *inf. pres. va.* to efface, to rub out; to blot.
Borrásca, *sf.* tempest, storm, danger.
Borré, F. *Borrar, ind. pret. 1s.* I effaced, or expunged.
Bósque, *sm.* wood, forest, wild.
Bote, *sm.* boat; canister.
Botélla, *sf.* bottle, glass vessel.
Botíca, *sf.* apothecary's shop.
Bóveda, *sf.* vault, cavern.
Bracmánes, *sub. p. m.* Brahmins, the first caste or class among the Hindoos in India.
Brámido, *sm.* shout, roaring, clash.
Bravo, *a.* valiant, wild, angry.
Bravo, *inter.* excellent, good.
Brazo, *sm.* arm, (a part of the human body.)
Bréve, *a.* short, brief.
Breve, *sm.* apostolical brief, that is, a written message of the Pope addressed to magistrates, respecting matters of public concern.
Brevedad, *sf.* brevity, conciseness, promptness.
Breviário, *sm.* breviary, the book containing the daily service of the church of Rome.
Brílla, F. *Brillar, ind. pres. 3s.* shines.
Brillan, F. *Brillar, ind. pres. 3p* they shine.
Brillántemente, *ad.* brilliantly, elegantly, splendidly.
Brillár, *inf. pres. vn.* to shine, to sparkle, to glitter.
Brillo, F. *Brillar, ind. pres. 1s.* I shine.
Brío, *sm.* spirit, force, courage.
Brocádo, *sm.* brocade.
Bróche, *sm.* clasp, hooks and eyes.
Brilló, F. *Brillar, ind. pret. 3s.* shone.
Bribón-a, *sub.* crafty person, rogue.
Brónce, *sm.* bronze, brass, hard-hearted.
Brúja, *sf.* a witch, spectre.
Brutál, *a.* brutish, barbarous.
Brúto-a, *a.* unpolished, rough; *s.* a brute.
Budéo, *sub. prop. m.* Budæus, a writer of note.
Buei, *sm.* ox, bullock.
Buen, *a.* good; *contract. of bueno.*—Grammar, R: XVIII. p. 148.
Bueno-a, *a.* good, fine; *ad.* well.
Buhonéro-a, *sub.* pedlar.
Bullicióso-a, *a.* noisy, clamorous, turbulent, boisterous.
Búque, *sm.* vessel.
Búrla, *sf.* ridicule, trick, fun, joke.
Búrla, F. *Burlar, ind. pres. 3s.* laughs at, or ridicules.
Burladór, *sm.* wag, jester, scoffer.
Burlár, *inf. pres. va.* to scoff, to laugh at, to disappoint.

CAD   CÁL

Búsca, *sf.* search, quest.
Búsca, F. *Buscar,* ind. pres. 3s. seeks, or selects.
Buscában, F. *Buscar,* ind. impf. 3p. they sought.
Buscamos, F. *Buscar,* ind. pres. 1p. we seek.
Búscan, F. *Buscar,* ind. pres. 3p. they seek, or choose.
Buscándo, F. *Buscar,* ger. seeking.
Buscár, *inf. va.* to seek, to search, to endeavour, to find out.
Búscas, F. *Buscar,* ind. pres. 2s. thou seekest, or wishest.
Búsco, F. *Buscar,* ind. pres. 1s. I seek.
Buscó, F. *Buscar,* ind. pret. 3s. sought.

C

Cá, *prep.* because, for. It is obsolete now.
Caballeríto, *sm.* a young gentleman; *dim.* of *Caballero,* gentleman.
Caballeríza, *sf.* stable, and also the animals contained in it.
Caballerízo, *sf.* hostler, head groom of a stable.
Caballéro, *sm.* knight, cavalier, gentleman.
Cabállo, *sm.* horse; horseman; *á caballo,* on horseback.
Cabaléra, *sf.* long hair, queue.
Cabéllo, *sm.* hair.
Cáben, F. *Caber,* ind. pres. 3p. they can be contained.
Cabér, *inf. pres. vn.* to be contained, or contain, to have room.
Cabéza, *sf.* head; talents, a person, a commander.
Cabía, F. *Caber,* ind. impf. 3s. contained, could be contained.
Cabída, *sf.* place, entrance.
Cábo, *sm.* end, termination, confine; corporal, head-man.
Cábra, *sm.* a goat.
Cáda, *pron. indef.* each, every, any.
Cadálso, (José) *sm. prop.* a distinguished Spanish poetic and prose writer of the last century. He is known by his *Cartas Marruecas,* or 'Moorish Letters,' of which an edition, by Mr. Sales, has been published in this country; *sub. prop. m.* Cadalso.
Cadálso, *sm.* scaffold, gibbet.
Cadáver, *sm.* corpse, a dead body.
Cadéna, *sf.* chain, concatenation, series.
Cáe, F. *Caer,* ind. pres. 3s. falls, is caught.
Cáen, F. *Caer,* ind. pres. 3p. they fall.
Caér, *inf. vn.* to fall, to become due, to be caught.
Caiádo, *sm.* See *Cayado.*
Caída, *sf.* fall, descent, overthrow.
Caído, F. *Caer,* part. fallen, being overthrown.
Cáigan, F. *Caer,* imp. pres. 3p. let them fall.
Cáigan, F. *Caer, subj.* pres. 3p. they may fall.
Cáigo, F. *Caer,* ind. pres. 1s. I fall.
Cal, *sf.* lime.
Calabozo, *sm.* dungeon, prison.
Calamidád, *sf.* calamity, misfortune, devastation.
Calderón, *sub. prop. m.* Calderon, one of the greatest, if not the greatest dramatic writer, that Spain has produced. Born at Madrid, in 1601; died 1687.
Calentár, *inf. pres. va.* to warm, to heat, to urge, to press forward.
Calésa, *sf.* calash, carriage, coach.

CÁM   CÁR

Calidád, *sf.* quality, term.

Cáliz, *sf.* chalice, cup of affliction, calix.

Cálla, F. *Callar, ind. pres.* 3s. keeps silence.

Cálla, F. *Callar, ind. pres.* 2s. be thou silent.

Callad, F. *Callar, imp.* 2p. be silent.

Calládo, F. *Callar, part.* concealed, hushed; taciturn.

Cállan, F. *Callar, ind. pres.* 3p. they keep silence.

Callár, *inf. pres. vn.* to keep silence, to conceal, to abate.

Calláron, F. *Callar, ind. pres.* 3p. kept silence.

Cálle, F. *Callar, imp. pres.* 3s. let him be silent, or be you silent.

Cálle, F. *Callar, subj. pres.* 1 or 3s. may be silent.

Cálle, *sf.* street, road.

Callo, F. *Callar, ind. pres.* 1s. I do not say.

Calór, *sm.* heat, warmth.

Cáma, *sf.* bed, couch.

Cámara, *sf.* chamber, room, hall.

Camaráda, *sf.* comrade, companion.

Camarín, *sm.* cabin, place behind an altar.

Cambronéra, *sf.* thorn, bramble, brier.

Camína, F. *Caminar, ind. pres.* 3s. goes.

Caminár, *inf. pres. vn.* to go, to walk, to travel.

Camíno, *sm.* road, way, path.

Camísa, *sf.* shirt, linen; *en camisa,* with coat and vest off.

Campanál, *sub. prop. m.* Campanál, a personage in Gil Blas.

Campanúdo-a, *a.* wide, puffed up, bell-like.

Campáña, *sf.* field, campaign.

Cámpo, *sm.* country; field, camp, prairie.

Cananéa, *sub. prop. f.* Canaan, or Judea, a country in Asia.

Canciller, *sm.* chancellor.

Cándia, *sub. prop. m.* Candia, a Greek, eminent for his generosity.

Cándido-a, *a.* candid, frank, ingenuous.

Candor, *sm.* whiteness, candor.

Canéla, *sf.* cinhamon.

Canóso-a, *a.* hoary, frosty.

Cansádo-a, *part. substan.* tiresome, fatigued, tired.

Cansáncio, *sm.* fatigue, weariness, lassitude.

Cánta, F. *Cantar, ind. pres.* 3s. sings.

Cánta, F. *Cantar, imp. pres.* 3s. sing thou.

Cañtábria, *sub. prop. f.* Cantabria, or Biscay, a province of Spain.

Cantado-a, F. *Cantar, part.* sung.

Cantándo, F. *Cantar, ger.* singing.

Cántan, F. *Cantar, ind. pres.* 3p they sing.

Cantár, *sm.* lay, song, tune.

Cantár, *inf. va.* to sing.

Cantáres, *sm. p.* lays, songs.

Cántaro, *sm.* pitcher.

Cantidád, *sf.* quantity, sum.

Cánto, *sm.* lay, song, a glee.

Cápa, *sf.* cloak, mask, pretence.

Capacidád, *sf.* capacity, talents, abilities.

Capéto, *sm.* Capet, the celebrated Hugh Capet.

Capitán, *sm.* captain, commander-in-chief, ringleader.

Capacidad, *sf.* capacity, mind, talents.

Capáz, *a.* able, capable, skilful.

Capítulo, *sf.* chapter, respect, charge.

Capóllo, *sm.* bud, gem, pod.

Capúz, *sm.* cloak, cover, cloud.

Cára, *sm.* face, visage, countenance.

167

Cáramente, *a.* dearly, bitterly, severely.
Carácter, *sm.* character, disposition, letter.
Caractericémos, *subj. pres.* 1p. let us characterize.
Caracterizár, *inf. pres. va.* to distinguish, to characterize, to mark.
Cárcel, *sf.* jail, prison, dungeon.
Cardenál, *sm.* Cardinal (a dignitary of the Catholic Church.)
Cárdeno-a, *a.* dark purple colour.
Carecéis, F. *Carecer, ind. pres.* 2p. ye, or you are in want of.
Carécen, F. *Carecer, ind. pres.* 3p. they want.
Carecér, *ind. pres. vn.* to want, to need, to be in want of.
Caréta, *sf.* mask, wire, cover.
Cárga, *sf.* burthen, load.
Cargadór, *sm.* freighter, he who loads any thing.
Cárgan, F. *Cargar, ind. pres.* 3p. they charge.
Cargár, *inf. pres. va.* to load, charge, burthen.
Cárgo, *sm.* charge, trust, confidence, cargo, post, place.
Caridád, *sf.* charity, kindness, alms.
Caríño, *sm.* fondness, tenderness, love, kindness.
Cariñóso-a, *a.* kind, affectionate, desirous.
Caritatívo-a, *a.* charitable, kind, good, friendly, benevolent.
Cárlo, *sub. prop. m.* Charles.
Cárlos, *sub. prop. m.* Charles.
Cárne, *sf.* flesh, meat.
Carnicería, *sf.* carnage, havoc.
Cáro-a, *a.* dear; beloved.
Carréra, *sf.* field; race, course, career.
Carréta, *sf.* cart, wagon.
Cárro, *sm.* wagon, chariot.
Carróza, *sf.* coach, carriage, stage.
Cárta, *sm.* letter.

Cartágo, *sm. prop.* Carthage, a celebrated city of Africa, which was destroyed by the Romans.
Cartajinés, *sm.* Carthaginian.
Cása, *sf.* house, protection.
Casádo-a, *a.* married; *sm.* married man; *sf.* married woman, wife.
Casamiénto, *sm.* marriage, wedding, nuptials.
Casándo, or **casándose con**, F. *Casar, ger.* marrying.
Casár, or **casarse con**, *inf. pres. va.* to marry.
Cásco, *sm.* piece, cask, skull.
Cási, *ad.* almost, very near.
Cásio, *sub. prop. m.* Cassius, a hero of antiquity.
Cáso, *sm.* case, event, fact; chance, circumstance.
Casó, F. *Casar, ind. pres.* 3s. he married.
Castíga, F. *Castigar, ind. pres.* 3s. it, he or she punishes.
Castigár, *inf. pres. va.* to punish, to chastise.
Castigáse, F. *Castigar, subj.* 8 *impf.* 1 or 3s. should punish.
Castigásen, F. *Castigar, subj.* 8 *impf.* 3p. they should punish.
Castígo, *sm.* punishment, chastisement.
Castílla, *sub. prop. f.* Castile, a province of Spain.
Castíllo, *sm.* castle, fortress, a fortified town.
Casualidád, *sf.* casualty, chance, unforeseen event.
Católico-a, *a.* universal, catholic; *s.* a Catholic.
Catórce, *a. num.* fourteen.
Caudál, *sm.* treasure, property.
Caudalóso-a, *a.* mighty, powerful (applied to rivers.)
Caudíllo, *sm.* ringleader, commander, officer.
Cáusa, *sf.* cause, reason, motive.

CÉL   CER

Causánte, *sm.* cause (he who, or that which causes.)
Causár, *inf. pres. va.* to cause, to occasion, to produce.
Cáuso, F. *Causar, ind. pres.* 1*s.* I cause.
Causó, F. *Causar, ind. pret.* 3*s.* caused.
Cáutamente, *ad.* cautiously.
Cautívo, *sm.* captive, slave.
Cautivério, *sm.* captivity, bondage.
Cavérna, *sf.* cavern, grotto.
Cayádo, *sm.* shepherd's hook, crosier.
Cayéndo, F. *Caer, ger.* falling, or tumbling.
Cayéron, F. *Caer, ind. pret.* 3*p.* they fell, they were caught.
Cayése, F. *Caer, subj.* 2 *imp.* 1 or 3*s.* should fall.
Cayó, F. *Caer, ind. pret.* 3*s.* fell.
Cáza, *sf.* chase, hunting.
Cecílio, *sm. prop.* Cecil, a man's christian name.
Cebólla, *sf.* onion.
Cedído, F. *Ceder, part.* granted, ceded.
Cédula, *sf.* ballot, ticket, card.
Cedulílla, *sf.* ticket, card, slip of paper; *dim.* of cédula.
Céfiro, *sm.* zephyr (soft winds.)
Ceguéra, or ceguedad, *sf.* blindness, hallucination.
Cegár, *inf. va.* to blind, to dazzle, to obscure, to hallucinate.
Cegár, *inf. vn.* to become or grow blind.
Ceilán, *sub. prop. f.* Ceylon, a large island in the Indian sea.
Céjas, *sf. p.* eyebrows.
Cejijúnto, F. *Ceja* and *Junto, sm.* a person having the eye-brows united.
Céla, F. *Celar, ind. pres.* watches, fulfils, conceals.

Célan, F. *Celar, ind. pres.* 3*p.* they watch, or guard.
Celár, *inf. vn.* and *va.* to watch, to preserve.
Celebrádo-a, *a.* celebrated, renowned.
Celébro, *sm.* brain, sense, genius.
Celéste, *a.* blue, azure, sky-colour
Celestiál, *a.* celestial, heavenly.
Célo, *sm.* zeal; *spl.* celos, jealousy.
Cenádo, F. *Cenar, part.* supped.
Cenándo, F. *Cenar, ger.* supping.
Cenár, *inf. vn.* and *va.* to sup, to sup on, to eat at supper.
Céntro, *sm.* centre.
Ceníza, *sf.* ashes, dust.
Ceñído-a, *a.* and *part.* circumscribed, surrounded, limited, girdled.
Ceñidór, *sm.* belt, girdle.
Cénit, *sm.* zenith, the highest degree.
Cenizas, *sf. pl.* ashes.
Céno, F. *Cenar, ind. pres.* 1*s.* I eat at supper.
Centinéla, *sf.* sentinel, observer.
Centro, *sm.* centre, middle, heart.
Ceñír, *inf. va.* to girdle, to surround, to environ, to contract.
Céño, *sm.* frown, supercilious aspect.
Cérca, *ad.* near, at hand; *cerca de,* near, nearly.
Cérca, *prep.* concerning, with regard.
Cercáno, *prep.* near, approaching.
Cérco, *sm.* circle, ring, circuit, siege.
Cérda, *sub. p.* bristle.
Ceremónia, *sf.* ceremony, rite.
Cerrádo, *a.* shut, concealed.
Cerrádo, F. *Cerrar, part.* shut, concealed.
Cerrojo, *sm.* bolt.
Cerváto, *sm.* a little or young deer.

CHI   CIV

Cervántes, (Miguel de) *sub. prop. m.* Cervántes, the greatest Spanish novelist, and a very distinguished dramatist. He is renowned over the world for his inimitable *Don Quijote*, or Don Quixote. Born in Alcalá de Henares, in 1547, died in 1616.

Cervíz, *sm.* nape (the back part of the neck.)

César, *sub. prop. m.* Cæsar, a title given to the first twelve Roman emperors. In this Spanish translator, it generally means Julius Cæsar, the greatest of all Roman generals.

Cesár, *inf. pres. vn.* to cease, to terminate, to conclude.

Cesó, F. *Cesar, ind. pret. 3s.* ceased, terminated.

Césped, *sm.* sod, or turf.

Cétro, *sm.* sceptre, diadem.

Chalúpa, *sf.* cutter, sloop.

Chanceándo, F. *Chancear, ger.* joking, jesting, beguiling.

Chanceár, *inf. vn.* to jest, to joke, to beguile.

Chánza, *sf.* fun, joke, laughter.

Chárla, F. *Charlar, ind. pres. 3s.* talks or prattles.

Charlár, *inf. vn.* to prattle, to talk, to babble.

Chárlas, F. *Charlar, ind. pres. 2s.* thou prattlest.

Cháves, *sub. prop. f.* Chaves, a female character in Gil Blas.

Chíco-a, *a.* small, little; *s.* child, little one, boy; *sf.* girl.

Chinchílla, *sub. prop. m.* Chinchilla, a fictitious character in Gil Blas.

Chíngala, *sm.* Cingalese, a native of Ceylon.

Chíste, *sm.* witty saying, bon-mot, witticism, story.

Chistóso, *sub.* a witty, jovial person.

Chistóso-a, *a.* witty, graceful, joking.

Choza, *sf.* hut, cottage.

Cibéria, *sub. prop. f.* Siberia, a country in Asia.

Cicatríz, *sf.* cicatrix, scar.

Cicerón, *sub. prop. m.* Cicero, the greatest of all Roman orators.

Ciéga, F. *Cegar, ind. pres. 3s.* dazzles or blinds.

Ciégo-a, *a.* blind, hallucinated.

Ciélo, *sm.* heaven, celestial region.

Cién, *a. num.* hundred.

Ciéncia, *sf.* science, art.

Ciénto, *a.* a hundred.

Ciérra, F. *Cerrar, ind. pres. 3s.* closes or shuts.

Ciérran, F. *Cerrar, ind. pres. 3p.* they enclose.

Ciérto-a, *a.* certain, being certain; *por cierto*, indeed.

Cínco, *a. num.* five.

Cincuénta, *a. num.* fifty.

Cintura, *sf.* waist.

Cíñen, F. *Ceñir, ind. pres. 3p.* they surround, girdle.

Ciñéra, F. *Ceñir, subj. impf.* 1 or 3s. would surround.

Circulár, *inf. va.* to circulate, to make known.

Circunspécto-a, *a.* circumspect, prudent, cautious.

Circunstáncia, *sf.* circumstance, occurrence, event.

Circunstánte, *sm.* bystander, beholder, spectator.

Citádo-a, *part.* appointed, quoted, cited, summoned.

Citadór, *sm.* citer, quoter.

Citéria, *sub. prop.* Cythera, the Venus worshipped in the island of that name.

Ciudadáno, *sm.* citizen.

Ciudád, *sf.* city, town.

Civíl, *a.* civil, intestine, polite.

COJ   COM

Clámas, F. *Clamar, ind. pret.* 2s. thou callest, claimest.
Clamór, sm. clamor, call, whisper.
Clára, *sub. prop. f.* Clara, a woman's name.
Clareár, *inf. vn.* to dawn, to grow light.
Claridád, sf. clearness, light, perspicuity.
Cláro-a, a. clear; frank.
Clavél, sm. pink, (a plant, or a flower.)
Clavellína, sf. pink, carnation (a flower.)
Clávo, sm. nail; corn; misery.
Cleméncia, sf. clemency, mercy.
Cleménte, sm. merciful, clement.
Clíma, sm. climate, clime, region.
Cobárde, a. cowardly, timid.
Cobijádo-a, F. *Cobijar, part. adjec.* covered, sheltered.
Cóbran, F. *Cobrar, ind. pres. 3p.* they gain, acquire collect.
Cobrár, *inf. pres. va.* to receive, to recover, to gain esteem.
Cobráron, F. *Cobrar, ind. pret. 3p.* they received.
Cóbre, sm. copper, brass.
Cóche, sm. coach, barouche.
Cochín, *sub. prop. m.* Cochin, a city in Hindostan, India.
Codícia, sf. covetousness, cupidity, greediness.
Codícia, F. *Codiciar, ind. pres. 3s.* covets.
Codícian, F. *Codiciar, ind. pres. 3p.* they covet.
Codiciár, *inf. va.* to covet, to desire eagerly.
Codicióso, ad. greedy, cautious, diligent.
Coécho, sm. bribe, subornation.
Cofre, sm. box, chest, coffer.
Cóje, F. *Cojer, ind. pres. 3s.* catches.
Cojér, *inf. va.* to catch, to seize; to occupy; to gull.

Cojída, sf. asylum, protection, roof.
Cojiéndo, F. *Cojer, ger.* catching.
Colección, sf. collection, assembly.
Colectór, sm. collector, tax-gatherer
Colejíd, F. *Colejir, imp. pres.* 2p infer ye.
Coléjio, sm. college, seminary.
Colejír, *inf. pres. va.* to infer, to deduce, to draw consequences
Cólera, sf. anger, choler, bile.
Colérico-a, a. choleric, passionate, easily provoked.
Colgába, F. *Colgar, ind. impf.* 3s. hung.
Colgár, *inf. va.* to hang up, to suspend, to adorn; to hang.
Colín, *sub. pr. p. m.* Colin, the name of a fictitious character.
Colína, sf. hill; eminence.
Collados, sm. p. hills.
Colmíllo, sm. grinder (back tooth,) tusk.
Cólmo, sf. heap, summit.
Colócan, F. *Colocar, ind. pres.* 3p. they place.
Colocár, *inf. va.* to place, to arrange, to order, to provide.
Colón, *sub. prop. m.* Columbus, the immortal discoverer of America.
Colóquio, sm. coloquy, conversation.
Colór, sm. colour, hue, pretext.
Colorádo-a, a. ruddy, scarlet colour, blushing.
Colúmna, sm. column, support, prop.
Comárca, sf. territory, district.
Comarcáno-a, a. neighbouring, near bordering upon.
Combáte, F. *Combatir, ind. pres.* 3s. fights; s. a fight.
Combatír, *inf. va.* and *n.* to fight; to attack, to combat.
Comédia, sf. play, comedy.
Comencé, F. *Comenzar, ind. pret.* 1s. I began.
Comér, *inf. pres. va.* to eat; to dine

Comércio, *sm.* commerce, trade, intercourse.
Comenzár, *inf. va.* or *vn.* to commence, to begin.
Comenzarán, F. *Comenzar, ind, fut.* 3p. they will begin.
Comenzáron, F. *Comenzar, ind. pret.* 8p. they began.
Comenzó, F. *Comenzar, ind. pres.* 3s. began.
Cometído, F. *Cometer, part,* committed, entrusted.
Comída, *sf.* dinner, meal.
Comído, F. *Comer, part.* dined, eaten.
Comiéndo, F. *Comer, ger.* eating.
Comiénza, F. *Comenzar, ind. pres.* 3s. begins.
Comisário, *sm.* commissary, deputy.
Comisión, *sf.* commission, trust, committee.
Cómo, *conj.* as, how, why; as it were, like, as well as.
Comodidád, *sf.* commodity, advantage, comfort.
Comorín, *sm. prop.* Comorin, a cape in Hindostan
Compañéro-a, *s.* companion, partner, associate.
Compañía, *sf.* company, partnership.
Compadécen, F. *Compadecer, ind. pres.* 8p. they pity.
Compadecér, *inf. pres. vr.* to pity, to commiserate, to feel for.
Comparación, *sf.* comparison, relation.
Comparádo, F. *Comparar, part.* compared.
Compárta, F. *Compartir, subj. pres.* 1 or 3s. I may divide, share.
Compartír, *inf. pres. va.* to arrange, to divide, to share.

Compása, (se) F. *Compasar, ind. pres.* he adjures, accommodates, adapts himself.
Compasión, *sf.* compassion, commiseration, pity.
Competénte, *a.* competent, fit, fit for, adequate.
Competirá, F. *Competir, ind. fut.* 3s. will rival, compete.
Compitiéron, F. *Competir, ind. pret.* 8p. they vied, rivalled.
Compláce, F. *Complacer, ind. pres.* 3s. he pleases.
Complacéncia, *sf.* complacency, satisfaction, gratification.
Completár, *inf. pres. va.* to complete, to consummate.
Cómplice, *sm.* accomplice, associate, person concerned.
Composición, *sf.* composition, adjustment.
Comprádo, F. *Comprar, part.* bought, betrayed.
Compré, F. *Comprar, ind. pret.* 8s. I bought.
*Comprehénda, F. *Comprehender, subj. pres.* 1 or 3s. may comprehend.
*Comprehénde, F. *Comprehender, ind. pres.* 3s. comprehends.
*Comprehendér, *inf. va.* to comprehend, to understand.
*Comprehensión, *sf.* comprehension, understanding.
Compuésto-a, *a.* composed, written.
Compuésto, F. *Componer, part.* composed, written.
Común, *sm.* the people, the public; *a.* common, vulgar.
Comuníca, F. *Communicar, ind. pres.* 3s. communicates.
Comunicación, *sf.* communication, intercourse.

---

* These words are written also thus: *comprenda, comprende, comprender, comprension.*

Comunicár, *inf. va.* to inform, to communicate.
Con, *prep.* with, by, for; *con todo,* yet, notwithstanding.
Cóncavo-a, *a.* concave, hollow.
Concebía, F. *Concebir, ind. impf.* 1 or 3s. I conceived.
Concebír, *inf. vn.* or *va.* to conceive; to think.
Concéde, F. *Conceder, ind. pres. 3s.* grants.
Concéden, F. *Conceder, ind. pres.* 3p. they grant.
Concedér, *inf. va.* to give, to grant, to bestow, to allow.
Concedído-a, F. *Conceder, part.* conceded, granted, bestowed.
Concépto, *sm.* conception, thought, idea.
Concertádo, F. *Concertar, part.* adjusted, settled, turned.
Concertando, F. *Concertar, ger.* agreeing.
Cóncha, *sm.* shell, tortoise
Concíbe, F. *Concebir, ind. pres. 3s.* conceives.
Conciéncia, *sf.* conscience, knowledge.
Conciérto, *sm.* concert, agreement, arrangement, harmony.
Conciliándo, F. *Conciliar, ger.* conciliating, composing.
Conciliár, *inf. pres. va.* to reconcile (a person to his fate,) to conciliate.
Concitó, *pret.* 3s. it, he or she excited.
Concluír, *inf. va.* to conclude.
Concluirán, F. *Concluir, ind. fut.* 3p. they will conclude.
Concordár, *inf. pres. va.* to agree, to concur, to accord, to harmonize.
Concórdia, *sf.* concord, tranquillity, peace, harmony.

Concuérdan, F. *Concordar, subj. pres.* 3p. they may agree.
Concurréncia, *sf.* frequentation, society, assembly, meeting, company.
Concurriéron, *ind. pret.* 3p. they attended, assisted.
Concurrír, *inf. pres. vn.* to attend, to concur, to be possessed of, to meet.
Concúrso, *sm.* concourse, club, party, meeting, attendance.
Concusión, *sf.* concussion, abuse of power.
Cónde (José António,) *sub. prop.* Conde, the celebrated Spanish historian of *The Domination of the Arabs in Spain.* Unfortunately for letters he died in 1820, before the completion of his work.
Cónde, *sm.* Count (a title of nobility.)
Condenacion, *sf.* damnation, condemnation.
Condenádo, *sm.* damned, condemned.
Condenádo-a, F. *Condenar, part. adjec.* condemned, disapproved.
Condenár, *inf. pres. va.* to condemn, to be sentenced to, to damn.
Condenáron, F. *Condenar, ind. pret.* 3p. they condemned.
Condescendéncia, *sf.* condescendence, submission, yielding.
Condescendía, F. *Condescender, ind. impf.* 1 or 3s. condescended.
Condición, *sf.* condition, situation, state; temper, disposition.
Condiménto, *sm.* prudence, care, seasoning.
Conducído-a, F. *Conducir, part. adjec.* conducted, carried.
Conducír, *inf. va.* to conduct, to superintend, to carry on.
Conduzco, F. *Conducir, ind. pres.* 1s. I carry on.

Conecsión, *sf.* connexion, relation, regard.
Confesár, *inf. va.* to confess, to hear confession.
Confesé, F. *Confesar, ind. pret.* 1*s.* I confessed.
Confesó, F. *Confesar, ind. pret.* 3*s.* confessed.
Confesór, *sm.* confessor, owner.
Confiádo-a, *part.* and *a.* conceited; relied; confiding; unsurprising.
Confiánza, *sf.* confidence, boldness, assurance.
Conflícto, *sm.* conflict, hazard, perilous situation.
Conformába, F. *Conformar, ind. impf.* 3*s.* conformed to.
Confórta, F. *Confortar, ind. pres.* 3*s.* comforts, strengthens.
Confortár, *inf. va.* to comfort, to strengthen, to console.
Confundír, *inf. va.* to confound, to entangle, to perplex.
Confúso-a, *a.* confused, confounded, perplexed.
Congója, *sf.* anguish, dismay, anxiety of mind.
Congojóso-a, *a.* afflictive, tormenting, anxious.
Conjurádo-a, *s.* conspirator, accomplice, traitor.
Conjurádo, F. *Conjurar, part.* conjured, conspired, exorcised.
Conjurándo, F. *Conjurar, ger.* asking for, entreating.
Conjúro, *sm.* conjurer, he that uses charms or incantations.
Conmígo, *prep.* and *pron.* with me. Grammar, R. XXVI. note 2, p. 163.
Conmiseración, *sf.* commiseration, compassion, pity.
Conmovér, *inf. va.* to excite, to move, to disturb, to raise.
Conmuéve, (se) *ind. pres.* 3*s.* is moved, excited.

Conóce, F. *Conocer, ind. pres.* 3*s.* knows.
Conocémos, F. *Conocer, ind. pres.* 1*p.* know.
Conócen, F. *Conocer, ind. pres.* 3*p.* they know.
Conocér, *inf. va.* to know, to understand, to experience.
Conocerá, F. *Conocer, ind. fut.* 3*s.* will know
Conóces, F. *Conocer, ind. pres.* 2*s.* knowest.
Conocía, F. *Conocer, ind. impf.* 1 or 3*s.* knew.
Conocido-a, F. *Conocer, part.* known; *s.* an acquaintance.
Conociéndo, F. *Conocer, ger.* knowing, being acquainted with.
Conociéron, F. *Conocer, ind. pret.* 3*p.* they knew.
Conocimiénto, *sm.* knowledge, learning, acquaintance, friendship.
Conoció, F. *Conocer, ind. pret.* 3*s.* knew.
Conozcáis, F. *Conocer, subj. pres.* 2*p.* you or ye may know.
Conquísta, *sf.* conquest, subjugation.
Conquistában, F. *Conquistar, ind. impf.* 3*p.* they conquered.
Conquistadór, *sm.* conqueror, victor.
Consecuéncia, *sf.* consequence, result, inference.
Conseguído, F. *Conseguir, part* obtained, accomplished, attained
Conseguír, *inf. va.* to obtain, to succeed, to attain.
Conséjo, *sm.* advice, counsel, judgment, prudence.
Consentimiénto, *sm.* consent, connivance, permission.
Consérva, F. *Conservar, ind. pres.* 3*s.* preserves.
Conservacion, *sf.* preservation.

Conservádo, *part.* preserved, guarded, secured.
Consérvan, F. *Conservar, ind. pres.* 3p. preserve.
Conservár, *inf. va.* to preserve, to guard; to pickle.
Considéra, F. *Considerar, ind pres.* 3s. considers.
Consideración, *sf.* consideration, regard, contemplation.
Considerándo, F. *Considerar, ger.* considering, thinking.
Considerár, *inf. va.* to consider, to reflect, to think.
Considerásen, F. *Considerar, subj. imp.* 3p. should consider.
Consígan, F. *Conseguir, subj. pres.* 3p. they may obtain.
Consígo, *prep.* and *pron.* with you, with himself, with themselves.
Consíste, F. *Consistir, ind. pres.* 3s. consists.
Consistír, *inf. vn.* to consist, to be composed of, to be contained.
Consolába, F. *Consolar, ind. impf.* 1 or 3s. comforted.
Consolában, F. *Consolar, ind. impf.* 3p. they consoled.
Consolación, *sf.* solace, consolation, comfort.
Consolád, F. *Consolar, imp. pres.* 2p. comfort ye, or you.
Consoládo-a, *a.* consoled, solaced, comforted.
Consolár, *inf. va.* to enable, to comfort, to mitigate, to assuage.
Consórte, *sm.* consort, partner, husband, or wife.
Conspíra, F. *Conspirar, ind. pres.* 3s. he conspires.
Conspiración, *sf.* conspiracy, plot, cabal.
Conspirador, *sm.* conspirator.
Conspirándo, F. *Conspirar ger.* conspiring, plotting, soliciting.

Conspirár, *inf. vn.* to conspire, to plot, to co-operate.
Cónsta, *ind. pret.* 3s. appears from, is corroborated by.
Cónstan, F. *Constar, ind. pres.* 3p. appear, are evident.
Constáncia, *sf.* constancy, immutability.
Constánte, *sm.* constant, firm, unalterable person.
Constánte, *a.* constant, steady.
Constár, *inf. v. imp.* to appear from, to be evident, corroborated.
Construccion, *sf.* construction, sense.
Consuélan, F. *Consolar, ind. pres.* 3p. they comfort.
Consuélo, *sm.* consolation, relief, comfort.
Consúlta, *sf.* consultation, advice.
Consúme, F. *Consumir, ind. pres.* 3s. consumes.
Consumír, *inf. va.* to consume, to destroy, to waste, to fret.
Contában, F. *Contar, ind. impf.* 3p. they intended, or relied on.
Contájio, *sm.* contagion, corruption.
Contándo, F. *Contar, ger.* trusting, or relying.
Contár, *inf. pres. va.* to relate; to number; to intend, to rely.
Contémpla, F. *Contemplar, ind. pres.* 3s. contemplates.
Contemplába, F. *Contemplar, ind. impf.* 1 or 3s. contemplated.
Contemplár, *inf. va.* to contemplate.
Contemplatívo, *a.* sentimental, thoughtful.
Contémplo, F. *Contemplar, ind. pres.* 1s. I contemplate.
Contendér, *inf. vn.* to contend, to quarrel, to litigate, to discuss.
Contendrían, F. *Contender, subj. impf.* 3p. they would contend.
Contenér, *inf. vn.* to contain, to hold; to check one's self.

Contenído-a, *adj.* temperate.
Contentamiénto, *sm.* content, satisfaction.
Contentár, *inf. va.* to satisfy, to gratify, to please.
Contentísimo-a, *a. super.* most satisfied, most content, most happy.
Conténto, *sm.* contentment, joy.
Conténto-a, *a.* satisfied, content, cheerful.
Conténto, F. *Contentar, ind. pres.* 1s. I satisfy.
Contestár, *inf. va.* to reply, to answer, to confirm, to prove.
Contésto, F. *Contestar, ind. pres.* 1s. I reply.
Contestó, F. *Contestar, ind. pret.* 3s. replied.
Contiénen, F. *Contener, ind. pres.* 3p. they contain.
Contígo, *prep.* and *pron.* with thee, with thyself.
Contíguo-a, *a.* contiguous, adjoining.
Continénte, *sm.* countenance, abstinent person, the main.
Continjénte, *sm.* contingent, share; *a.* uncertain, fortuitous.
Continuádo, F. *Continuar, part.* continued, remained, protracted.
Contínuamente, *ad.* continually, always, without intermission.
Continuár, *inf. vn.* to continue, to last, to endure.
Continuár, *inf. va.* to continue, to prosecute.
Continúo, F. *Continuar, ind. pres.* 1s. I continue.
Contínuo-a, *a.* continual, continuous.
Contó, F. *Contar, ind. pret.* 3s. reckoned, counted.
Contórno, *sm.* environ, outline.
Cóntra, *prep.* against, contrary to.
Contradecír, *inf. vn.* to contradict, to oppose, to repugn.

Contradicción, *sf.* contradiction, resistance, opposition.
Contradíce, F. *Contradecir, ind. pres.* 3s. contradicts.
Contrajése, F. *Contraer, subj. impf.* 1 or 3s. he should contract.
Contrapéso, *sm.* check, counterbalance.
Contrapuésto, F. *Contraponer, part. adjec.* opposed; opposite.
Contrário-a, *s.* opponent, enemy; *a.* contrary, opposed.
Contratiémpo, *sm.* misfortune, calamity, disappointment.
Contribuía, F. *Contribuir, ind. impf.* 1 or 3s. contributed.
Contribuír, *inf. va.* to contribute, to pay one's share, to bear a part.
Contristádo-a, *part. adjec.* afflicted, melancholy, saddened.
Contúrba, (se) *ind. pres.* 3s. is agitated, awed.
Conturbár, *inf. va.* to disturb, to agitate, to disquiet.
Convalecído-a, *part. adjec.* recovered, restored to health.
Conveniénte, *a.* convenient, useful, suitable, commodious.
Convenír, *inf. vn.* to be convenient, fit, proper, or suitable.
Convenír, *inf. pres. vn.* to agree in opinion, to concur, to assemble.
Conversación, *sf.* conversacion, intercourse, familiarity, club.
Conversár, *inf. vn.* to converse, talk.
Convertído-a, *a.* converted, changed, applied; *s.* a convert.
Convertír, *inf. pres. va.* to convert.
Convída, F. *Convidar, ind. pret.* 3s. invites.
Convidádo-a, *part. adjec.* invited, allured; *s.* guest.
Convidándo, F. *Convidar, ger.* inviting, alluring.
Convidár, *inf. va.* to invite, to allure, to excite desire.

CÓR

Conviéne, F. *Convenir, ind. pres.* 3s. is convenient, suitable.
Conviérte, F. *Convertír, ind.* 3s. converts.
Convíte, *sm.* invitation, feast.
Convocándo, F. *Convocar, ger.* convoking, assembling.
Cópa, *sf.* cup, goblet, wine-glass.
Cópia, *sub. collec. f.* abundance, a great number.
Cópla, *sf.* stanza, particularly those which contain four lines only.
Coráje, *sm.* valour, courage, fortitude; anger, wrath.
Corazón, *sm.* heart, spirit, will, soul.
Córbo-a, *a.* crooked, arched, bent; *s.* a hunch-backed.
Corderuéla, *sf.* small rope, *dim.* of *Cuerda.*
Corderuélo-a, *sub.* lambkin, *dim.* of *Cordero.*
Cordobán, *sm.* morocco, leather.
Cordovés, *sm.* Cordovian, a native of Cordova, a city in Spain.
Corínto, *sub. prop. m.* Corinth, an ancient city in Greece.
Corínto-a, *a.* Corinthian, an order of architecture.
Cornélio, *sub. prop. m.* Cornelius, a man's name.
Córo, *sm.* choir, chorus.
Coróna, *sf.* crown; end, summit.
Coronába, F. *Coronar, ind. impf.* 1 or 3s. crowned.
Coronában, F. *Coronar, ind. impf.* 3p. they crowned.
Coronándo, F. *Coronar, ger.* crowning.
Córpas, (Cecílio de) *sub. prop. m.* Córpas, a translator of the very few pieces, that are not originally Spanish, inserted in this work. His version from the French has so much the cast of originality, that we have placed his name under the few of his translated small stories we have selected.

Córre, F. *Correr, ind. pres.* 3s. runs, or rolls.
Corréjir, *inf. va.* to correct, to amend, to get over one's follies.
Corrér, *inf. va.* to run, to pass, to be current, to ravage.
Córres, F. *Correr, ind. pres.* 2s. thou runnest, or passest away.
Correspónde, F. *Corresponder, ind. pres.* 3s. corresponds, belongs, appertains to.
Correspondiénte, *sm.* correspondent.
Correspondiénte, *a.* conformable, agreeable to.
Corría, F. *Correr, ind. impf.* 3s. ran.
Corrído, *a.* abashed, ashamed; run, terminated.
Corriéndo, F. *Correr, ger.* running.
Corriénte, *a.* current, running; instant.
Corríja, F. *Corréjir, subj. pres.* 3s. I may correct.
Corríja, F. *Corréjir, imp. pres.* 3s. let it, him, or her correct.
Corríje, F. *Corréjir, ind. pres.* 3s. corrects.
Corríjen, F. *Corréjir, ind. pres.* 3p. they correct.
Corrijió, F. *Corréjir, ind. pret.* 3s. corrected.
Corríllo, *sm.* company, clan, club, party, assembly, circle.
Corrió, F. *Correr, ind. pret.* 3s. ran.
Corrómpen, F. *Corromper, ind. pres.* 3p. they corrupt.
Corrompér, *inf. va.* to corrupt, to sully, to bribe.
Corrompído-a, *part. adjec.* corrupted, seduced, bribed, suborned.
Cortár, *inf. va.* to cut, to stop, to cut short.
Córte, *sf.* court, capital; edge.
Córten, F. *Cortar, imp. pres.* 3p. let them cut

177

Córten, F. *Cortar,* subj. pres. 3p. they may cut.
Cortés, *sub. prop. m.* Cortes, the first conqueror of New Spain.
Cortés, *a.* civil, courteous, polite.
Córtes, *sub. p. f.* Cortes or Congress (the National Assembly of Spain.)
Cortesáno, *sm.* courtier.
Cortesáno-a, *a.* courtly, courteous, gentle, polite.
Cortesía, *sub. prop. f.* courtesy, bow, compliment, gift.
Cortesísimo-a, *a. superl.* most courteous, most polite, most gentle.
Cortéza, *sf.* rind, peal, cover, bark.
Cortínilla, *sf.* a small curtain, *dim.* of *Cortina.*
Cortó, F. *Cortar,* ind. pret. 3s. cut.
Córto-a, *a.* short, small, imperfect, bashful.
Córto-a, *s.* a bashful or timid person.
Cósa, *sf.* thing, little consequence.
Cósa de, *prep.* about.
Cosécha, *sf.* crops, harvest, collection.
Cósta, *sf.* cost, coast.
Costár, *inf. pres. vn.* to cost, to suffer loss, to be had at a price.
Costaría, F. *Costar,* subj. impf. 3s. it would cost.
Costó, F. *Costar,* ind. pret. 3s. cost.
Costúmbre, *sm.* custom, manners, habit.
Cotéjo, *sm.* comparison, parallel.
Covárde, *a.* coward, cowardly, pusillanimous. This word should always be spelled *cobarde.*
Coyunda, *sf.* yoke, rope, matrimonial union, tie.
Créce, F. *Crecer,* ind. pres. 3s. grows.
Crécen, F. *Crecer,* ind. pres. 3p. they grow.
Crecér. *inf. vn.* to grow, to increase, to swell.

Crecía, F. *Crecer,* ind. impf. 3s. grew.
Crecían, F. *Crecer,* ind. impf. 3p. they grew.
Crecído-a, *adj.* and *part.* grown, increased; large.
Creciéndo, F. *Crecer,* ger. growing, getting up.
Creciéron, F. *Crecer,* ind. pret 3p. they grew.
Creció, F. *Creer,* ind. pret. 3s. grew.
Crédito, *sm.* credit, reputation, belief, note, esteem.
Crédulo, *sm.* a credulous person, simpleton.
Crédulo, *a.* credulous.
Creémos, F. *Creer,* ind. pres. 1p. believe.
Créen, F. *Creer,* ind. pres. 3p. they believe.
Creéncia, *sf.* belief, faith.
Creér, *inf. va.* to believe, to credit, to think, to be persuaded.
Creí, F. *Creer,* ind. pret. 1s. I thought.
Creía, F. *Creer,* ind. impf. 3s. he believed.
Creían, F. *Creer,* ind. pres. 3p. they believed.
Créo, F. *Creer,* ind. pres. 1s. I believe, I think.
Crepúsculo, *sf.* twilight, crepuscule.
Creyéndo, F. *Creer,* ger. believing.
Creyó, F. *Creer,* ind. pret. 1 or 3s. thought, believed.
Criadór, *sm.* creator; he that rears, or trains.
Criába, F. *Criar,* ind. impf. 3s. created.
Criádo-a, *s.* servant, domestic; *part* created.
Criánza, *sf.* breeding, education, manners.
Criár, *inf. pres. va.* to create, to produce, to nurse, to bring up.

178

Criáste, F. *Criar, ind. pret. 2s.* thou hast created.
Criásteis, F. *Criar, ind. pret. 2p.* you have created.
Criatúra, *sf.* creature.
Críe, F. *Criar, subj. pres.* 1 or *3s.* create.
Crié, F. *Criar, ind. pret. 1s.* I created, or brought up.
Crímen, *sm.* crime, offence.
Criminál, *s.* and *a.* criminal, culprit.
Crío, F. *Criar, ind. pres. 1s.* I create.
Crió, F. *Criar, ind. pret. 3s.* brought up, created.
Cristál, *sm.* crystal, fine glass.
Cristalíno-a, *a.* crystalline, limpid, transparent.
Cristiáno-a, *a.* christian; *s.* a christian.
Crísto, *sub. prop. m.* Christ.
Cristóbal, *sub. prop. m.* Christopher, a man's name.
Critílo, *sub. prop. m.* Critilius, a fictitious character in Gracian.
Crúdo-a, *a.* raw, uncooked, horrid.
Cruél, *a.* cruel, barbarous, tyrannical.
Crueldád, *sf.* cruelty, barbarous treatment, inhuman action.
Crúz, *sf.* cross.
Cuádra, *sf.* parlour, drawing-room; court, yard.
Cuája, F. *Cuajar, ind. pres. 3s.* coagulates, or freezes.
Cuajár, *inf. vn.* to freeze; to produce the desired effect.
Cuál, (el, la, los or las) *pron. rel. n.* or *o.* that, which, who; *conj.* how.
Cuál, *ad.* like, as, in the manner that; this one, that one.
Cualesquiéra, *indef. pron. p.* whoever, they who, any, whatever.
Cualquiéra, *pron. indef.* whatever, whoever, he who.

Cuán, *ad.* how, how much
Cuándo, *ad.* when, in case.
Cuánto-a, *a.* as much ..... as, as many ..... as, all; that which; *ad.* how much; the more.
Cuánto, *s.* all that, every thing, every person that; *en cuanto á.* as for, in regard to.
Cuarénta, *a. num.* forty.
Cuartel, *sm.* barrack.
Cuarto, *sm.* quarto, a copper coin, 170 to a dollar, a rooni.
Cuárto, *a. num.* fourth; *cuartos, s pl.* money.
Cuátro, *a. num.* four.
Cubiérta, *sf.* cover, pretence, deck of a vessel.
Cúbra, F. *Cubrir, imp. pres. 3s.* let him cover.
Cúbra, F. *Cubrir, subj. pres. 3s.* he may cover.
Cúbre, F. *Cubrir, ind. pres. 3s* covers.
Cúbre, F. *Cubrir, imp. pres. 2s.* cover thou.
Cúbren, F. *Cubrir, ind. pres. 3p.* they cover.
Cubrían, F. *Cubrir, ind. impf. 3p.* they covered.
Cubrír, *inf. va.* to cover, to dissemble, to cloak, to mask.
Cuchillo, *sm.* knife, dagger.
Cuéllo, *sm.* neck, collar.
Cuénta, *sf.* account, bill, narration.
Cuénta, F. *Contar, ind. pres. 3s.* counts, relates, or relies on.
Cuéro, *sm.* hide, skin, leather.
Cuérpo, *sm.* body, frame; volume.
Cuésto, F. *Costar, ind. pret. 1s.* cost.
Cuéva, *sf.* cave, cavern, cavity, grotto.
Cuidádo, *sm.* care, anxiety, attention.
Cuidarémos, F. *Cuidar, ind. fut. 1p.* we shall or will take care.

Cúlpa, *sf.* blame, fault, offence.
Culpáble, *sm.* culpable, blameable.
Cultivádo-a, F. *Cultivar, a.* cultivated, cultured.
Cultivo, *sm.* cultivation; practice.
Cúlto, *sm.* religion, worship; *a.* wise, learned.
Cúmbre, *sf.* summit, pinnacle, crown.
Cumpla, F. *Cumplir, subj. pres.* 3s. may fulfil, accomplish.
Cumplído-a, *a. part.* polished, civil, gifted, fulfilled.
Cúna, *sf.* cradle, birth-place.
Cúño, *sm.* mint.

Cupído, *sub. prop. m.* Cupid, a fabulous deity.
Cúra, *sf.* a cure, healing.
Cúra, *sm.* curate, vicar.
Curádo-a, *a.* cured, healed.
Curiosidád, *sf.* curiosity, rarity.
Curióso-a, *s.* and *a.* a curious, strange.
Cúrso, *sm.* course, way, direction.
Curtír, *inf. va.* to imbrown, or burn by the sun, to tan leather.
Cúyo-a, *pron. rel. n.* or *o.* whose, of which, of whom.
Czár, *sub. prop. m.* Czar, the Emperor of Russia.

D

Dá, F. *Dar, ind. pres.* 3s. gives.
Dába, F. *Dar. ind. impf.* 1 or 3s. gave, did give.
Dában, F. *Dar, ind. impf.* 3p. they gave.
Dádiva, *sf.* gift, grant, boon.
Dádo, F. *Dar, part.* given, granted; *conj.* dado que, provided.
Dáma, *sf.* lady, dame.
Dán, F. *Dar, ind. pres.* 3p. they give.
Dando, F. *Dar, ger.* giving.
Dáñan, F. *Dañar, ind. pres.* 3p. they injure, hurt.
Dañár, *inf. pres. va.* to injure, to spoil, to hurt, to damage.
Dáño, *sm.* mischief, evil, injury.
Dañoso-a, *adj.* hurtful, injurious.
Dár, *inf. pres. va.* to give, to strike, to confer, to bestow.
Dará, F. *Dar, ind. fut.* 3s. will give.
Daré, F. *Dar, ind. fut.* 1s. I shall or will give.
Daría, F. *Dar, suj. impf.* 1 or 3s. would, should give.
Dás, F. *Dar, ind. pres.* 2s. thou givest.

De, *prep.* of, in, from, at, with, to, off, by.
Dé, F. *Dar, subj. pres.* 1 or 3s. may give.
Debájo, *prep.* under, below.
Déban, F. *Deber, subj. pres.* 3p. they must, should, or may owe.
Débas, F. *Deber, subj. pres.* 2s. thou shouldst, or mayst owe.
Débe, F. *Deber, ind. pres.* 3s. must, should; owe.
Debémos, F. *Deber, ind. pres.* 3p. we ought, we must, we owe.
Dében, F. *Deber, ind. pres.* 3p. must, ought, owe.
Debér, *sm.* duty, obligation.
Debér, *inf. pres. v. aux.* must, should; *va.* to owe, to be indebted.
Débes, F. *Deber, ind. pres.* 2s. thou oughtest, or owest.
Debía, *ind. impf.* 1 or 3s. was to, should, ought to.
Debído-a, *a.* due, owed; dutiful.
Débil, *a.* weak, feeble.
Debilidád, *sf.* debility, languor, pusillanimity.

Debilitádo-a, *a.* debilitated, weakened, enfeebled, extenuated.
Debilitár, *inf. va.* to debilitate, to weaken, to enfeeble.
Debió, F. *Deber, ind. pret. 3s.* owed; ought to.
Débo, F. *Deber, ind. pres.* 1s. I must, ought, owe.
Decaído, F. *Decaer, part.* decayed, fallen, low-spirited.
Decéncia, *sf.* decency, honesty, modesty.
Decénte, *a.* decent, modest, honest.
Decía, F. *Decir, ind. impf.* 1 or 3s. said, was saying.
Decían, F. *Decir, ind. impf. 3p.* they said.
Decíd, F. *Decir, imp. pres. 2p.* say ye or you.
Decidió, (se) *ind. pret. 3s.* decided, it was determined.
Decidír, *inf. va.* to decide, to determine, to resolve.
Décimo-a, *a. num.* tenth.
Décimocuarto-a, *a. num.* fourteenth.
Decír, *inf. va.* to say, to assure, to correspond.
Decisión, *sf.* decision, resolution, disposition.
Decláma, F. *Declamar, ind. pres.* 3s. declaims.
Declarádo-a, *part. adjec.* declared, known, determined.
Declarár, *inf. va.* to declare, to confess, to depose.
Declaró, F. *Declarar, ind. pret. 3s.* declared.
Declinándo, F. *Declinar, ger.* declining, sinking, shunning.
Decorában, F. *Decorar, ind. impf.* 3p. they decorated.
Decoroso-a, *adj.* decorous, becoming.
Dedicár, *inf. va.* to dedicate, to consecrate, to inscribe.

Dedicado-a, *part.* and *a.* engaged, occupied in; given up to.
Dédo, *sm.* finger.
Defendér, *inf. va.* to defend, to protect, to assert, to resist.
Defendiéron, F. *Defender, ind. pret.* 3p. they defended.
Defendiésen, F. *Defender, subj. impf.* 3p. they should defend.
Defécto, *sm.* defect, error, mistake.
Defénsa, *sf.* defence, shelter.
Defensór, *sm.* defender, protector; lawyer.
Defiéndan, F. *Defender, subj. pres.* 3p. may defend.
Defiénde, F. *Defender, ind. pres.* 3s. defends.
Definitívo-a, *a.* definitive, positive.
Degráda, F. *Degradar, ind. pres.* 3s. degrades.
Deidád, *sf.* deity, God.
Déis, F. *Dar, subj. pres. 2p.* you may deliver.
Déja, F. *Dejar, imp. pres.* 2s. relinquish, or permit thou.
Déja, F. *Dejar, ind. pres.* 3s. relinquishes.
Dejába. F. *Dejar, ind. impf.* 1 or 3s. I left.
Dejád, F. *Dejar, imp. pres. 3p.* permit, or relinquish ye.
Dejádo, F. *Dejar, part.* left; permitted; *s.* neglectful person.
Déjan, F. *Dejar, ind. pres.* 3p. they relinquish, or permit.
Dejándo, F. *Dejar, ger.* leaving, permitting.
Dejár, *inf. va.* to leave, to relinquish, to let, to permit, to bequeath; *dejar de,* to fail to.
Dejé, F. *Dejar, ind. pret.* 1s. I left, or relinquished.
Déje, *Dejar, imp. pres. 3s.* let him leave, or leave you.
Déjemos, F. *Dejar, imp. pres.* 1p. we may permit.

Dejenéran, F. *Dejenerar, ind. pres.* 3p. they degenerate.

Dejenerándo, F. *Dejenerar, ger.* degenerating, becoming.

Dejenerár, *inf. vn.* to become, to degenerate into, to grow base.

Dejenerarían, *subj. impf.* 3p. would degenerate into.

Dejenére, *subj. fut.* 1 or 3s. she may, or should degenerate.

Déjo, F. *Dejar, ind. pres.* 3s. I leave off.

Dejó, *ind. pret.* 3s. he left or let; *dejó caer*, he dropped.

Dél, *prep.* and *art.* of, in, from the; of, in, from him.

Delánte, *ad.* before, the forepart.

Delatár, *inf. va.* to accuse, to impeach, to denounce, to inform.

Deleitár, *inf. va.* to please, to delight, to give pleasure.

Deléite, *sm.* delight, pleasure.

Deleitóso-a, *a.* agreeable, pleasing, delightful.

Délfos, *sub. prop. m.* Delphi, a pagan temple, erected by Delphus, and dedicated to Apollo, his father.

Delicadéza, *sf.* delicacy, tenderness, effeminacy, perspicacity.

Delicádo-a, *a.* delicate, pleasing, effeminate, nice, slender.

Delícia, *sf.* delight, comfort, satisfaction.

Delicióso-a, *a.* delightful, delicious, pleasing.

Delincuénte, *sm.* delinquent, culprit, prisoner, delinquency.

Delineádo, *part.* delineated, pourtrayed, sketched, described.

Délio, *sub. prop. m.* Delius.

Delírio, *sm.* delirium, rant, idle talk.

Delíto, *sm.* crime, transgression, offence.

Demás, (los, or las demas) *pron. indef.* the rest, the other, it.

Demás, *prep.* independently, besides.

Demostración, *sf.* demonstration, proof, manifestation.

Denominación, *sf.* denomination, distinct appellation.

Denomináron, (se) *pret. ind.* 3p. derived their name, were denominated.

Dénso, *a.* thick, dense.

Déntro, or dentro de, *prep.* in, within, inside of; far into.

Deplorable, *a.* deplorable, lamentable, calamitous, bewailing.

Depóne, F. *Deponer, ind. pres.* 3s deposes, leaves.

Deponér, *inf. va.* to depose, to declare, to affirm, to displace.

Depositámos, F. *Depositar, ind. pret.* 1p. we deposited.

Depositár, *inf. va.* to deposite, to confide, to intrust, to confer.

Depositário, *sm.* depositary, repository.

Derécho, *a.* straight, just, lawful; *s.* law, right.

Deríva, F. *Derivar, ind. pres.* 3s. derives.

Derivár, *inf. va.* to derive, to deduce, to infer.

Derramádo-a, F. *Derramar, part. abs.* shed, diffused, spread.

Derramándo, F. *Derramar, ger.* spilling, shedding.

Derramár, *inf. va.* to shed, to spread, to pour forth.

Derramára, F. *Derramar, subj. impf.* 1 or 3s. would shed.

Derramará, F. *Derramar, ind. fut.* 3s. will pour forth.

Derráme, F. *Derramar, subj. pres.* 3s. may shed.

Derramó, F. *Derramar, ind. pret.* 3s. shed.

Derredór, *sm.* circuit, circumference; *adv.* arround.

Derribádo-a, F. *Derribar, part. abs.* overthrown, crushed.

Derribáron, F. *Derribar, ind. pret.* 3p. they demolished.

Desabrído-a, *a.* insipid, rugged, cragged, sour, hard.

Desagradába, F. *Desagradar, ind. impf.* 3s. did displease.

Desagradában, F. *Desagradar, ind. impf.* 3p. they displeased.

Desagradár, *inf. va.* to displease, to cause discontent.

Desagradecído-a, *a.* unthanked, ungrateful, not thanked for.

Desáire, *sm.* a slight, disdain, scorn.

Desalentádo-a, *a.* discouraged, dismayed, put out of breath.

Desembarazadaménte, *ad.* freely, without embarassment.

Desanimar, (se) *vr.* to be disheartened, to be discouraged.

Desapacíble, *a.* disagreeable, unpleasant, sharp.

Desaparécen, F. *Desaparecer, ind. pres.* 3p. they disappear.

Desaparecerá, F. *Desaparecer, ind. fut.* 3s. will disappear.

Desapoderádo-a, *a.* dispossessed; furious, huge, ungovernable.

Desarmádo-a, *a.* disarmed, disbanded, dismounted, pacified.

Desarmádo, F. *Desarmar, part.* disarmed.

Desarregládo-a, *a.* immoderate, intemperate, unrestrained.

Desarregládo, *part.* disordered, discomposed, confounded.

Desatinádo-a, *a.* extravagant, excessive, impetuous; *s.* crazy.

Desátan, F. *Desatar, ind. pres.* 3p. they dissolve, untie.

Desatár, *inf. va.* to loosen, to untie, to dissolve, to separate.

Desautorizádo, *part.* unauthorized; not respected.

Descaecér, *inf. vn.* to decline, to decay, to droop, to fade.

Descaeciésen, F. *Descaecer, subj. impf.* 3p. they should decline.

Descalzándo, F. *Descalzar, ger.* pulling off (the shoes or boots.)

Descaminádo-a, *part. adjec.* stray, lost, entangled, misguided.

Descánsa, F. *Descansar, imp. pres.* 2s. repose thou.

Descánsa, F. *Descansar, ind. pres* 3s. reposes.

Descansába, F. *Descansar, ind. impf.* 3s. reposed.

Descansar, *inf. vn.* to repose, to rest, to lean upon, to sleep.

Descánso, *sm.* repose, relaxation, rest, tranquillity.

Descaradaménte, *adv.* impudently, shamelessly.

Descarádo-a, *adj.* shameless, impudent, barefaced.

Descárga, F. *Descargar, ind. pres.* 3s. discharges.

Descargár, *inf. va.* to discharge, to unload, to land.

Descendér, *inf. vn.* to descend, to proceed, to let down.

Desciénde, F. *Descender, ind. pres.* 3s. descends.

Desciéndo, F. *Descender, ind. pres.* 3s. descends, go down.

Descifrár, *inf. va.* to decipher, to unravel, to make out.

Descomunál, *a.* huge, ponderous, uncommon.

Desconcertádo-a, *part.* being confused, perplexed.

Desconciérto, *sm.* confusion, disagreement.

Desconocído-a, *a.* unknown, foreign, disavowed.

Desconocér, *inf. va.* to disown, to be unacquainted.

Desconóces, F. *Desconocer, ind. pres.* 2s. thou dost not know.

Desconfiado-a, F. *Desconfiar*, adj. despairing of.

Descontènto, *sm.* discontent, dissatisfaction, displeasure.

Descripción, *sf.* description, delineation.

Descubiérto-a, *part. adjec.* uncovered, unprotected, open, forlorn.

Descubiérto, F. *Descubrir*, *part.* discovered, found out, detected.

Descúbre, F. *Descubrir*, *ind. pres.* 3s. discovers.

Descubría, F. *Descubrir*, *ind. impf.* 1 or 3s. discovered.

Descubriéndo, F. *Descubrir*, *ger.* discovering, finding out.

Descubriéron, F. *Descubrir*, *ind. pret.* 3p. they disclosed.

Descubriése, F. *Descubrir*, *subj. impf.* 1 or 3s. should discover.

Descubrió, F. *Descubrir*, *ind. pret.* 3s. discovered.

Descubrír, *inf. pres. va.* to discover, to find out, to disclose.

Descuidádo-a, *a.* neglectful, careless; *s.* a careless person.

Descuidádo, F. *Descuidar*, *part.* neglected, omitted.

Desdeñár, *inf. va.* to disdain, to scorn.

Desdeñes, F. *Desdeñar*, *subj. pres.* 2s. you may disdain.

Désde, *prep.* from.

Desdén, *sm.* disdain, disregard, contemn.

Desdícha, *sf.* misfortune, unhappiness.

Desdichádo-a, *s.* an unfortunate, miserable, or pitiful person.

Desdichádo, *a.* unfortunate, unsuccessful, unhappy, miserable.

Desdóro, *sm.* dishonour, treason, blemish.

Deséa, F. *Desear*, *ind. pres.* 3s. desires.

Deseába, F. *Desear*, *ind. impf.* 1 or 3s. desired.

Deseáis, F. *Desear*, *subj. pres.* 2p. ye or you may desire.

Deseádo-a, *a.* desired, wished, longed for.

Deséan, F. *Desear*, *ind. pres.* 3p. they desire.

Deséas, F. *Desear*, *ind. pres.* 2s. thou desirest, dost desire.

Deseár, *inf. va.* to wish, to desire, to long for, to demand.

Desechár, *inf. pres. va.* to throw off, lay aside, expel.

Deséen, F. *Desear*, *subj. pres.* 3p. they may desire.

Desées, F. *Desear*, *subj. pres.* 3s. you may desire.

Desembarcándo, F. *Desembarcar*, *ger.* debarking.

Desembarcár, *inf. va.* to unload, to disembark, to land.

Desempeñár, *inf. pres. va.* to fulfil, to accomplish, to redeem.

Desenfádo, *sm.* calmness, coolness, tranquillity, facility.

Desenfrenádo, F. *Desenfrenar*, *part.* unbridled, carried away.

Desenfrenar (se) *va.* or *ref.* to launch one's-self into, to be carried away.

Desengañádo-a, *a.* undeceived, disabused.

Desengañadór-a, *sub.* undeceiver, he who frees from error.

Desengañará, F. *Desengañar*, *ind. fut.* 3s. will undeceive.

Desenredár, *inf. va.* to disentangle, to clear up, to put in order.

Desenterrár, *inf. va.* to unbury, to dig up, to disinter.

Desenvuélto-a, F. *Desenvolver*, *a part.* forward, lively; unfolded.

Deséo, *sm.* desire, wish.

Deséo, F. *Desear*, *ind. pres.* 1s. I desire

DES **DES**

Deseóso-a, *a.* desirous, anxious; *part.* being anxious.

Desesperación, *sf.* desperation, despair.

Desesperádo, *part. adjec.* despaired; despairing.

Desesperar, *vn.* to despair, to despond.

Desespéres, F. *Desesperar, subj. pres.* 2*s.* thou mayest despair.

Desestimár, *inf. pres. va.* to disregard, not to pay attention to.

Desestímo, F. *Desestimar, ind. pres.* 1*s.* I disregard.

Desestimó, *ind. pret.* 3*s.* he disregarded, disesteemed.

Desfallecído-a, F. *Desfallecer, part.* pined, fallen away, broken down.

Desfigurádo-a, *part. adjec.* disfigured, deformed, disguised.

Desgrácia, *sf.* misfortune, infelicity, adversity.

Desgraciádo-a, *a.* unfortunate, unsuccessful, unlucky.

Deshacér, *inf. va.* to undo, to efface; *vr.* to melt into; to get rid of.

Deshauciádo-a, *part. adjec.* given up (by the physicians.)

Deshécho, *a.* undone, mixed.

Deshiciése, (se) F. *Deshacer, subj.* 3 *impf.* 1 or 3*s.* should get rid.

Deshonestidád, *sf.* dishonesty, want of candour, immodesty.

Deshonésto-a, *a.* immodest, unchaste, lewd.

Desiérto, *sm.* desert, wilderness.

Desígnio, *sm.* design, intention, sinister scheme.

Desinterés, *sm.* liberality, disregard, disinterestedness.

Disinteresádo-a, *a.* disinterested, not selfish.

Desistiése, F. *Desistir, subj.* 3 *impf.* 1 or 3*s.* should desist.

Desistír, *inf. vn.* to desist, to cease, to abandon.

Deslumbrádo-a, *a.* dazzled, confused, perplexed.

Deslustrár, *inf. va.* to tarnish, to sully.

Desmáya, F. *Desmayar, ind. pres.* 3*s.* faints.

Desmayába, F. *Desmayar, ind. impf* 1 or 3*s.* fell into a swoon.

Desmayádo, *a.* dismayed, sunk, appalled, discouraged.

Desmayár, *inf. va.* to dispirit, to frighten.

Desmayár, *inf. vr.* to faint, to fall into a swoon.

Desnudár, *inf. va.* to strip off, to discover, to reveal, to undress.

Desnúdo, F. *Desnudar, ind. pres.* 1*s.* I strip.

Desnúdo, *a.* naked, bare, uncovered.

Desórden, *sm.* disorder, disturbance, confusion.

Despácha, F. *Despachar, ind. pres.* 3*s.* sends her away.

Despachár, *inf. va.* to despatch, to sell, to send away.

Despácho, F. *Despachar, ind. pres.* 1*s.* I despatch, sell.

Despachó, F. *Despachar, ind. pret.* 3*s.* sold, despatched.

Despavorído-a, *part. adjec.* terrified, frightened.

Despedazában, F. *Despedazar, ind. impf.* 3*p.* they tore.

Despedazádo-a, *part. adjec.* torn to pieces, destroyed, lacerated.

Despedázan, F. *Despedazar, ind. impf.* 3*p.* tear.

Despedazár, *inf. va.* to tear, to cut to pieces, to rend, to lacerate.

Despedía, F. *Despedir, ind. impf.* 1 or 3*s.* dismissed, or shed.

Despedían, F. *Despedir, ind. impf.* 3*p.* they dismissed.

Despedír, *inf. va.* to dismiss, to discharge, to deny, to refuse.

DES **DES**

Despeñó, F. *Despeñar*, ind. pret. 3s. he precipitated.

Despertár, *inf. pres. va.* to awaken, to rouse from sleep, to excite, to recall.

Despertásteis, F. *Despertar*, ind. pret. 2p. you, or ye awoke.

Despiadádo-a, *a.* unmerciful, unrelenting, cruel, inhuman, profligate.

Despíde, F. *Despedir*, ind. pret. 3s. discharges, or takes leave.

Despidió (se) F. *Despedir*, ind. pret. 3s. took leave; discharged.

Despiértan, F. *Despertar*, ind. pres. 3p. they awake.

Despiérto-a, *a.* awake, vigilant, brisk.

Despiérto, F. *Despertar*, part. awake.

Desplegár, *inf. va.* to unfold, to display, to explain, to expand.

Desplegó, F. *Desplegar*, ind. pret. 3s. unfolded.

Despojádo-a. *a.* stript, undressed, bereft, deprived.

Despojádo, F. *Despojar*, part. stripped, undressed, dismissed.

Despojándo, F. *Despojar*, ger. stripping, undressing.

Despojár, *inf. va.* to strip, to undress.

Despójo, F. *Despojar*, ind. pres. 1s. I strip.

Despojó, F. *Despojar*, ind. pret. 3s. stripped.

Despójo, *sm.* spoil, spoliation.

Despótico-a, *a.* despotic, absolute, tyrannical.

Desprécio, *sm.* contempt, scorn, disregard.

Desprécia, F. *Despreciar*, ind. pres. 3s. despises.

Despreciáble, *a.* despicable, contemptible.

Despreciádo-a, F. *Despreciar*, part. despised, condemned.

Despreciándo, F. *Despreciar*, ger. despising.

Despreciár, *inf. va.* to despise, to depreciate, to disdain.

Desprécias, F. *Despreciar*, ind. pres. 2s. thou despisest.

Desprécio, *sm.* contempt.

Despreció, F. *Despreciar*, ind. pret. 3s. despised.

Desprovéido-a, *a.* unprovided, unprepared, heedless, improvident.

Despué́s, or despues de, *prep.* and *ad.* after; afterwards.

Despues que, *conj.* since, from the time that.

Desquítan, F. *Desquitar*, ind. pres. 3p. they repair.

Desquitár, *inf. va.* to retrieve, to revenge, to avenge.

Desterrádo-a, F. *Desterrar*, part. banished; *s.* an exile.

Desterrár, *inf. va.* to banish, to expel, to drive away.

Desterró, F. *Desterrar*, ind. pret. 3s. banished.

Destiérro, *sm.* exile, banishment.

Destílan, F. *Destilar*, ind. pres. 3p. they drop, distil.

Destilár, *inf. vn.* to drop, to extract by a still, to filter.

Destinádo-a, *a.* destined, doomed, consigned.

Destíno, *sm.* destiny, doom, fate, lot, destination.

Destituído-a, *part. abs.* deprived, destitute, stripped.

Destréza, *sf.* dexterity, address, skill.

Destrucción, *sf.* destruction, ruin, devastation.

Destruían, F. *Destruir*, ind. impf. 3p. they destroyed.

Destruír, *inf. va.* to destroy, to ruin, to lay waste, to misspend.

Destruyéndo, F. *Destruir, ger.* destroying, laying waste.
Desvalído-a, *a.* helpless, destitute.
Desvarío, *sm.* delirium, extravagant speech, nonsense.
Desvéla, F. *Desvelar, ind. pres. 3s.* it, he, or she watches.
Desvelár, *inf. va.* to watch for, to keep awake.
Desvelár, *inf. vr.* to be vigilant, to be watchful.
Desvélen, F. *Desvelar, subj. pres. 3p.* they may perceive.
Desvélo, *sm.* wakefulness, exertion, zeal, energy.
Desvélo, F. *Desvelar, ind. pres. 1s.* I watch.
Desventúra, *sf.* misfortune, calamity, misery.
Dervergüénza, *sf.* impudence, petulance.
Detenémos, F. *Detener, inf. pres. 1p.* we stop.
Determína, F. *Determinar, ind. pres. 3s.* determines.
Determinádo-a, *part. adjec.* determined, resolute, bold, courageous.
Determináre, F. *Determinar, subj. fut. 3s.* I should determine.
Determíne, F. *Determinar, subj. pres.* 1 or 3s. may determine.
Determinó, F. *Determinar, ind. pret. 3s.* it, he, or she determined.
Detenér, *inf. va.* to detain, to stop, to arrest, to reserve, to keep.
Detenído-a, *a.* sparing, parsimonious, slow, inert.
Detenído, F. *Detener, part.* stopped, detained, arrested.
Detiéne, F. *Detener, ind. pres. 3s.* it, he, or she detains.
Detuviésen, F. *Detener, subj. 3 impf. 3p.* they should stop.
Detúvo, F. *Detener, ind. pret. 3s.* it, he, or she detained

Deuda, *sf.* debt, obligation.
Deudo, *sm.* relationship, kindred, consanguinity.
Deudór, *sm.* debtor, a person indebted.
Devoraba, F. *Devorar, ind. impf.* 1 or 3s. devoured.
Dí, F. *Dar, ind. pret.* 1s. I gave; F. *Decir,* say thou.
Día, *sm.* day.
Día, *ad.* day-time,
Diamánte, *sm.* diamond, a precious gem.
Díce, F. *Decir, ind. pres. 3s.* says.
Dícen, F. *Decir, ind. pres. 3p.* they say, it is said.
Díces, F. *Decir, ind. pres. 2s.* thou sayest.
Dícha, *sf.* happiness, felicity, luck.
Dícho, *sm.* saying, expression.
Dícho, F. *Decir, part.* said, being said.
Dichóso-a, *a.* happy, felicitous, fortunate, prosperous.
Diciéndo, F. *Decir, ger.* saying, having said.
Dictádo-a, *a.* dictated, actuated, commanded.
Dictádo, F. *Dictar, part.* dictated, ordered.
Dictándo, F. *Dictar, ger.* dictating, or ruling.
Dictár, *inf. va.* to dictate, to speak authoritatively, to command.
Diégo, *sub. prop. m.* James, a man's christian name.
Diéstro-a, *a.* dexterous, smart, skilful, sagacious, cunning, right.
Diése, F. *Dar, subj. fut.* should give; *diese á luz,* were it published.
Diésen, F. *Dar, subj. impf. 3p.* they might give.
Diez, *a. num.* ten.
Diferéncia, *sf.* difference, incongruity, misunderstanding.

Diferéncian, F. *Diferenciar, ind. pres. 3p.* they differ.

Diferenciár, *inf. vn.* to differ; *va.* to cause a difference.

Diferénte, *a.* different, dissimilar, unlike.

Difícil, *a.* difficult, arduous.

Dificultád, *sf.* embarrassment, entanglement, obstacle.

Dificultóso-a, *a.* difficult, troublesome, hard.

Difúnto-a, *sub.* and *a.* defunct, defunct, deceased, late person.

Diéron, *ind. pres. 3p.* they gave; *dieron garrote,* strangled.

Diése, *subj. impf.* 1 or 3*s.* should give, render, show,

Diéstro-a, *a.* right; *s.* right-hand.

Díga, F. *Decir, imp. pres. 3s.* let him say, or say you.

Díga, F. *Decir, subj. pres.* 1 or 3*s.* I or it, he or she may say.

Dígas, F. *Decir, subj. pres. 2s.* thou mayest say.

Dígna, (te) F. *Dignar, imp. pres.* 2*s.* vouchsafe, or deign thou.

Dignádo, F. *Dignar, part.* deigned, been pleased.

Dignár, *inf. vr.* to deign, to vouchsafe, to condescend.

Dignidád, *sm.* dignity, advancement, preferment.

Dígno-a, *a.* worthy, deserving, condign.

Dígo, F. *Decir, ind. pres.* 1*s.* I say.

Dijérais, F. *Decir, subj.* 2 *impf. 3p.* ye would say.

Dijerír, *inf. pres. va.* to digest, to bear with patience.

Díje, F. *Decir, ind. pret.* 1*s.* I said.

Dijéron, F. *Decir, ind. pret. 3p.* they said.

Dijése, F. *Decir, subj.* 3 *impf.* 1 or 3*s.* he should tell.

Díjo, F. *Decir, ind. pret. 3s.* he or she said.

Dilación, *sf.* delay, procrastination, dilation.

Dilatádo, *a.* delayed; *sub.* a slow man.

Dilatadísimo, *a. super.* very much delayed.

Dilatar, *inf. va.* to dilate, extend, defer.

Dinéro, *sm.* money, wealth.

Dió, F. *Dar, ind. pret. 3s.* gave.

Diójenes, *sub. prop. m.* Diogenes, a cynic of antiquity.

Dionísio, *sub. prop. m.* Dionysius.

Diós, *sub. prop. m.* God.

Diputádo, *sm.* deputy, commissioner, representative.

Dirá, F. *Decir, ind. fut. 3s.* will say.

Dirán, F. *Decir, ind. fut. 3p.* they will say.

Dirás, F. *Decir, ind. fut. 2s.* thou wilt say.

Diré, F. *Decir, ind. fut.* 1*s.* I shall say.

Director, *sm.* director, president, confessor, ruler.

Diríje, F. *Dirijir, imp. pres.* 2*s.* direct thou.

Diríje, F. *Dirijir, ind. pres. 3s.* directs.

Dirijiéndo, F. *Dirijir, ger.* directing, ruling.

Dirijímos, F. *Dirijir, ind. pret.* 1*p.* we directed.

Dirijír, *inf. va.* to rule, to direct, to govern, to guide.

Discórdia, *sf.* discord, opposition.

Discréto-a, *a.* discreet, judicious, prudent, sharp.

Discúrren, F. *Discurrir, ind. pres. 3p.* fly, run about.

Discurriéndo, F. *Discurrir, ger.* thinking, imagining.

Discurrír, *inf. pres. va.* and *n.* to think, to roam, to discuss.

Discípulo, *sm.* scholar, student, pupil, disciple.
Discúrso, *sm.* reason, ratiocination; speech, discourse.
Disentír, *inf. vn.* to dissent, to disagree, to separate.
Disfórme, *a.* disfigured, deformed, huge.
Disfrutár, *inf. va.* to enjoy, to have possession.
Disgustádo, F. *Disgustar, part.* disgusted, offended, displeased.
Disiénte, F. *Disentir, ind. pres.* 3s. it, he or she dissents.
Disimulación, *sf.* dissimulation, hypocrisy.
Disimuládo, *a.* dissembled, feigned; *s.* dissembler, hypocrite.
Disimulár, *inf. va.* or *vn.* to dissemble, to conceal, to hide.
Disminuyéndo, F. *Disminuir, ger.* diminishing.
Disminuído-a, F. *Disminuir, part.* diminished, impaired, detracted.
Disminuyó, F. *Disminuir, ind. pret.* 3s. diminished.
Disolución, *sf.* dissolution, libertinism, lewdness.
Dispensándo, F. *Dispensar, ger.* distributing, dealing out.
Dispensár, *inf. va.* to dispense, to excuse, to distribute.
Dispiérto-a, see *Despierto.*
Disponér, *inf. va.* to arrange, to dispose, to direct, to command.
Disponiéndo, F. *Disponer, ger.* disposing, arranging.
Disposición, *sf.* disposition; condition; bearing; talents, turn.
Distánte, *prep.* distant, remote.
Dísteis, F. *Dar, ind. pret.* 2p. ye gave.
Distinguían, F. *Distinguir, ind. impf.* 3p. they distinguished.
Distinguír, *inf. va.* to distinguish, to perceive, to discern.

Distintívo, *sf.* distinction, attribute; honour, badge.
Distintívo-a, *a.* distinctive, distinguishing, private.
Distraér, *inf. va.* to distract, to call away the attention, to be absent, to perplex.
Distraído-a, *a.* inattentive, absent; *s.* an absent person.
Distráiga, F. *Distraer, subj. pres.* 3s. may amuse, draw off.
Distráigas, F. *Distraer, subj. pres.* 2s. thou mayest amuse.
Distrájo, F. *Distraer, ind. pret.* 3s. called off.
Distribuidór, *sm.* distributor, dispenser.
Distribuímos, F. *Distribuir, ind. pret.* 1p. we distributed.
Distribuír, *inf. va.* to distribute, to divide, to deal out, to arrange.
Diversión, *sf.* diversion, amusement.
Divertía, F. *Divertir, ind. impf.* 2s. he amused, diverted.
Divertído-a, *a.* amused, diverted.
Divertído, F. *Divertir, part.* diverted, amused.
Divertír, *inf. va.* to amuse, to divert, to entertain.
Divinatório-a, *a.* foretelling.
Divíno-a, *a.* divine, celestial, supremely good.
Divisábamos, F. *Divisar, ind. impf.* 1p. we descried, perceived.
División, *sf.* division, diversity.
Divulgádo-a, *a.* divulged, published.
Divulgádo, F. *Divulgar, part.* divulged, published.
Dó, *ad.* where, the same as *donde.*
Dobléces, *sf. p.* dissimulation, craftiness, malice.
Dobléz, *sm.* fold.
Doblón, *sm.* doubloon, a Spanish gold coin, worth in Spain $16.

Dóce, a. num. twelve.
Dócto-a, sub. learned, erudite person.
Dócto-a, a. learned, wise.
Dóctor, sm. physician, doctor.
Doctrína, sf. wisdom, science; doctrine, rules.
Documénto, sm. document, writing, instruction.
Doi, F. Dar, ind. pres. 1s. I give.
Dolér, inf. vn. to have pain in, to have a sore, to feel sorry.
Doliénte, sm. sick person, patient.
Dolió, F. Doler, ind. pret. 3s. was sorry for, pained.
Dólo, sm. fraud, deceit, imposition.
Dolór, sm. grief, pain, affliction.
Dolorido-a, a. doleful, afflicted, grieved.
Doméstico-a, a. domestic, tame ; s. a servant.
Dominación, sf. dominion, authority, commanding ground.
Dominaciones, sm. p. Dominations, the heavenly spirits of the fourth choir.
Dominár, inf. pres. va. to rule; Dominarse, vr. to curb one's self.
Dominá*on, F. Dominar, ind. pret. 3p. they ruled.
Domíne, F. Dominar, subj. pres. 3s. may domineer.
Domíne, F. Dominar, ind. pres. 3s. let it, him, or her domineer.
Don, sm. Don, a title of respect.
Don, sm. a gift, a grant.
Donáire, sm. grace, elegance, witty saying.
Doncélla, sf. young lady, virgin, damsel, maid.
Dónde, ad. where ; which; de donde, whence.
Dóña, sf. Donna, a title given to a lady: it is the feminine of Don.
Dorádo-a, a. gilt, golden.
Dos, a. num. two.

Dotádo-a, a. gifted, endowed, settled upon.
Dóte, sm. dowry, portion.
Dramático-a, a. dramatical, belonging to the drama.
Ducádo, sm. ducat, a coin; Duchy, the possessions of a Duke.
Dúda, sf. doubt, ambiguity.
Dúdan, F. Dudar, ind. pres. 3p. they doubt.
Dudár, inf. va. to doubt, to hesitate, to be uncertain.
Dúdo, F. Dudar, ind. pres. 1s. I doubt.
Dudosaménte, ad. doubtfully, timorously, dubiously.
Duéle, F. Doler, ind. pres. 3s. it pains her, him, me, or them.
Duele, (se) F. Dolerse, ind. pres 3s. he complains of.
Duélo, sf. mourning; duel.
Duéño-a, sub. owner, proprietor, master.
Duérme, F. Dormir, ind. pres. 3s. he sleeps.
Duérme, F. Dormir, imp. 2s. sleep thou.
Duérmes, F. Dormir, ind. pres. 2s. thou sleepest.
Dulcificar, inf. va. to sweeten, to assuage, to soften.
Dulcísimo-a, a. super. most sweet, most pleasant, most agreeable.
Dúlce, a. soft, gentle, sweet.
Dulzúra, sf. sweet, sweetness, softness, mildness.
Dúque, sm. Duke.
Dúra, F. Durar, ind. pres. 3s. lasts, continues.
Duración, sf. duration, continuance.
Duradéro-a, a. lasting, durable.
Dúran, F. Durar, ind. pres. 3s. they last.
Durár, inf. vn. to last, to continue, to endure.

190

Durado-a, F. *Durar*, *part.* lasted, continued.
Duráre, F. *Durar*, *subj. fut.* 1 or 3s. should last.
Duráron, F. *Durar*, *ind. pret.* 3p. they lasted.

Duréza, *sf.* hardness, obstinacy, tumour, roughness.
Dúro, *sm.* dollar, a silver coin.
Dúro-a, *a.* hard, rough, obstinate.
Dúro, F. *Durar*, *ind. pres.* 1s. I last.
Duró, F. *Durar*, *ind. pret.* 3s. lasted.

E

É, *conj.* and used instead of *í*, or *y*, before a word beginning with *i* or *hi*.
Écha, F. *Echar*, *ind. pres.* 3s. throws.
Echádo-a, *part. adjec.* thrown, cast, imputed.
Echádo, *part.* thrown, cast, being expelled from.
Échan, F. *Echar*, *ind. pres.* 3p. they throw.
Echár, *inf. pres. va.* to throw, to bud, to apply, to impute, to recline.
Échas, F. *Echar*, *ind. pres.* 3s. thou throwest.
Écho, F. *Echar*, *ind. pres.* 1s. I throw.
Echó, F. *Echar*, *ind. pres.* 3s. threw.
Economía, *sf.* economy, frugality.
Ecsácto-a, *sm.* exact, punctual, assiduous.
Ecsajeración, *sf.* exaggeration, hyperbole, amplification.
Ecsalan, F. *Ecsalar*, *ind. pres.* 3p. exhale.
Ecsálta, F. *Ecsaltar*, *ind. pres.* 3s. exalts.
Ecsaltár, *inf. va.* to exalt, to elevate, to praise, to extol.
Ecsámen, *sm.* examination, trial, investigation.
Ecsamínado-a, *part. adjec.* examined, tried, investigated, inquired into.
Ecsamínan, F. *Ecsaminar*, *ind. pres.* 3p. they examine.

Ecsaminár, *inf. va.* to examine, to investigate, to inquire into.
Ecsamínas, F. *Ecsaminar*, *ind. pres* 2s. thou examinest.
Ecsasperádo-a, *a.* exasperated, irritated, offended.
Ecsecráble, *adj.* execrable.
Ecsisténcia, *sf.* life, vitality, existence.
Ecsíste, F. *Ecsistir*, *ind. pres.* 3s. exists.
Ecsistír, *inf. vn.* to be, to exist, to have a being.
Écsito, *sm.* issue, success, end.
Ecsonerár, *inf. pres. va.* to exonerate, to unload, to disburden, to pay.
Ecsoneráse, F. *Ecsonerar*, *subj.* 3 *impf.* 1 or 3s. should exhonerate.
Ecsorbitánte, *a.* exorbitant, excessive, enormous.
Ecsijía, F. *Ecsijir*, *ind. impf.* 1 or 3s. I, it, he, or she demanded.
Ecsijír, *inf. va.* to exact, to demand, to require, to wish.
Edád, *sf.* age, time.
Edificádo-a, *part. adjec.* edified, instructed, built, constructed.
Edifícan, F. *Edificar*, *ind. pres.* 3p. they edify.
Edificár, *inf. va.* to edify, to instruct, to build, to construct.
Edifício, *sm.* building, structure, edifice.
Edificó, F. *Edificar*, *ind. pret.* 3s edified.

Educación, *sf.* instruction, education.
Educár, *inf. va.* to educate, to teach, to instruct.
Eféctivamente, *a.* in fact, effectually, powerfully.
Efécto, *sm.* effect, purpose; en efecto, *adv.* in fact.
Efectúan, F. *Efectuar, ind. pres.* 3p. they effect.
Efectuár, *inf. va.* to effect, to accomplish, to carry through.
Efectúe, (se) *subj. pres.* 3s. be accomplished, efected.
Éfes, *sub. p. m.* eff (the name of the letter f.)
Eficáz, *ad.* efficacious, active, powerful.
Égloga, *sf.* eclogue, a pastoral dialogue.
Éje, *sm,* axle-tree, axis, centre.
Ejecución, *sf.* execution, performance.
Ejecutádo, F. *Ejecutar, part.* executed, accomplished, performed.
Ejecútan, F. *Ejecutar, ind. pres.* 3p. they execute.
Ejecutár, *ind. pres. va.* to execute, to perform, to accomplish.
Ejémplo, *sm.* example, project, precedent.
Ejercér, *inf. va.* to exercise, to practice.
Ejercício, *sm.* exercise, practice, employment, task.
Ejerciéron, F. *Ejercitar, ind. pret.* 3p. they exercised.
Ejercitár, *inf. va.* to exercise, to practise, to devote one's self.
Ejercitásen, F. *Ejercitar, subj.* 3 *impf.* 3p. they would exercise.
Ejército, *sub. collec. m.* army, multitude.
Ejercitó, F. *Ejercitar, ind. pret.* 3s. exercised.

El, *art. m.* the; *pron.* he, it; *el mas,* the most.
Elefánte, *sm.* elephant.
Elegáncia, *sf.* elegance.
Elejír, *inf. va.* to elect, to select, to choose.
Eleménto, *sm.* element.
Eleméntos, *sub. m. p.* elements, rudiments, first principles.
Elevación, *sf.* elevation, rise, exaltation, altitude.
Elevádo-a, *a.* elevated, great, magnanimous, sagacious.
Elevádo, F. *Elevar, part.* raised, exalted, elevated.
Elevándo, F. *Elevar, ger.* elevating, raising.
Elevár, *inf. va.* to elevate, to raise, to exalt.
Elevásen, F. *Elevar, subj.* 3 *impf.* 3p. they should elevate.
Elévo, F. *Elevar, ind. pres.* 1s. I exalt.
Elévó, F. *Elevar, ind. pret.* 3s. elevated.
Eliáno, *sub. prop. m.* Ælian, an ancient Greek writer.
Élla, *pron. per. f. sub. n.* she, it.
Élla, *pron. per. f. sub. o.* her, it, so.
Éllo, *pron. per. neut. sub. n.* it, so.
Elocuéncia, *sf.* eloquence, oratory.
Embajáda, *sf.* embassy (public message.)
Embajadór, *sm.* ambassador (a messenger from a sovereign power.)
Embaráza, F. *Embarazar, ind. pres.* 3s. embarrasses.
Embarazádo-a, *part. adjec.* embarrassed, confused, entangled, harassed, wearied.
Embarcó, F. *Embarcar, ind. pres.* 3s. embarked.
Embarcár, *inf. va.* to embark, to ship, to engage in.
Embargádo, F. *Embargar, part.* arrested, sequestered, seized.

Embárgo, *sm.* embargo, sequestration, seizure.

Embebecído-a, F. *Embebecer, part. abs.* plunged into, struck with.

Embebído-a, F. *Embeber, part.* imbibed, drenched, enraptured.

Embeléco, *sm.* fraud, deceit, impostor.

Embeléso, *sm.* astonishment, wonder, object of amazement.

Embeléza, F. *Embelezar, ind. pres. 3s.* it, he, or she charms.

Embelezár, *inf. pres. va.* to charm, to bewitch, to astonish.

Embrazándo, F. *Embrazar, ger.* embracing, clasping.

Embrazár, *inf. va.* to embrace, to contain.

Embriaguéz, *sf.* drunkenness, intoxication.

Embrutéce, (se) F. *Embrutecer, ind. pres. 3s.* becomes stupified, stupifies.

Eminéncia, *sf.* eminence, height, greatness.

Eminénte, *a.* eminent, conspicuous, great.

Emisfério, *sm.* hemisphere.

Empapádo, F. *Empapar, part.* drenched, surfeited.

Empapándo, F. *Empapar, ger.* soaking, drenching.

Empéña, F. *Empeñar, ind. pres. 3s.* it, he, or she engaged.

Empeñádo, F. *Empeñar, part.* pawned, pledged, engaged, obliged, bound.

Empeñár, *inf. va.* to engage, to pawn, to persist, to intercede.

Empéño, *sm.* effort, great anxiety, influential intercessor.

Emperadór, *sm.* emperor, monarch.

Emperó, *conj.* but, yet, however, notwithstanding.

Empezár, *inf. pres. va.* to begin, to commence, to be the first.

Empezó, F. *Empezar, ind. pret. 3s.* began.

Empleáste, F. *Emplear, ind. pret. 2s.* thou didst employ.

Empléo, *sm.* office, trust, occupation, station.

Empobrecér, *inf. va.* to impoverish; *vn.* to become indigent.

Emulándo, F. *Emular, ger.* emulating, vying with, contending.

Empleádo, *sm.* officer; person in public office.

Empleár, *inf. va.* to employ, to occupy, to purchase.

Empléas, F. *Emplear, ind. pres. 2s.* thou employest.

Empleásen, F. *Emplear, subj. 3 impf. 3p.* they should employ.

Emponzoña, F. *Emponzoñar, ind. pres. 3s.* poisons.

Emprendér, *inf. pres. va.* to undertake, to embark, to attempt, to take.

Emprésa, *sf.* undertaking, attempt.

Emulación, *sf.* emulation, envy.

Emulár, *inf. pres. vn.* to emulate, to vie with, to rival.

En, *prep.* in, at, on; *en cuanto á,* as for.

Enajenádo-a, *a.* and *part.* pledged, alienated, enraptured.

Enamóra, F. *Enamorar, ind. pres. 3s.* charms.

Enamorádo, F. *Enamorar, part.* enamoured; *s.* a lover.

Enamorár, *inf. va.* to charm, to inspire love, to court, to woo.

Enáno-a, *s.* dwarf.

Encadenába, F. *Encadenar, ind. imp. 3s.* chained, enthralled.

Encaminár, *inf. va.* to guide, to direct, to forward, to manage.

Encamináse, F. *Encaminar, subj. impf. 3s.* should guide.

Encamínes, F. *Encaminar, subj. pres. 2s.* thou mayest direct.

Encantádo-a, *a.* charmed, enchanted, haunted.
Encantádo, F. *Encantar*, *part.* charmed, enchanted.
Encantadór, *sm.* charmer, sorcerer.
Encanto, or Encantamiénto, *sm.* charm, incantation, enchantment.
Encarcelár, *inf. va.* to incarcerate, to put in jail, to imprison.
Encarécen, F. *Encarecer*, *ind. pres.* 3p. enhance.
Encarecér, *inf. pres. va.* to extol, to enhance.
Encarecimiénto, *sm.* exaggeration, enhancement, amplification.
Encargádo-a, F. *Encargar*, *part.* charged with, intrusted, commissioned.
Encargár, *inf. va.* to charge, to intrust with, to recommend.
Encargó, F. *Encargar*, *ind. pret.* 3s. it, he, or she took charge.
Encartár, *inf. va.* outlaw, to involve, to include, to enrol.
Encendér, *inf. va.* to kindle, to light, to set fire, to inflame.
Encendído-a, *a.* incensed, exasperated, burning, infuriated.
Encendído, F. *Encender*, *part.* burnt, kindled, set on fire.
Encendiéron, *ind. pret.* 3p. kindled, made.
Encendiése, F. *Encender*, *subj.* 3 *impf.* 1 or 3s. should kindle.
Encerrába, F. *Encerrar*, *ind. impf.* 1 or 3s. shut, locked up.
Encerrádo, F. *Encerrar*, *part.* shut up, confined, secluded.
Encerrár, *inf. va.* to shut up, to close, to contain.
Encerráron, F. *Encerrar*, *ind. pret.* 3p. shut, locked up.
Encerró, F. *Encerrar*, *ind. pret.* 3s. it, he, or she shut up.
Enchancletádo-a, F. *Enchancletar*, *part. adjec.* with slippers on.

Enciénde, F. *Encender*, *ind. pres.* 3s. kindles.
Enciénso, *sm.* incense, flattery.
Encína, *sf.* oak.
Encojér, *inf. va.* to shrink, to contract, to be low-spirited.
Encojído-a, *a.* shrinking, bashful, contracted; low-spirited.
Encojiéndo, *ger.* contracting, shrinking.
Encolerizár, *inf. va.* to make a person angry; *vn.* to become enraged.
Encolerizó, F. *Encolerizar*, *ind. pret.* 3s. became enraged.
Encomendádo, F. *Encomendar*, *part.* recommended, praised, lauded.
Encontrádo, F. *Encontrar*, *part.* met, encountered, found.
Encontrámos, F. *Encontrar*, *ind. pres.* 1p. find.
Encontrándo, F. *Encontrar*, *ger.* meeting, finding.
Encontrár, *inf. va.* to meet, to meet with, to find, to light upon.
Encontró, F. *Encontrar*, *ind. pres.* 3s. met.
Encúbre, F. *Encubrir*, *ind. pres.* 3s. covers.
Encúbren, F. *Encubrir*, *ind. pres.* 3p. they cover, or conceal.
Encubrír, *inf. va.* to cover, to conceal, to hide.
Encuéntra, F. *Encontrar*, *ind. pres.* 3s. meets.
Encuéntran, (se) *ind. pres.* 3p. they meet, find themselves.
Encuéntro, F. *Encontrar*, *ind. pres.* 1s. I find.
Encuéntro, *sm.* meeting; knock.
Endurecído-a, *part. adjec.* hardened, callous, rough, inured, cruel.
Enemígo, *s.* enemy, opponent, antagonist.
Enemígo-a, *a.* inimical, hostile to.

Enemistád, *sf.* enmity, hatred, aversion.
Enfáda, F. *Enfadar, ind. pres. 3s.* he vexes, molests.
Enfadár, *inf. va.* to vex, to tire, to disturb, to make angry.
Enfadó, F. *Enfadar, ind. pret. 3s.* vexed.
Enfadosísimo-a, *a. sup.* most troublesome, most vexing.
Enfadóso-a, *a.* vexatious, troublesome.
Enfermedád, *sf.* infirmity, disease, damage, risk.
Enférmo-a, *s.* sick person, patient.
Enfilár, *inf. va.* to continue, to pierce, to string.
Enfíla, *ind. pres. 3s.* pierces.
Enfiló, *pret. 3s.* he went through.
Enflaquécen, F. *Enflaquecer, ind. pres. 3p.* they weaken.
Enflaquecér, *inf. va.* to enervate, to enfeeble, to weaken.
Enflaqueciéron, F. *Enflaquecer, ind. pret. 3p.* they enfeebled.
Engañádo, *part.* deceived, cheated, mistaken, duped.
Engañadór-a, *sm.* deceiver, impostor, scoundrel.
Engáñan, F. *Engañar, ind. pres. 3p.* they deceive.
Engañár, *inf. va.* to deceive, to impose upon, to cheat.
Engáñen, F. *Engañar, subj. pres. 3p.* they may deceive.
Engáño, F. *Engañar, ind. pres. 1s.* I deceive.
Engañó, F. *Engañar, ind. pret. 3s.* deceived.
Engáño, *sm.* deceit, imposition.
Engañóso, *a.* deceitful, artful, crafty.
Engarrotádo-a, *part. adjec.* close, concealed, squeezed.
Engastádo-a, F. *Engastar, a.* incrusted, enchased, enclosed.

Enjendrár, *inf. va.* to engender, to beget, to raise, to create.
Enjendré, F. *Enjendrar, ind. pret.* 1s. did beget.
Enjendrémos, *subj. pres.* 1p. we may engender, or let us engender.
Enígma, *sf.* enigma, riddle.
Enjámbre, *sub. collec. f.* swarm, crowd.
Enjúto-a, *part. adjec.* dried up, dry.
Enlazádo, F. *Enlazar, part.* tied, bound, united, connected.
Enlazár, *inf. va.* to chain, to bind, to link, to connect.
Enlutádo, F. *Enlutar, part.* veiled, dressed in mourning.
Enmudézco, F. *Enmudecer, ind. pres. 1s.* grow, become dumb.
Enójo, *sm.* irritation, offence, fretfulness.
Ensanchár, *inf. va.* to widen, to render broader, to cheer up.
Enséña, F. *Enseñar, ind. pres. 3s.* teaches.
Enseñába, F. *Enseñar, ind. impf.* 1 or 3s. taught.
Enseñándo, F. *Enseñar, ger.* teaching, instructing.
Enseñár, *inf. va.* to teach, to instruct, to inform.
Enseñásen, F. *Enseñar, subj. 3 impf. 3p.* they should teach.
Enseñó, F. *Enseñar, ind. pret. 3s.* taught.
Enseñoréan, (se) *ind. pres. 3p.* take their superior standing.
Enseñoreár, *inf. va.* to lord, domineer, to command, to rule.
Ensordéce, F. *Ensordecer, ind. pres. 3s.* it, he, or she deafens.
Ensordecér, *inf. va.* to deafen; *vn.* to become deaf.
Entallár, *inf. pres. va.* to carve, to cut, to engrave, to picture.
Énte, *sm.* being.

195

Entendéd, F. *Entender*, *imp.* 2p. understand ye.
Entendér, *inf. va.* to understand.
Entendí, F. *Entender*, *ind. pret.* 3s. I understood.
Entendimiénto, *sm.* mind, understanding, judgment.
Enterádo-a, F. *Enterar*, *part.* informed, acquainted.
Entereis, (de) *subj. pres.* 2p. you may become acquainted with.
Enteréza, *sf.* integrity, rectitude, fortitude, uprightness.
Enternécen, F. *Enternecer*, *ind. pres.* 3p. they move to compassion.
Enternecér, *inf. va.* to move to compassion, to excite pity.
Enternecerá, F. *Enternecer*, *ind. fut.* 3s. will move to compassion.
Enternecído-a, F. *Enternecer*, *part.* being moved to compassion.
Enterneció, F. *Enternecer*, *ind. pret.* 3s. moved to compassion.
Entéro-a, *a.* entire, whole, complete.
Enterrádo, *part.* buried, interred.
Enterrár, *inf. va.* to bury, to inter, to put into the grave.
Enterró, F. *Enterrar*, *ind. pret.* 3s. buried.
Entiénde, F. *Entender*, *ind. pres.* 3s. understands.
Entiénden, F. *Entender*, *ind. pres.* 3p. they understand.
Entiéndo, F. *Entender*, *ind. pres.* 1s. I understand.
Entónces, *ad.* then, at that time.
Entorpéce, F. *Entorpecer*, *ind. pres.* 3s. benumbs.
Éntra, F. *Entrar*, *ind. pres.* 3s. enters.
Entrában, F. *Entrar*, *ind. impf.* 3p. entered.
Entráda, *sf.* entrance, ravaging expedition, descent on.
Entrado-a, *a.* and *part.* entered, being advanced, having got in.

Entrámos, F. *Entrar*, *ind. pres.* 1p. we enter.
Éntran, F. *Entrar*, *ind. pres.* 3p. they enter.
Entrándo, F. *Entrar*, *ger.* entering.
Entrañáble, *a.* intimate, affectionate, dear.
Entráñas, *sf. p.* bowels, intestines.
Entrár, *inf. pres. vn.* to enter, to advance; *va.* to place to account.
Entráron, F. *Entrar*, *ind. pret.* 3p. they entered.
Éntras, F. *Entrar*, *ind. pres.* 2s. thou enterest.
Éntre, *prep.* among, between.
Entréga, F. *Entregar*, *ind. pres.* 3s. delivers.
Entregár, *inf. va.* to deliver, to restore, to give.
Entregáron, F. *Entregar*, *ind. pret* 3p. gave up, threw.
Entrégas, F. *Entregar*, *ind. pres.* 2s thou givest up, deliverest.
Entregó, F. *Entregar*, *ind. pret.* 3s. delivered.
Entretánto, *ad.* meanwhile, in the meantime.
Entretejér, *inf. va.* to interweave, to tissue.
Entretejído, F. *Entretejer*, *part.* intwined, interwoven, intermixed.
Entretejiéndo, F. *Entretejer*, *ger.* interweaving, intermixing.
Entretenér, *inf. va.* to entertain, to put off.
Entreteniéndo, F. *Entretener*, *ger.* entertaining, amusing, delaying.
Entretenimiénto, *sm.* entertainment, appointment, procrastination.
Entristecér, *inf. va.* to make sad; *vr.* to become melancholy.
Entristeciéndo, (se) F. *Entristecer*, *ger.* saddening, becoming gloomy.
Entró, F. *Entrar*, *ind. pret.* 2s. entered.
Entusiásmo, *sm.* enthusiasm.

ESC ESC

Envejéce, F. *Envejecer, ind. pres.* 3s. grows old.
Envejecér, *inf. va.* to make old; *vn.* to grow old.
Enviába, F. *Enviar, ind. impf.* 1 or 3s. I, or he, sent.
Enviádo-a, *sub.* envoy.
Enviádo, F. *Enviar, part.* sent, transmitted.
Enviásen, F. *Enviar, subj.* 3 *impf.* 2p. they should send.
Envídia, *sf.* envy, emulation, jealousy.
Envidiádo, F. *Envidiar, part.* envied.
Envidiár, *inf. va.* to envy, to feel envy, to feel pain at the sight of excellence or felicity.
Envídie, F. *Envidiar, subj. pres.* 3s. he may envy.
Envidióso, *a.* envious, jealous, invidious.
Envilecído, F. *Envilecer, part.* rendered vile, base, mean, or degraded.
Envió, F. *Enviar, ind. pret.* 3s. sent, transmitted.
Envíte, *sm.* invitation.
Envuélto-a, *adj.* enveloped in, given up to.
Erário, *sm.* exchequer, royal coffers, treasury.
Éra, F. *Ser, ind. impf.* 3s. was.
Éras, F. *Ser, ind. impf.* 2s. thou wast.
Éres, F. *Ser, ind. pres.* 2s. thou art.
Es, F. *Ser, ind. pres.* 3s. it, he, or she is.
Escalár, *inf. va.* to scale, to climb by the help of ladders.
Escámas, *sub. f. p.* scales (of a fish.)
Escandalizádo, F. *Escandalizar, part.* scandalized, offended, irritated.
Escapár, *inf. vn.* to escape, to get out of danger, to evade.

Escapára, F. *Escapar, subj.* 1 *impf.* would escape.
Escapáron, F. *Escapar, ind. pret.* 3p. they escaped.
Escárcha, *sf.* a frost.
Escargorta, *sm. prop.* Escargorta, a living Spanish writer, of some distinction.
Escarláta, *sf.* scarlet.
Escaroládo-a, *part. adjec.* contracted, turned.
Escaséa, F. *Escasear, ind. pres.* 3s. it begins to grow scanty.
Escaseár, *inf. vn.* to decrease, to grow scanty.
Escáso-a, *a.* scarce, limited, scanty.
Escéda, F. *Esceder, subj. pres.* 3s. he may excel.
Escedér, *inf. pres. va.* to exceed, to surpass, to excel.
Escedérse, *vr.* to go beyond bounds.
Esceléncia, *sf.* excellence, eminence, excellency.
Escelénte, *a.* excellent.
Escelíno, *sub. prop. m.* Escelinus, a person's name.
Escélso, *a.* most high.
Escéna, *sf.* scene, stage, vicissitude.
Esceptuándo, F. *Esceptuar, ger.* excepting.
Esceptuár, *inf. va.* to except, to exempt, to exclude.
Escesívo-a, *a.* excessive, immoderate, exorbitant.
Ecscipión, *sub. prop. m.* Scipio, a renowned Roman general.
Escíta, F. *Escitar, ind. pres.* 3s. excites.
Escitár, *inf. va.* to excite, to move, to stimulate.
Esclamación, *sf.* exclamation, clamour, cheer.
Esclamár, *inf. vn.* to exclaim, to cry out.
Esclamé, F. *Esclamar, ind. pret.* 3s. I exclaimed.

17* 197

ESC ESH

Eclamó, F. *Esclamar, ind. pret. 3s.* exclaimed.

Esclavitúd, *sf.* slavery, bondage, servitude.

Esclávo-a, *a.* slave, captive; *s. a* slave.

Excluído-a, *a.* excluded, debarred.

Excluído, F. *Excluir, part.* excluded.

Escóje, F. *Escojer, ind. pres. 3s.* selects.

Escojér, *inf. va.* to select, to choose, to pick out.

Escojído, F. *Escojer, part.* chosen, selected, preferred.

Escómbra, F. *Escombrar, ind. pres. 3s.* clears.

Escombrár, *inf. va.* to remove obstacles, to clear away rubbish.

Escónde, F. *Esconder, ind. pres. 3s.* hides.

Escondér, *inf. va.* to hide, to conceal, to disguise, to dissemble, to include.

Escondído, F. *Esconder, part.* absconded, hidden, concealed.

Escríba, F. *Escribir, subj. pres.* 1 or 3s. she may write.

Escribiése, F. *Escribir, subj. impf.* 1 or 3s. should write.

Escribió, F. *Escribir, ind. pret. 3s.* wrote.

Escribír, *inf. va.* or *vn.* to write, to compose.

Éscrito, *sm.* writing, composition.

Escríto-a, *a.* written, composed.

Escritór, *sm.* writer, author.

Escrúpulo, *sm.* scruple, hesitation, doubt.

Escrupulóso-a, *a.* scrupulous, exact, conscientious.

Escúcha, F. *Escuchar, ind. pres. 3s.* listens.

Escuchaba, F. *Escuchar, ind. impf.* 1 or 3s. listened to.

Escuchádo, F. *Escuchar, part.* heard, listened to.

Escuchándo, F. *Escuchar, ger.* listening.

Escuchár, *inf. va.* to listen to, to hearken.

Escuéla, *sf.* school, instruction, system, university.

Esculpír, *inf. va.* to sculpture, to engrave.

Escuréce, F. *Escurecer, ind. pres. 3s.* darkens.

Escurecér, *inf. va.* to darken, to denigrate; *vn.* to grow dark.

Escursión, *sf.* excursion.

Escusándo, F. *Escusar, ger.* excusing, exempting, avoiding.

Escusár, *inf. va.* to excuse, to free, to exempt, to avoid.

Ése, *pron. dem. sub. m. o.* or *n.* this, that, the latter.

Eséncia, *sf.* essence, existence, quintessence.

Esénto-a, *a.* exempt, free from.

Esforzádo-a, *a.* strong, valiant, vigorous.

Esforzándo, F. *Esforzar, ger.* endeavouring, corroborating.

Esforzár, *inf. va.* to strengthen, to aid, to endeavour.

Esfuérza, F. *Esforzar, ind. pres. 3s.* he exerts, endeavours.

Esfuérzo, *sm.* effort, courage, spirit, confidence.

Eshála, F. *Eshalar, ind. pres. 3s* exhales.

Eshalába, F. *Eshalar, ind. impf.* 1 or 3s. exhaled.

Eshálar, *inf. va.* to exhale, to evaporate.

Eshortación, *sf.* exhortation, admonition, lecture.

Eshortár, *inf. va.* to exhort.

Eshorté, F. *Eshortar, ind. pret. 1s.* I exhorted.

Esmáltan, F. *Esmaltar, ind. pres.* 3p. they enamel, adorn.
Esmaltár, *inf. va.* to enamel, to variegate, to adorn, embellish.
Éso, *pron. dem. sub. neut. o.* or *n.* this, that.
Ésos-as, *pron. dem. p. o.* or *n.* these, those.
Espácio, *sm.* space, period, interval.
Espaciόso-a, *a.* spacious, wide, roomy, slow.
Espáda, *sf.* sword, steel.
Espálda, *sf.* shoulder
Espáldas, *sf. p.* back.
Espánta, F. *Espantar, ind. pres.* 3s. frightens.
Espantadízo-a, *a.* timid, fearful, shy, skittish.
Espantádo, F. *Espantar, part.* surprised, astonished, terrified.
Espantár, *inf. va.* to frighten, to terrify, to be astonished.
Espánto, *sm.* dread; *no me espanto,* I am not astonished.
Espantóso, *a.* horrid, dreadful, wonderful.
Espáña, *sub. prop. f.* Spain, a country in Europe.
Español, *sm.* the Spanish language, a Spaniard; *a.* Spanish.
Espárcen, F. *Esparcer, ind. pres.* 2p. they spread.
Esparcér, *inf. va.* to scatter, to disseminate, to spread, to divulge.
Esparcído, F. *Esparcir, part.* spread, scattered, diffused, promulgated.
Especiál, *a.* special, particular.
Especialménte, *ad.* specially, particularly.
Espécie, *sf.* kind, species.
Espectáculo, *sm.* spectacle, show, theatre, scene.
Espedición, *sf.* transaction, expedition, activity, readiness.

Espéjo, *sm.* looking glass, mirror, model.
Espendér, *inf. va.* to expend, to spend, to lay out.
Esperába, *ind. impf.* it awaited; I, he, or she, or it hoped.
Esperádo, F. *Esperar, part.* hoped, expected, dreaded.
Espéran, F. *Esperar, ind. pres.* 3p. they wait for.
Esperándo, F. *Esperar, ger.* hoping.
Esperánza, *sf.* hope, expectation.
Esperár, *inf. va.* to expect, to wait for, to hope; to await.
Esperarémos, F. *Esperar, ind. fut.* 1p. we shall or will wait for.
Espéras, F. *Esperar, ind. pres.* 2s. thou waitest for.
Esperiéncia, *sf.* experience, knowledge.
Esperimentába, F. *Esperimentar, ind. impf.* 1 or 3s. experienced.
Esperimentámos, F. *Esperementar, ind. pret.* 1p. we experienced
Esperimentáron, F. *Esperimentar, ind. pret.* 3p. they experienced.
Esperó, F. *Esperar, ind. pret.* 3s. waited for.
Espéso-a, *a.* thick, condensed, close.
Espína, *sf.* brier, thorn.
Espíno, *sm.* thorn, buckthorn.
Espinóso-a, *a.* briery, thorny, arduous, rugged.
Espiránte, *part. pres.* breathing, expiring, respiring.
Espirár, *inf. vn.* to expire, to breathe the last.
Espirará, F. *Espirar, ind. fut.* 3s. will expire.
Espirára, F. *Espirar, subj.* 1 *impf.* 1 or 3s. would expire.
Espíritu, *sm.* spirit, mind, courage.
Esplendénte, *a.* shining, resplendent, radiant.

199

Esplendór, *sm.* splendour, magnificence, grandeur.

Esplíca, F. *Esplicar, ind. pres. 3s.* it, he, or she explains.

Esplícan, F. *Esplicar, ind. pres. 3p.* they explain.

Esplicándo, F. *Esplicar, ger.* explaining.

Esplicár, *inf. va.* to explain, to explicate, to elucidate.

Espónen, F. *Esponer, ind. pres. 3p.* they expose.

Esponér, *inf. va.* to expose, to explain, to publish.

Espóngan, F. *Esponer, subj. pres. 3p.* let them expound.

Espóngo, F. *Esponer, ind. pres. 3s.* I expose.

Esponía, F. *Esponer, ind. impf.* 1 or 3s. exposed.

Espósa, *sf.* wife.

Espóso, *sm.* spouse, husband.

Espresión, *sf.* expression, word.

Espréso, *sm.* messenger, express.

Espréso-a, *a.* expressed, not understood, clear, manifest.

Espúma, *sf.* froth, foam.

Espumóso-a, *a.* frothy, spongy, furious, agitated.

Esquelét0, *sm.* skeleton.

Esquisíto-a, *a.* exquisite, curious, consummate.

Ésta, *pron. dem. sf.* o. or *n.* this.

Está, F. *Estar, ind. pres. 3s.* is, lies, exists.

Estába, F. *Estar, ind. impf.* 1 or 3s. was ; *se estaba*, remained.

Estában, F. *Estar, ind. impf. 3p.* they were.

Establecér, *inf. va.* to settle, to establish, to found.

Establecí, F. *Establecer, ind. pret.* 1s. I established.

Estableciéron, F. *Establecer, ind. pret. 3p.* they established.

Estáca, *sf.* stake, stick, cudgel.

Estádo, *sm.* state, situation, condition, rank; commonwealth.

Estáis, F. *Estar, ind. pres. 3p.* you are.

Estallído, *sm.* cracking, bursting.

Estámos, F. *Estar, ind. pres.* 1p we are.

Están, F. *Estar, ind, pres. 3p.* they are ; *se están*, remain.

Estándo, F. *Estar, ger.* being, existing.

Estánque, *sm.* pond, monopoly, custom-house.

Estár, *inf. vn.* to be, to exist.

Estará, F. *Estar, ind. fut. 3s.* will be, there will be.

Estaré, F. *Estar, ind. fut. 1s.* I shall or will be.

Estaría, F. *Estar, subj.* 1 *impf.* 1 or 3s. would be.

Estás, F. *Estar, ind. pres. 2s.* thou art.

Estátua, *sf.* statue, a stupid person.

Estatúra, *sf.* stature, height.

Estatúto, *sm.* statute, law, ordinance.

Éste, *pron. dem. sm.* o. or *n.* this, this one, the latter.

Esté, F. *Estar, subj. pres.* 1 or 3s. I, or he may be.

Estendér, *inf. pres. va.* to extend, to enlarge, to widen, to expatiate.

Estendí, F. *Estender, ind. pret.* 1s. I extended.

Estendímos, F. *Estender, ind. pret.* 1p. we extended.

Estensión, *sm.* extension, expatiation.

Estenuádo, F. *Estenuar, part.* extenuated, diminished.

Estéril, *a.* barren, unfruitful.

Esterilidád, *sf.* sterility, barrenness.

Esteriór, *sm.* exterior, outward appearance.

Esteriór, *a.* exterior, external.

Esterioridád, *sf.* exterior, outward demonstration, show.
Estés, F. *Estar, subj. pres.* 2*s.* thou mayst be.
Estiénde, F. *Estender, ind. pres.* 3*s.* extends.
Estilo, *sm.* style, diction, manner, mode.
Estíma, F. *Estimar, ind. pres.* 3*s.* esteems.
Estimáble, *a.* amiable, estimable, valuable.
Estimación, *sf.* value, merit; esteem, love.
Estimár, *inf. va.* to estimate, to esteem, to value, to like.
Estinción, *sm.* extinction, destruction.
Estío, *sm.* summer, dog-days.
Ésto, *pron. dem. neut. o.* or *n.* this.
Estói, F. *Estar, ind. pres.* 1*s.* I am.
Estómago, *sm.* stomach.
Éstos-as, *pron. dem. p. o.* or *n.* these.
Estópa, *sf.* tow, oakum, coarse cloth.
Estragádo-a, F. *Estragar, part.* debased, destroyed, ruined, disfigured.
Estrágo, *sm.* ravage, ruin, havoc.
Estrájo, F. *Estraer, ind. pret.* 3*s.* extracted.
Estranjéro, *sm.* stranger, foreigner, alien.
Estranjéro, *a.* foreign, exterior.
Estráña, *ind. pres.* 3*s.* he finds new, foreign to him.
Estrañár, *inf. va.* to be astonished at; to banish; to miss; to admire.
Estrañó, *ind. pret.* 3*s.* it, he, or she admired, was astonished at.
Estráño, *a.* foreign, strange, curious; *s.* a stranger.
Estraordináriamente, *ad.* extraordinarily.
Estraordinário-a, *a.* extraordinary uncommon.
Estratajéma, *sf.* stratagem, artifice, dilemma.
Estravagáncia, *sf.* extravagance, irregularity, disorder.
Estravagánte, *a.* extravagant.
Estraér, *inf. va.* to extract, to draw
Estrécha, F. *Estrechar, imp. pres.* 2*s.* make thou it tighter, clasp, embrace.
Estrécha, F. *Estrechar, ind. pres.* 3*s.* he renders tighter, clasps, embraces.
Estrechándo, F. *Estrechar, ger.* narrowing, confining.
Estrechár, *inf. va.* to tighten, to confine, to constrain.
Estrechásen, F. *Estrechar, subj.* 3 *impf.* 3*p.* they should tighten
Estrechéz, *sf.* narrowness, intimaausterity, poverty.
Estrécho-a, *a.* narrow, intimate, familiar, indigent; *s.* a strait.
Estrechúra, *sf.* narrowness, austerity, danger, familiarity.
Estrélla, *sf.* star, planet.
Estrellár, *inf. pres. va.* to dash, to break, to confound.
Estremecér, *inf. va.* to shake, to make tremble, to be amazed.
Estremeceran, F. *Estremecer, ind. fut.* 3*p.* they will shudder.
Estremidád, *sf.* extremity, excess
Estrémo, *sm.* extreme, highest degree.
Estrépito, *sm.* noise, clamour.
Estruéndo, *sm.* noise, confusion, bustle.
Estudiánte, *sm.* student, scholar, pupil.
Estudiár, *inf. va.* to study.
Estúdio, *sm.* study, calculation, application, office.
Estuviéron, F. *Estar, ind. pret.* 3*p* they were.

Estúvo, F. *Estar, ind. pret. 3s.* was.

Etérnamente, *ad.* eternally, for ever.

Eternidád, *sf.* eternity, long continuance.

Etérno-a, *a.* eternal, durable, endless; *s.* the Eternal.

Etré, *sub. prop. m.* Etré, a French Marshal.

Európa, *sub. prop. f.* Europe.

Eusébio, *sm. prop.* Eusebius, a man's name.

Evitár, *inf. pres. va.* to avoid, to escape, to free one's self from vassalage.

F

Fábrica, *sf.* manufactory, fabric.

Fabricado, *part.* built, constructed, manufactured.

Fácil, *a.* easy, not difficult.

Facilidád, *sf.* facility, ease, levity, licentiousness.

Facilitár, *inf. va.* to facilitate, to render easier.

Facineróso-a, *a.* wicked, atrocious, bad.

Facultád, *sf.* faculty, power, force, resistance.

Fája, *sm.* bandage, roller, belt.

Fajárdo, *sub. prop. m.* see Saavedra Fajardo.

Fálda, *sf.* skirt, lap, brow of a hill, leaf of a hat.

Falseán, F. *Falsear, ind. pres. 3p.* they counterfeit.

Falseár, *inf. pres. va.* to adulterate, to falsify, to counterfeit.

Falsedád, *sf.* falsehood, deceit.

Fálso-a, *a.* false, deceitful, counterfeited.

Fálta, *sf.* fault, defect, mistake.

Fálta, F. *Faltar, ind. pres. 3s.* wants, fails.

Faltába, F. *Faltar, ind. impf. 3s.* he was wanting.

Faltár, *inf. vn.* to be wanting, to fail.

Faltáron, F. *Faltar, ind pret. 3p.* wanted, failed.

Fáma, *sf.* fame, renown, report.

Família, *sf.* family, house.

Familiaridád, *sf.* familiarity, easiness of intercourse.

Famóso-a, *a.* famous, renowned, noted.

Fanál, *sm.* lamp, lanthorn, light.

Fantasía, *sf.* fancy, imagination, vanity.

Fantásma, *sf.* phantom, spectre, a presumptuous person.

Fastídio, *sm.* tedium, wearisomeness, irksomeness.

Fatíga, *sf.* fatigue, weariness, toil.

Fatíga, F. *Fatigar, ind. pres. 3s.* fatigues.

Fatigádo, F. *Fatigar, part.* fatigued, tired, molested, wearied.

Fatigár, *inf. 3s.* to fatigue, to tire, to harass, to molest.

Fátuo, *adj.* stupid, imbecile.

Favór, *sm.* favour, patronage, protection, means.

Favoráble, *a.* favourable, advantageous, propitious.

Favorecér, *inf. va.* to favour, to protect, to grant favours.

Favorecído, F. *Favorecer, part.* favoured, protected.

Faz, *sf.* face, superficies.

Fe, *sf.* faith, fealty, parole, credence.

Fealdád, *sf.* ugliness, deformity.

Fébo, *sub. prop. m.* Phœbus, or the sun.

Febéo-a, *a.* brilliant, shining, refulgent.

Fecúndo-a, *a.* fertile, fecund, prolific.

Feijóo, *sub. prop. m.* Feijóo, (Frai Benito Jerónimo,) a distinguished Spanish popular writer of the last century, styled sometimes, with great propriety, 'the Spanish Addison.' He devoted his great talents and his long life to the refutation of vulgar errors, and the abolition of prejudices. A selection of his works has been translated into English. Born 1676; died 1764.

Felíce, *a.* happy, successful, felicitous. The same as *Feliz*.

Felicidád, *sf.* felicity, happiness, success.

Félics, *sub. prop. m.* Felix, a man's name.

Felípe, *sub. prop. m.* Philip, a man's name.

Felíz, *a.* happy, felicitous.

Fenecér, *inf. va.* to die, to terminate, to be no more.

Fenecér, *inf. va.* to finish, to conclude, to terminate.

Feníclo, *sm.* Phœnician, a native of Phœnicia.

Féo-a, *a.* ugly, deformed; *s.* ugly person.

Férian, F. *Feriar, ind. pres.* 3p. they barter, sell, or buy.

Fernándo, *sub. prop. m.* Ferdinand, a man's name.

Ferocidád, *sf.* ferocity, cruelty.

Feróz, *a.* ferocious, fierce, formidable.

Fértil, *a.* fertile, prolific.

Fertilidád, *sf.* fertility, fecundity, plenty.

Ferviénte, *a.* fervent, ardent, burning.

Festívo-a, *a.* festive, gay, merry, lively.

Fétido-a, *adj.* fetid, stinking.

Fiádo-a, *part.* trusting, relying; trusted; on credit.

Fiél, *a.* faithful, true, loyal.

Fiéro-a, *a.* savage, fierce; violent, angry.

Fiéra, *sf.* a wild beast.

Figurában, F. *Figurar, ind. imp.* 3p. figured.

Fijarse, *vr. inf.* to be fixed, to be absorbed.

Fin, *sm.* end; *en fin*, at last, in fine; *al fin*, after all.

Firme, *a.* firm, strong, unbending, inflexible.

Fláco-a, *a.* weak, feeble, lean, meagre.

Flaménco-a, *sub.* a Fleming, or native of Flanders.

Flaménco-a, *a.* Flemish.

Flaquéza, *sf.* weakness, foible.

Fláuta, *sf.* flute.

Flecsíble, *a.* flexible, docile.

Flegmático-a, *adj.* phlegmatic, cold.

Flojedád, *sm.* weakness, foible, laziness.

Flor, *sf.* flower, bloom.

Flóra, *sf.* Flora, the goddess of flowers and gardens.

Floréce, F. *Florecer, ind. pres.* 3s. it, he, or she flourishes.

Florécen, F. *Florecer, ind. pres.* 3p. they flourish.

Florecér, *inf. vn.* to flourish, to bloom, to blossom, to prosper.

Floréncia, *sub. prop. f.* Florence, a town in Italy.

Fóndo, *sm.* bottom, ground of stuffs.

Fórma, *sf.* form; way, means.

Fórma, F. *Formar, ind. pres.* 3s. it, he or she forms.

Formában, F. *Formar, ind. impf.* 3p. they formed.

203

Formád, F. *Formar, imp. pres. 2p.* form ye, or you.
Formádo-a, *a.* formed, fashioned, completed, accustomed.
Fórman, F. *Formar, ind. pres. 3p.* they form.
Formár, *inf. va.* to form, to shape, to make, to put in order.
Formáron, F. *Formar, ind. pret. 3p.* they formed.
Formás, F. *Formar, ind. pres. 2s.* thou formest.
Fortaleza, *sf.* fortress, fortitude, strength, firmness.
Fortificaron, F. *Fortificar, ind. pret. 3p.* fortified.
Fortúna, *sf.* fortune, luck, success; state, condition.
Forzádo-a, *a.* forced, obliged, ravished.
Forzóso-a, *a.* necessary, indispensable.
Fragménto, *sm.* fragment, vestige, sign.
Fragór, *sm.* smell, scent, noise.
Fragóso-a, *a.* rough, uneven.
Fragura, *sf.* roughness, imperviousness.
Frai, *sm.* brother; a title by which the members of religious orders, or monks are distinguished. It means *Fraile*, monk.
Frajilidád, *sf.* fragility, weakness, debility.
Francés-a, *a.* French; *s.* Frenchman.
Francísco, *sub. prop. m.* Francis, a man's name.
Fránco-a, *a.* frank, open, free.
Franquéa, F. *Franquear, ind. pres. 3s.* he grants.
Fréno, *sm.* reins, curb, bridle.
Frénte, *sf.* front, forehead, countenance.
Frésco-a, *a.* fresh, new, cheerful.

Frescúra, *sf.* coolness, freshness, amenity.
Frío, *a.* cold.
Frío, *sm.* cold.
Fríto-a, F. *Freir, part. adjec.* fried.
Frontéra, *sf.* frontier, confine; *a.* opposite to, in front of.
Fruncído-a, *a.* frizzled, corrugated, or wrinkled.
Frunciéndo, F. *Fruncir, ger.* frowning, looking stern.
Fruncír, *inf. pres. va.* to frown, to knit, to look stern, to contract.
Frutál, *sub. collec. m.* orchard, a number of fruit trees.
Frutál, *a.* fruitful, fruit; *árbol frutal*, fruit tree.
Frúto, *sm.* fruit, advantage, result.
Fué, F. *Ser, ind. pret. 3s.* he was.
Fuégo, *sm.* fire, conflagration.
Fuénte, *sf.* fountain, spring, source.
Fuéntes (Conde de,) *sub. prop. m.* an eminent Spaniard.
Fuéra, F. *Ser, subj. 1 impf. 1 or 3s.* would or should be.
Fuéra, *prep.* out, except, without; *fuera de*, besides.
Fuéra, *ad.* abroad.
Fuére, F. *Ser, subj. fut. 1 or 3s.* should be.
Fuéres, F. *Ser, subj. fut. 2s.* thou shouldst be.
Fuéron, F. *Ser, ind. pret. 3p.* they were.
Fuérte, *a.* strong, massy, hard.
Fuérza, *sf.* strength, force; *á fuerza de*, by dint of.
Fuése, F. *Ser, subj. 3 impf. 1 or 3s.* should be, become.
Fuésen, F. *Ser* or *Ir, subj. 3 impf. 3p.* they should be or go.
Fugáz, *a.* swift, shy, fugitive.
Fuí, F. *Ser, ind. pret. 1s.* I was, I became.
Fuímos, F. *Ser, ind. pret. 1p.* we were.

Fulgénte, *a.* refulgent, radiant, brilliant.
Fundádo-a, *a.* grounded, founded.
Fundaménto, *sm.* foundation, origin, basis.
Fundaría, F. *Fundar, subj. imp. 3s.* would found, place.

Fúria, *sf.* fury, rage, hurry.
Furióso-a, *sub.* a furious, violent, or frantic person.
Furór, *sf.* fury, madness, passion.
Futilidád, *sf.* futility, triflingness.
Futúro,. *sm.* the future, future tense.

G

Gabinéte, *sm.* room, cabinet, office; closet.
Gachón, *a.* pampered, spoiled.
Gála, *sf.* gala, or court dress, rich, expensive attire.
Galána, *sf.* fine, well dressed woman.
Galardonár, *inf. va.* to reward greatly, to recompense abundantly.
Galatéa, *sub. prop. f.* Galatea, a woman's name.
Galéra, *sf.* galleys, penitentiary.
Gallárdo-a, *a.* gallant, brave, famous.
Gana, *sf.* inclination, desire, will.
Ganába, F. *Ganar, ind. impf. 3s.* gained.
Ganában, F. *Ganar, ind. impf. 3p.* they gained.
Ganádo, F. *Ganar,* part. gained, won.
Ganádos, *sm. p.* sheep, cattle.
Gánan, F. *Ganar, ind. pres. 3p.* they gain.
Ganándo, F. *Ganar, ger.* gaining, winning, attaining.
Ganár, *inf. va.* to win, to gain, to earn, to attain.
Ganar voluntades, *v.* to please, to obtain the general good will.
Ganáron, F. *Ganar, ind. pret. 3p.* they gained.
Gánas, F. *Ganar, ind. pres. 2s.* thou gainest.

Gañóte, *sm.* wind-pipe, throat, glottis.
García Málo, *sm. prop.* a distinguished Spanish anecdote writer of the last century; celebrated for his collection of little stories, which he entitled *Voz de la Naturaleza,* 'The Voice of Nature.'
Garciláso, *sub. prop. m.* Garcilaso, one of the most classic, elegant, and polished lyric poets of Spain. Born in 1503; died 1536.
Gárfio, *sm.* a hook; *gárfio de hierro,* iron-hook.
Gargánta, *sf.* throat, defile.
Gárra, *sf.* claw, talon, paw.
Garrote, *sm.* stick, pole, a strangling scaffold; *dar garrote,* to strangle.
Gárza, *sf.* heron, plume.
Gastándo, F. *Gastar, ger.* spending, wasting.
Gastár, *inf. va.* to spend, to grow old, to become useless.
Gástas, F. *Gastar, ind. pres. 3s.* thou spendest.
Gastó, F. *Gastar, ind. pret. 3s.* he spent.
Gásto, *sm.* expense.
Glóbo, *sm.* the globe, the earth.
Glória, *sm.* glory, fame, renown.
Glória, F. *Gloriar, ind. pres. 3s.* glories in.
Gloriár, *inf. vr.* to glory, to pride one's self, to brag.
Gloriéta, *sf.* summer-house, bower.

GUA GUS

Granjéa, F. *Granjear,* ind. pres. 3s. he gains, attracts.
Granjeában, F. *Granjear,* ind. impf. 3p. they attracted.
Granjeár, *inf. va.* to acquire, to obtain, to attract, to gain.
Granjées, F. *Granjear,* subj. pres. 2s. thou canst gain.
Gratitúd, *sf.* gratitude, thankfulness.
Gráve, *a.* grave, serious, important; dreadful.
Gravedád, *sf.* gravity, heaviness, greatness; enormity.
Gravísimo-a, *a. super.* very or most grave, momentous.
Greguería, *sf.* confused noise, outcries, bustle.
Griégo-a, *a.* Grecian, Greek.
Grita, F. *Gritar,* ind. pres. 3s. he cries out.
Grítan, F. *Gritar,* ind. pres. 3p. they shout.
Gritár, *inf. vn.* to shout, to hoot, to cry, to make a noise.
Gríto, *sm.* shout, cry, voice.
Grosélla, *sf.* a currant.
Goséro-a, *a.* rough, uncourteous, coarse, rude, unpolished.
Gruéso-a, *a.* thick, large; *s.* thickness, bigness.
Guárda, *sm.* gu... tom-house ...
Guardában, ... 3p. they k...
Guardádo, ... guarded, ... kept,
Guardádo-a, ... guarded, ... kep...

Guardadór, *sm.* keeper, guardian.
Guardámos, F. *Guardar,* ind. pres. 1p. we keep.
Guardándo, F. *Guardar,* ger. keeping, preserving.
Guárdan, F. *Guardar,* ind. pres. 3p. they keep.
Guardár, *inf. va.* to keep, to guard, to preserve.
Guardás, F. *Guardar,* ind. pres. 2s. thou keepest.
Guárdia, *sf.* guard, watch.
Guárdo, F. *Guardar,* ind. pres. 1s. I keep.
Guardó, F. *Guardar,* ind. pret. 3s. I kept.
Guarnecído-a, F. *Guarnecer,* part. garnished, garrisoned.
Guarnición, *sf.* garrison; ornament, flounce, trimming.
Guerra, *sf.* war.
Guiádo, F. *Guiar,* part. guided.
Guiádo-a, *a.* guided.
Guiar, *inf. va.* to guide, to command, to show, to direct.
Guido, *sub. prop. m.* Guido, 'the most charming and graceful painter that Italy ever produced.' Born 1575; died 1642.
Guirnálda, *sf.* wreath, laurel, myrtle.
Guió, F. *Guiar,* ind. pret. 3s. guided.
Gúla, *sf.* gluttony.
Gústan, F. *Gustar,* ind. pres. 3s. they taste, or like.
... *va.* to taste, to enjoy, ... be pleased with.
... taste, pleasure, delight

207

Gnído, *sub. prop. f.* Gnidus, an ancient promontory.
Gobernadór, *sm.* governor, ruler.
Gobernár, *inf. va.* to govern, to rule, to sway, to master.
Gobiérna, F. *Gobernar, ind. pres.* 3s. governs.
Gobiérno, *sm.* government.
Góce, F. *Gozar, imp. pres.* 3s. let him enjoy.
Góce, F. *Gozar, subj. pres.* 1 or 3s. I, he, she or it may enjoy.
Góce, *sm.* enjoyment.
Gódo-a, *a.* Gothic; *s.* a Goth.
Golóso-a, *a.* gluttonous, epicurean.
Gólpe, *sm.* blow, stroke; measure.
Gondoléro, *sm.* boatman.
Górdo-a, *a.* thick, fat, big.
Górra, *sf.* cap; *meter gorra,* to sponge.
Gótico-a, *a.* gothic, illustrious, noble.
Goza, F. *Gozar, ind. pres.* 3s. he enjoys.
Gozába, F. *Gozar, ind. impf.* 1 or 3s. enjoyed.
Gozában, F. *Gozar, ind. imp.* 3p. they enjoyed.
Gozádo, F. *Gozar, part.* enjoyed, rejoiced.
Gozádo-a, *part. abs.* being enjoyed.
Gózan, F. *Gozar, ind. pres.* 3p. they enjoy.
Gozár, *inf. va.* to enjoy, to be delighted with, to rejoice.
Gozo, F. *Gozar, ind. pres.* 1s. I enjoy.
Gozó, F. *Gozar, ind. pret.* 3s. enjoyed.
Gózo, *sm.* enjoyment, pleasure, jubilee, cheer.
Gozóso-a, *a.* joyful, cheerful, content.
Grácia, *sf.* thanks, grace, gift; witty saying.

Gracián, (Baltasar,) *sm. prop.* Gracian, a celebrated satirical and political writer of Spain. Born in Calatayud, Aragon, at the end of the 16th, or beginning of the 17th century; died in 1658.
Graciosamente, *ad.* gratuitously, with grace, tastefully, exquisitely.
Graciosísimo-a, *a. super.* extremely graceful, very witty.
Graciόso-a, *sub.* merry andrew, harlequin, comic actor.
Graciόso-a, *a.* graceful, accomplished, facetious, pleasant, delightful.
Grádo, *sm.* degree, step, will.
Gran, *a.* great, eminent, large, contracted from *grande.*
Grána, *sf.* red or scarlet; (colour) cochineal.
Granáda (Frai Luís de) *sm. prop.* Granada, one of the most distinguished pulpit orators and ascetic writers Spain has produced. Born in the city of Granada, whose name he adopted, in 1504; died 1588.
Granáda, *sub. prop. f.* Granada, a city of Spain.
Granáda, *sf.* hand-granade (a small ball filled with powder,) pomegranate (a fruit.)
Granadíno-a, *sm.* or *f.* a native of Granada.
Gránde, *sm.* grandee, a title by which the nobles of Spain are distinguished.
Gránde, *a.* great, eminent, large.
Grandéz, *sm.* greatness, eminence, bigness.
Grandéza, *sf.* greatness, grandeur, pre-eminence.
Grandisimo-a, *a. super.* most great, most excellent.
Granéro, *sm.* granary, fruitful country.

Granjéa, F. *Granjear, ind. pres. 3s.* he gains, attracts.
Granjeában, F. *Granjear, ind. impf. 3p.* they attracted.
Granjeár, *inf. va.* to acquire, to obtain, to attract, to gain.
Granjées, F. *Granjear, subj. pres. 2s.* thou canst gain.
Gratitúd, *sf.* gratitude, thankfulness.
Gráve, *a.* grave, serious, important; dreadful.
Gravedád, *sf.* gravity, heaviness, greatness; enormity.
Gravísimo-a, *a. super.* very or most grave, momentous.
Greguería, *sf.* confused noise, outcries, bustle.
Griégo-a, *a.* Grecian, Greek.
Grita, F. *Gritar, ind. pres. 3s.* he cries out.
Grítan, F. *Gritar, ind. pres. 3p.* they shout.
Gritár, *inf. vn.* to shout, to hoot, to cry, to make a noise.
Gríto, *sm.* shout, cry, voice.
Grosélla, *sf.* a currant.
Groséro-a, *a.* rough, uncourteous, coarse, rude, unpolished.
Gruéso-a, *a.* thick, large; *s.* thickness, bigness.
Guárda, *sm.* guard, protection, custom-house officer.
Guardában, F. *Guardar, ind. impf. 3p.* they kept.
Guardádo, F. *Guardar, part.* kept, guarded, protected.
Guardádo-a, *part. abs.* being kept, guarded, protected.
Guardadór, *sm.* keeper, guardian.
Guardámos, F. *Guardar, ind. pres. 1p.* we keep.
Guardándo, F. *Guardar, ger.* keeping, preserving.
Guárdan, F. *Guardar, ind. pres. 3p.* they keep.
Guardár, *inf. va.* to keep, to guard, to preserve.
Guardás, F. *Guardar, ind. pres. 2s.* thou keepest.
Guárdia, *sf.* guard, watch.
Guárdo, F. *Guardar, ind. pres. 1s.* I keep.
Guardó, F. *Guardar, ind. pret. 3s.* I kept.
Guarnecído-a, F. *Guarnecer, part.* garnished, garrisoned.
Guarnición, *sf.* garrison; ornament, flounce, trimming.
Guerra, *sf.* war.
Guiádo, F. *Guiar, part.* guided.
Guiádo-a, *a.* guided.
Guiar, *inf. va.* to guide, to command, to show, to direct.
Guido, *sub. prop. m.* Guido, 'the most charming and graceful painter that Italy ever produced.' Born 1575; died 1642.
Guirnálda, *sf.* wreath, laurel, myrtle.
Guió, F. *Guiar, ind. pret. 3s.* guided.
Gúla, *sf.* gluttony.
Gústan, F. *Gustar, ind. pres. 3s.* they taste, or like.
Gustár, *inf. va.* to taste, to enjoy, to like, to be pleased with.
Gústo, *sm.* taste, pleasure, deligh* enjoyment.

H

Ha, F. *Haber, ind. pres. 3s.* has, is, there is.

Habéis, F. *Haber, ind. pres. 3p.* have, are, there are.

Habémos, F. *Haber, ind. pres. 1p.* have, are, there are.

Habér, *inf. va. aux.* and *imp.* to have, to hold; there to be, to be.

Haber, Haberes, *sm.* property; wealth.

Haber de, *vn.* must, to be obliged to.

Había, F. *Haber, ind. impf.* 1 or 3s. I or he, had; there was, or were.

Habían, F. *Haber, ind. impf. 3p.* they had.

Habías, F. *Haber, ind. impf. 2s.* thou hadst.

Habído, F. *Haber, part.* had.

Habído-a, *part. adjec.* had, possessed.

Habiéndo, F. *Haber, ger.* having.

Habíta, F. *Habitar, ind. pres. 3s.* it, he, or she inhabits.

Habitación, *sf.* habitation, abode, mansion, dwelling.

Habitadór, *sm.* inhabitant, resident.

Habitáis, F. *Habitar, ind. pres. 1p.* you or ye inhabit.

Habitánte, *sm.* inhabitant, resident.

Habitár, *inf. va.* to inhabit, to live in, to reside.

Hábito, *sm.* custom, manner, habit, dress, costume.

Habitúa, F. *Habituar, ind. pres. 3s.* accustoms.

Habituár, *inf. pres. vn.* to accustom, to inure; *vr.* to accustom one's self.

Hábla, *sf.* speech, talk.

Hábla, F. *Hablar, ind. pres. 3s.* speaks.

Hablába, F. *Hablar, ind. impf.* 1 or 3s. spoke.

Hablában, F. *Hablar, ind. impf. 3p.* they spoke.

Habládo, F. *Hablar, part.* spoken, said.

Habladór, *sub.* babbler, talker; speaker.

Háblan, F. *Hablar, ind. pres. 3p.* they speak.

Hablándo, F. *Hablar, ger.* speaking, talking.

Hablár, *inf. pres. vn.* to speak; *va.* to utter, to say, to discourse on.

Hablará, F. *Hablar, ind. fut. 3s.* will speak.

Háblas, F. *Hablar, ind. pres. 2s.* thou speakest.

Hablase, F. *Hablar, subj. 3 impf.* 1 or 3s. should speak.

Háble, F. *Hablar, imp. pres. 3s.* let him speak.

Habló, F. *Hablar, ind. pret. 3s.* spoke.

Habrá, F. *Haber, ind. fut. 3s.* will or shall have.

Habrá, F. *Haber, ind. fut. 3s.* or *p.* there will be.

Habrán, F. *Haber, ind. fut. 3p.* they shall or will have.

Habrás, F. *Haber, ind. fut. 2s.* thou shalt or wilt have.

Háce, F. *Hacer, ind. pres. 3s.* does or makes.

Háce, F. *Hacer, ind. pres. 3s.* it is, it makes.

Hacéd, F. *Hacer, imp. pres. 2p.* do, or vouchsafe thou.

Hacémos, F. *Hacer, ind. pres. 1p.* we make.

Hácen, F. *Hacer, ind. pres. 3p.* they do or make.

Háces, F. *Hacer, ind. pres. 2s.* thou makest.

Hacér, *inf. va.* to make, to do, to commit; to order.
Hacerse, *inf. vr.* to make one's self, to become.
Hacer saber, *comp. va.* to inform, to let know.
Hacía, F. *Hacer, ind. impf.* 1 or 3s. made.
Hacía, F. *Hacer, ind. impf.* 3s. it was, made, did.
Hácia, *prep.* towards, to.
Hacían, F. *Hacer, ind. impf.* 3p. they made, did.
Hacías, F. *Hacer, ind. impf.* 2s. thou madest.
Haciénda, *sf.* state, fortune, lands, real estate, wealth.
Haciéndo, F. *Hacer, ger.* making, doing.
Hága, F. *Hacer, imp. pres.* 3s. let him make.
Hága, F. *Hacer, subj. pres.* 1 or 3s. she may make.
Hagáis, F. *Hacer, subj. pres.* 2p. you may order.
Hagámos, F. *Hacer, subj. pres.* 1p. we may do, or let us do.
Hágan, F. *Hacer, subj. pres.* 3p. they may make.
Hágas, F. *Hacer, subj. pres.* 2s. thou mayest make.
Hai, F. *Haber, ind. pres.* 3s. or p. there is, or there are.
Halagádo, F. *Halagar, part.* allured, cajoled, flattered, caressed.
Halágan, F. *Halagar, ind. pres.* 3p. they allure, flatter.
Halagár, *inf. va.* to attract, to allure, to ensnare, to caress.
Hálla, F. *Hallar, imp. pres.* 2s. find thou.
Hálla, F. *Hallar, ind. pres.* 3s. finds.
Hallába, F. *Hallar, ind. impf.* 1 or 3s. found.
Hallábamos, F. *Hallar, ind. impf.* 1p. found.

Hallában, F. *Hallar, ind. impf.* 3p. found.
Halládo, F. *Hallar, part.* found, met, found.
Hállan, F. *Hallar, ind. pres.* 3p. they find.
Hallándo, F. *Hallar, ger.* finding, meeting.
Hallár, *inf. va.* to find, to encounter, to meet, to discover.
Hallará, F. *Hallar, ind. fut.* 3s. will find.
Hallarás, F. *Hallar, ind. fut.* 2s. thou wilt find.
Hallarémos, F. *Hallar, ind. fut.* 1p. we shall or will find.
Hallarían, F. *Hallar, subj.* 2 *impf.* 3p. they would find.
Halláron, F. *Hallar, ind. pret.* 3p. they found.
Hállas, F. *Hallar, ind. pres.* 2s. thou findest.
Hálle, F. *Hallar, imp. pres.* 3s. let him find.
Hálle, F. *Hallar, subj. pres.* 1 or 3s. may find.
Hállo, F. *Hallar, ind. pres.* 1s. I find.
Halló, F. *Hallar, ind. pret.* 3s. found.
Hámbre, *sf.* hunger, desire.
Hámpa, *sm.* bully, bragger.
Han, F. *Haber, ind. pres.* 3p. they have, there are.
Hará, F. *Hacer, ind. fut.* 3s. shall or will make.
Harás, F. *Hacer, ind. fut.* 2s. thou shalt or wilt make, or do.
Haré, F. *Hacer, ind. fut.* 1s. I shall or will do, or make.
Haría, F. *Hacer, subj.* 1 *impf.* 1 or 3s. would do, make.
Harías, F. *Hacer, subj.* 1 *impf.* 2s. thou wouldst do, or make.
Harmonía, *sf.* harmony, concord.
Hartár, *inf. va.* to feed, to glut, to satiate.

Hárto-a, *a.* full, very, surfeited.
Has, F. *Haber, ind. pres.* 2s. thou hast, dost.
Hásta, or hasta que, *prep.* till, until, as far as, about, up to.
Háya, F. *Haber, subj. pres.* 1 or 3s. may have; *s.* beech-tree.
Háyas, F. *Haber, subj. pres.* 2s. thou mayest have.
Haz, *sf.* superficies, face, countenance; *va.* make, do.
Hazáña, *sf.* exploit, achievement.
He, F. *Haber, ind. pres.* 1s. I have; *he de,* I must, I am to.
Hébra, *sf.* hair, thread, silk, fibre.
Hechíza, F. *Hechizar, ind. pres.* 3s. it, he, or she charms.
Hechizar, *inf. pres. va.* to bewitch, to charm, to please, to enrapture, to fascinate.
Hécho, F. *Hacer, part.* made, done; being accustomed, inured.
Hecho, *s.* deed, exploit, action.
Héchor, *sm.* maker, performer, he who commits an act.
Hediondo-a, *adj.* fetid, stinking.
Heládo-a, *a.* frozen, congealed.
Helár, *inf. v. imp.* to freeze, to congeal, to coagulate.
Hémbra, *sf.* female; nut, eye.
Hémos, F. *Haber, ind. pres.* 1p. we have.
Henríque, *sub. prop. m.* Henry, a man's name.
Heredád, *sf.* farm, plantation; property, heritage.
Heredéro, *sub.* heir; *sf.* Heredera, heiress.
Herída, *sf.* wound, sore, severe blow.
Hermána, *sf.* sister.
Hermáno, *sm.* brother.
Hermóso-a, *a.* beautiful, handsome.
Hermosúra, *sf.* beauty, symmetry.
Heródoto, *sub. prop. m.* Herodotus, the oldest profane historian known.

Heroicidad, *sf.* heroic action.
Heróico-a, *a.* heroic, heroical.
Herreruélo, *sm.* a long cloak; a small piece of iron.
Hervír, *inf. vn.* to boil, to swarm, to be crowded.
Híce, F. *Hacer, ind. pret.* 1s. made, drew.
Hiciéron, F. *Hacer, ind. pret.* 3p. made.
Hiciése, F. *Hacer, subj.* 3 *impf.* 1 or 3s. I or he should confer on.
Hicíste, F. *Hacer, ind. pret.* 2s. thou madest, or didst.
Hidálgo, *sm.* nobleman, a noble.
Hidrópico, *a.* hydropic, diseased with the dropsy.
Hiéla, F. *Helar, ind.* 3s. it freezes.
Hiérba, *sf.* herb, grass.
Hiérro, *sm.* iron.
Hiérven, F. *Hervir, ind. pres.* 3p. they swarm.
Híja, *sf.* daughter, child.
Híjo, *sm.* son, child, young one.
Hijuélo-a, *sub.* young one, a young child, *dim.* of *Hijo.*
Hiláza, *sf.* yarn, thread, coarse stuff.
Hipocresía, *sf.* hypocrisy, dissimulation.
Hipócrita, *sub.* hypocrite.
Hipócrita, *a.* hypocritical, dissembling.
História, *sf.* history, story, narration.
Historiadór, *sm.* historian, narrator.
Hízo, F. *Hacer, ind. pres.* 3s. did, made, become.
Hoguera, *sf.* fire; bon-fire.
Hoi, *ad.* to-day, this day.
Hója, *sf.* leaf, blade, scale.
Hojóso-a, *a.* leafy, covered with leaves.
Holgába, F. *Holgar, ind. impf.* 3s. was pleased with.
Holgar, *inf. vn.* to be pleased, to rejoice, to amuse one's self.

Hollándo, F. *Hollar*, *ger.* trampling, crushing.
Hollár, *inf. va.* to tread, to trample upon, to break through.
Hóllas, F. *Hollar*, *ind. pres. 2s.* thou treadest.
Holló, F. *Hollar*, *ind. pret. 3s.* trampled upon.
Hómbre, *sm.* man, husband.
Hombro, *sm.* shoulder.
Homenáje, *sm.* homage.
Hóndo, *sm.* depth, profundity.
Hóndo-a, *a.* deep, profound.
Honestaménte, *ad.* honestly, by honourable means.
Honestidád, *sf.* honesty, moderation, modesty, urbanity.
Honésto-a, *a.* honest, honourable, pure, virtuous.
Honór, *sm.* honour, reputation.
Hónra, *sf.* honour, reverence.
Honradéz, *sf.* honesty, probity, honour.
Honrado-a, *a.* honourable, honest, exact.
Hónran, F. *Honrar*, *ind. pres. 3p.* they honour, or worship.
Honrándo, F. *Honrar*, *ger.* honouring.
Honrár, *inf. va.* to honour, to reverence, to fondle, to praise.
Honráron, F. *Honrar*, *ind. pret. 3p.* they honoured.
Hónras, F. *Honrar*, *ind. pres. 3s.* thou honourest.
Hóra, *sf.* hour, time.
Horrísone, *a.* thundering, clanking.
Horror, *sm.* horror, fright.
Hostería, *sf.* inn, tavern, hotel.
Hostilidád, *sf.* hostility.
Hoz, *sm.* scythe, sickle, defile.
Hubiéran, F. *Haber*, *subj. impf. 3p.* would, should have.
Hubiéron, F. *Haber*, *ind. pret. 3p.* they held, or possessed.

Hubiése, F. *Haber*, *subj. impf.* 1 or 3s. should have.
Hubiésen, F. *Haber*, *subj. impf. 3p.* they should have.
Húbo, F. *Haber*, *ind. pret. 3s.* had existed, was, were.
Huéco-a, *a.* hollow, empty. vain.
Huéla, F. *Oler*, *subj. pres.* 1 or 3s. it, he, or she may smell.
Huéle, F. *Oler*, *ind. pres. 3s.* it, he. or she smells.
Huelgan, F. *Holgar*, *ind. pres. 3p.* they are pleased.
Huélla, *sm.* footstep.
Huélla, F. *Hollar*, *imp. pres. 2s.* trample thou.
Huélla, F. *Hollar*, *ind. pres. 3s.* it, he, or she tramples.
Huéllan, F. *Hollar*, *ind. pres. 3p.* they trample.
Huéllas, F. *Hollar*, *ind. pres. 2s.* thou tramplest.
Huélle, F. *Hollar*, *subj. pres.* 1 or 3s. may trample.
Huélles, F. *Hollar*, *subj. pres. 2s.* thou mayest trample.
Huéso, *sm.* bone, stone, toil.
Huésped, *sm.* tavern-keeper, host, guest.
Huéspeda, *sf.* land-lady, female tavern-keeper.
Huévo, *sm.* egg, spawn.
Huía, F. *Huir*, *ind. impf. 3s.* he fled, or shunned.
Huír, *inf. vn.* to fly, to escape, to shun, to run away.
Humanidád, *sf.* humanity, benevolence.
Humanidádes, *sf. p.* belles-lettres, rhetoric, philology.
Humáno-a, *a.* human, rational, humane.
Huméa, F. *Humear*, *ind. pres. 3s* smokes.
Humeár, *inf. vn.* to smoke, to be kindled, to be inflamed.

211

Huméas, F. *Humear, ind. pres. 2s.* thou smokest.
Humedécen, F. *Humedecer, ind. pres. 3p.* they moisten.
Humedecér, *inf. va.* to moisten, to wet, to soak.
Humildád, *sf.* humility, meekness, mildness.
Humillacion, *sf.* humiliation.
Húmo, *sm.* smoke, vapour, vanity.
Humór, *sm.* humour, moisture.
Hundído, F. *Hundir, part.* sunk, destroyed.
Hundído-a, *part. abs.* being sunk.
Hurtár, *inf. va.* to steal, to rob, to cheat, to separate.

Húrtas, F. *Hurtar, ind. pres. 2s.* thou stealest.
Húye, F. *Huir, imp. pres. 2s.* fly thou.
Húye, F. *Huir, ind. pres. 3s.* flies.
Húyen, F. *Huir, ind. pres. 3p.* they fly.
Huyéndo, F. *Huir, ger.* flying, escaping.
Huyéron, F. *Huir, ind. pret. 3p.* they flew.
Húyes, F. *Huir, ind. pres. 2s.* thou fliest.
Húyo, F. *Huir, ind. pres. 1s.* I fly.
Huyó, F. *Huir, ind. pret. 3s.* flew.

I

Íba, F. *Ir, ind. impf.* 1 or 3s. went, was going.
Íbamos, F. *Ir, ind. impf.* 1p. we went, were going.
Íban, F. *Ir, ind. impf.* 3p. were going.
Íbas, F. *Ir, ind. impf.* 2s. thou wast going.
Id, F. *Ir, imp. pres.* 2p. go ye, or you.
Idéa, *sf.* idea, design, notion.
Idióma, *sm.* language, tongue, idiom.
Idióta, *sm.* idiot.
Idólatra, *sm.* idolater.
Ídolo, *sm.* idol, object of love, or esteem.
Iglésia, *sf.* church, temple, chapel.
Ignorában, F. *Ignorar, ind. impf.* 3p. they were ignorant of.
Ignoráncia, *sf.* ignorance, stupidity.
Ignoranteménte, *ad.* ignorantly, without knowledge.
Ignorár, *inf. va.* to be ignorant of, not to know, to be unacquainted with.

Ignóras, F. *Ignorar, ind. pres. 2s.* thou art ignorant of.
Iguál, *a.* equal, resembling, even.
Iguála, F. *Igualar, ind. pres. 3s.* equals.
Igualár, *inf. va.* to equal, to equalize, to level, to make even.
Igualdád, *sf.* equality, similitude, uniformity.
Igualménte, *ad.* equally.
Ilícito-a, *a.* illicit, unlawful.
Ilimitádo-a, *a.* unlimited, boundless, unconfined.
Ilumína, F. *Iluminar, ind. pres. 3s.* illumines.
Iluminádo-a, *part. adjec.* illumined, enlightened, lit, coloured.
Iluminár, *inf. va.* to illumine, to enlighten, to illuminate.
Ilusión, *sf.* illusion, fanciful show.
Ilúso-a, *a.* deluded, deceived, ridiculed.
Ilustrado-a, *adj.* enlightened.
Ilústre, *a.* illustrious, magnificent, noble.

Imájen, *sf.* image, picture, representation, description.
Imajinación, *sf.* imagination, fancy, conception, erroneous idea.
Imajináis, F. *Imajinar, ind. pres.* 2p. ye or you imagine.
Imajínan, F. *Imajinar, ind. pres.* 3p. they imagine.
Imajinár, *inf. va.* to imagine, to think, to fancy, to apprehend.
Impaciéncia, *sf.* impatience, vehemence of temper.
Impaciénte, *a.* impatient.
Impedían, F. *Impedir, ind. impf.* 3p. they prevented.
Impedído, F. *Impedir, part.* impeded, obstructed, prevented.
Impedír, *inf. va.* to impede, to obstruct, to hinder, to prevent.
Impelér, *inf. va.* to impel, to excite, to stimulate.
Impelió, F. *Impeler, ind. pret.* 3s. impelled.
Impenetráble, *a.* impenetrable, inscrutable, incomprehensible.
Império, *sm.* empire, command.
Impertinénte, *sub.* an impertinent or troublesome person.
Impertinénte, *a.* impertinent, troublesome.
Ímpetu, *sm.* impetus, impetuosity, violence.
Impidiésen, F. *Impedir, subj.* 3 *impf.* 3p. they should impede.
Implóra, F. *Implorar, ind. pres.* 3s. implores.
Implorár, *inf. va.* to implore, to crave, to supplicate, to solicit.
Imploró, F. *Implorar, ind. pret.* 3s. implored.
Importáncia, *sf.* importance, consequence.
Importunár, *inf. va.* to importune, to vex, to bore, to harass.
Importunidád, *sf.* importunity, incessant solicitation.

Importunó, F. *Importunar, ind. pret.* 3s. wearied.
Importúno-a, *a.* importunate, vexatious.
Imposíble, *a.* impossible, impracticable, unfeasible.
Impresión, *sf.* impression, mark, image,
Impropéra, F. *Improperar, ind. pres.* 3s. abuses.
Improperár, *inf. va.* to upbraid, to abuse.
Imprudénte, *a.* imprudent, indiscreet.
Impúne, *a.* unpunished, without punishment.
Inaccesible, *adv.* inaccessible, armed against.
Inadvertído-a, *part. adjec.* careless, inadvertent, unnoticed.
Inagotáble, *a.* inexhaustible.
Inanimádo-a, *a.* inanimate, without animation.
Incapáz, *sm.* incapable, powerless, unsuitable.
Incendiár, *inf. va.* to set on fire, to kindle, to inflame.
Incendiáron, F. *Incendiar, ind. pret.* 3p. they set on fire.
Incéndio, *sm.* conflagration, fire.
Incertidúmbre, *sf.* uncertainty, incertitude.
Incesánte, *a.* incessant, without intermission.
Incitación, *sf.* excitement, motion, stimulant.
Incleméncia, *sf.* inclemency, rigour, severity.
Inclína, F. *Inclinar, ind. pres.* 3s. inclines.
Inclinában, F. *Inclinar, ind. impf.* 1p. they were inclined.
Inclinár, *inf. vr.* to incline, to bow, to induce.
Inclinára, *subj. imp.* 3s. should induce, incline.

Inclínas, F. *Inclinar, ind. pres. 2s.* thou art inclined.

Incomodidád, *sf.* inconvenience, trouble.

Incomparáble, *a.* matchless, incomparable, not to be acquired.

Incomprehensible, *a.* incomprehensible, not to be understood.

Inconsiderádo, *a.* rash, thoughtless, inattentive, inconsiderate.

Inconstáncia, *sf.* inconstancy, volatility, fickleness.

Inconstánte, *a.* inconstant, changeable, volatile.

Incontrastable, *adv.* irresistible, firm.

Inconveniénte, *sm.* inconveniency, incongruity.

Inconveniénte, *a.* inconvenient, incommodious.

Incorporár, *inf. va.* to incorporate; *vr.* to be united.

Incorporáron, F. *Incorporar, ind. pret. 3p.* they incorporated.

Incorruptíble, *a.* incorruptible, not to be perverted or corrupted.

Increíble, *a.* incredible, not to be credited.

Inculcár, *inf. va.* to inculcate, to impress, to corroborate.

Incúlquen, F. *Inculcar, subj. pres. 3p.* they may inculcate.

Incumbéncia, *sf.* incumbency, duty.

Incúrren, F. *Incurrir, ind. pres. 3p.* fall into.

Indíca, F. *Indicar, ind. pres. 3s.* indicates.

Indícan, F. *Indicar, ind. pres. 1p.* they indicate.

Indicár, *inf. va.* to indicate, to point out, to show.

Indício, *sm.* indication, mark, token.

Indijéncia, *sf.* indigency, poverty, penury.

Indignación, *sf.* indignation, anger.

Indigno-a, *a.* unworthy, undeserving, unsuitable, vile.

Indiscréto-a, *a.* indiscreet, incautious, inordinate.

Indispuésto-a, *a.* indisposed, ill, having some misunderstanding.

Indivíduo, *sm.* individual.

Indústria, *sf.* arts and manufactures, labour; address.

Infalíble, *a.* infallible, not liable to error, certain.

Infante, *sm.* Infante, a title given to the sons of the king of Spain, the heir apparent excepted. It is equivalent to prince.

Infáusto-a, *a.* unfortunate, unhappy, unlucky.

Infelicidád, *sf.* misfortune, calamity, disgrace.

Infelíz, *a.* unhappy, unfortunate, inert.

Infelizmente, *adv.* miserably, unhappily.

Inferír, *inf. pres. vn.* to infer, to deduce, to draw from.

Infernal, *a.* infernal, hellish, pernicious.

Infiníto-a, *a.* infinite, unlimited, immense.

Inflamádo-a, *a.* inflamed, incensed, heated.

Inflamádo, F. *Inflamar, part.* inflamed, kindled.

Inflécsible, *a.* inflexible, inexorable, stern, unbending.

Influír, *inf. va.* to influence, to prevail upon, to produce.

Inflúye, F. *Influir, ind. pres. 3s.* produces.

Informába, F. *Informar, ind. impf.* 1 or 3s. informed.

Informár, *inf. va.* to inform, to make acquainted, to instruct.

Infórme, *sm.* report; information, instruction, knowledge.

Inglatérra, *sub. prop. f.* England,

the most considerable part of Great Britain.

Ingles-a, *a.* English; *s.* an Englishman.

Ingratitúd, *sf.* ingratitude, ungratefulness.

Ingráto-a, *sub.* an ungrateful person.

Ingráto-a, *a.* ungrateful, unpleasing, harsh.

Inhumáno-a, *a.* inhuman, brutal, beastly.

Injénio, *sm.* genius, character, mind, wit.

Injenióso-a, *a.* ingenious, inventive; of genious, of imagination.

Injenuidád, *sf.* ingenuousness, candour.

Injénuo-a, *a.* ingenuous, open, candid.

Injúria, *sf.* injury, affront, detriment.

Injustaménte, *ad.* unjustly, wrongly.

Injurióso-a, *a.* injurious, contumelious, reproachful.

Inmediatamente, *ad.* immediately, directly.

Inmediáto-a, *a.* immediate, contiguous.

Inmensidád, *sf.* immensity, infinity, boundlessness.

Inménso-a, *a.* immense, unbounded.

Inmóble, *a.* motionless, immovable, unshaken, constant.

Inmortalidád, *sf.* immortality, eternal life.

Inmóvil, *a.* immovable, motionless.

Inmutáble, *a.* immutable, invariable, unalterable.

Inocéncia, *sf.* innocence, purity, modesty, sincerity, simplicity.

Inocénte, *a.* innocent, pure, simple.

Inquiéta, F. *Inquietar, ind. pres.* 3s. troubles.

Inquietár, *inf. va.* to harass, to trouble, to molest, to vex.

Inquiéto-a, *a.* restless, turbulent, clamorous, solicitous.

Inquietúd, *sf.* inquietude, restlessness.

Inquirír, *inf. va.* to inquire, to examine into, to ask for.

Insaciáble, *a.* greedy, insatiable.

Insensáto-a, *a.* stupid, thoughtless, foolish.

Insensíble, *a.* insensible, callous, unfeeling.

Inseparáble, *a.* inseparable, not to be separated or disconnected.

Insertádo, *part.* inserted, introduced.

Insígne, *a.* illustrious, eminent, great, remarkable.

Insígnia, *sf.* a badge, insignia.

Insípido-a, *a.* insipid, tasteless, unpleasant, uninteresting.

Insistió, F. *Insistir, ind. pret.* 3s. persisted, insisted.

Insistír, *inf. vn.* to insist, to rest upon, to dwell upon.

Insolénte, *a.* insolent, impudent, shameless, unaccustomed.

Insondáble, *a.* bottomless, unfathomable, inscrutable, unsearchable.

Inspíra, F. *Inspirar, ind. pres.* 3s. inspires.

Inspiración, *sm.* inspiration, infusion, breathing.

Inspirár, *inf. va.* to inspire, to infuse into, to animate.

Inspiráron, F. *Inspirar, ind. pret.* 3p. they inspired.

Instáncia, *sf.* favour, urgency, persistence, suit.

Instándo, F. *Instar, ger.* pressing, urging.

Instánte, *sm.* instant, a short while.

Instár, *inf. va.* to press, to urge, to urge the execution.

Instáron, F. *Instar, ind. pret.* 3p. they urged.

Instínto, *sm.* instinct, encouragement, impulse, instigation.

Instruccion, sf. instruction, tuition, precepts, information.
Instructívo-a, a. instructive, conveying knowledge.
Instructór, sm. instructor, teacher, professor.
Instruír, inf. va. to instruct, to teach, to inform, to lead into.
Instruménto, sm. instrument.
Instrúye, F. Instruir, ind. pres. 3s. instructs.
Insufríble, a. insufferable, intolerable, not to be borne or endured.
Integridád, sf. integrity, purity, virginity.
Intelijéncia, sf. intelligence, understanding, knowledge, ability.
Intención, sf. intention, purpose, design, view.
Intentár, inf. va. to intend, to attempt, to try, to endeavour.
Inténto, sm. intent, design, purpose.
Interceptár, inf. va. to intercept, to cut off, to stop and seize.
Interés, sm. interest, gain, usury.
Interésa, F. Interesar, ind. pres. 3s. is interesting.
Interesár, inf. vn. to be important, to be interesting.
Interesámos, F. Interesar, ind. pret. 1p. we interested.
Interesánte, a. interesting, useful, convenient, important.
Ínterin, ad. meanwhile, whilst.
Interiór, sm. interior, inside.
Interiór, a. internal, inward.
Intermináble, a. everlasting, endless.
Interrumpiéndo, F. Interrumpir, ger. interrupting, intruding.
Interrumpír, inf. va. to interrupt, to hinder, to intrude on.
Interrúmpo, F. Interrumpir, ind. pres. 1s. I interrupt.
Intimando, F. Intimar, ger. intimating, notifying.

Intimidád, sf. intimacy, familiarity, acquaintance, habitude.
Intimo-a, a. intimate, familiar, internal.
Intrepidéz, sf. intrepidity, boldness, temerity.
Intrépido-a, a. intrepid, bold, daring.
Intríga, sf. intrigue, artifice.
Introducído, F. Introducir, part. introduced, conducted.
Introduciéndo, F. Introducir, ger. introducing, bringing to notice.
Introducír, inf. va. to introduce, to present, to bring into notice.
Introdujéron, F. Introducir, ind. pret. 3p. they introduced.
Inumeráble, a. numberless, innumerable, countless.
Inurbáno-a, a. impolite, rude, uncivil, uncouth.
Inútil, a. useless, unprofitable.
Invasión, sf. invasion, attack.
Invención, sf. invention, contrivance, discovery.
Inventádo-a, a. invented, discovered, feigned.
Inventáron, F. Inventar, ind. pret. 3p. invented.
Investíga, F. Investigar, ind. pres. 3s. investigates.
Investigár, inf. va. to investigate, to search out, to inquire into.
Inviérno, sm. winter.
Invisíble, a. invisible, imperceptible.
Invocación, sf. invocation, prayer, supplication.
Invocándo, F. Invocar, ger. invoking, imploring.
Invocár, inf. va. to invoke, to call on, to implore.
Ir, inf. vn. to go, to exist, to lay a wager, to be about.
Ira, sf. ire, anger, revenge, wrath.

Iracúndo-a, *a.* passionate, irascible, enraged, furious.

Iréis, F. *Ir, ind. fut. 2p.* you shall or will go.

Irracionál, *a.* irrational, stupid, foolish; *s.* a brute.

Irremediable, *adj.* irremediable.

Irrevocáble, *a.* irrevocable, not to be recalled.

Irrisíble, *a.* laughable, risible.

Irrisión, *sf.* derision, contempt, scorn.

Irritár, *inf. va.* to irritate, to agitate, to exasperate.

Isabél, *sub. prop. f.* Isabella, or Elizabeth, a woman's name.

Isaías, *sub. prop. m.* Isaiah, the prophet.

Ísla, *sf.* isle, island.

Ísla, *sub. prop. f.* Isla, the surname of a distinguished Spanish writer.

Israél, *sub. prop. m.* Israel.

Itália, *sub. prop. f.* Italy, a country in Europe.

J

Jaéz, *sf.* kind, species, manner.

Jamás, *ad.* never.

Jardín, *sm.* garden.

Jardinéro-a, *sub.* gardener.

Jasmín, *sub.* jessamin (a flower.)

Jéfe, *sm.* chief, officer, ring-leader.

Jemído, *sm.* groan, lamentation.

Jeneración, *sf.* generation, progeny, age.

Jenerál, *sm.* general, chief, commander.

Jeneralménte, *ad.* generally, commonly, in the main.

Jénero, *sm.* kind, sort.

Jéneros, *sm. p.* goods, effects, merchandise.

Jenerosidád, *sf.* generosity, magnanimity, liberality.

Jénio, *sm.* genius; character, disposition.

Jenofónte, *sub. prop. m.* Xenophon, a celebrated Athenian general and historian.

Jénova, *sub. prop. f.* Genoa, a city in Italy.

Jénte, *sub. collec. f.* people, an assemblage of persons.

Jentíl, *a.* gentle, soft, assuaging.

Jentiléza, *sf.* genteel address, ease, politeness, ostentation.

Jentilhómbre, *sm.* nobleman, lord, gentleman.

Jeografía, *sf.* geography.

Jérmen, *sm.* germ, seed, source.

Jerónimo, *sm. prop.* Jerome, a man's name.

Jerusalén, *sub. prop. m.* Jerusalem, a celebrated city in Asia, capital of ancient Judea, and now of modern Palestine.

Jesucrísto, *sub. prop. m.* Jesus Christ.

Jigánte, *sm.* giant, an uncommonly large person.

Jigánte, jiganteses, *a.* gigantic.

Jil-Blas, *sub. prop. m.* Gil-Blas, the hero of a celebrated Spanish novel.

Jinete, *sm.* horseman, cavalry.

Jitanería, *sf.* art, trick, wheedling, flattery, (used by the gypsies.)

Jitanillo-a, *sub.* little gypsy, *dim.* of *Jitano.*

Jitanísmo, *sub. collec. m.* the whole body of gypsies.

Jitáno-a, *sub.* gypsy.

Joaquin, *sm. prop.* Joakim, a man's christian name.

Jocosidád, *sf.* gaiety, mirth, merriment, jocularity.

Jornáda, *sf.* journey, travel, road, act (of a play.)
José, *sub. prop. m.* Joseph, a man's name.
Jóven, *sm.* or *f.* youth, young man or lady; *ad.* young.
Jóya, *sf.* jewel.
Juan, *sm. prop.* John, a man's name.
Juanetúdo-a, *a.* massy, bony.
Juanót, *sub. prop. m.* Juanot, the name of a personage in the anecdotes of Corpas.
Juanotería, *sub. prop. m.* Juanotería, the name of a marquisate in the anecdotes of Corpas.
Jubiládo-a, *a.* emerited; free, exempt, *emeritus.*
Júbilo, *sm.* jubilee, joy, merriment.
Juéces, *pl.* of *Juez.*
Juégo, *sm.* play, gambling.
Juéz, *sm.* judge, arbitrator.
Jugában, F. *Jugar, ind. impf. 3p.* they played.
Juguéte, *sm.* toy, trinket, gewgaw.
Juício, *sm.* judgment, opinion.
Julián, *sm.* Julianus, a Roman emperor.
Júlio, *sub. prop. m.* July, the name of the seventh month of the year.
Juménto, *sm.* ass, beast, stupid person.
Júnta, *ind. pres. 3s.* joins; *s.* assembly.
Juntádo, *a.* and *part.* united; gathered, made out, assembled.
Juntaménte, *ad.* jointly, together, at the same time.
Juntámos, F. *Juntar, ind. pres. 1p.* we join.

Júntan, F. *Juntar, ind. pres. 3p.* they join.
Juntár, *inf. va.* to join, to unite, to assemble.
Juntáron, F. *Juntar, ind. pret. 3p.* they joined.
Júnto, F. *Juntar, ind. pres. 1s.* I join.
Juntó, F. *Juntar, ind. pret. 3s.* joined.
Júnto-a, *a.* together with, united; near, contiguous.
Júra, F. *Jurar, imp. pres. 2s.* swear thou.
Júra, F. *Jurar, ind. pres. 3s.* swears.
Jurado-a, *part.* sworn to.
Júran, F. *Jurar, ind. pres. 3p.* they swear.
Jurár, *inf. vn.* to swear, to make oath, to curse.
Jurisdicción, *sf.* jurisdiction, limits, command, province.
Justícia, *sf.* justice; public officers, officers of justice.
Jústo-a, *sm.* a just or blessed person in heaven.
Jústo-a, *a.* just, correct, upright.
Juventúd, *sf.* youth, youthfulness.
Júzga, F. *Juzgar, imp. pres. 2s.* judge thou.
Júzga, *ind. pres. 3s.* judges, thinks.
Juzgád, F. *Juzgar, imp. pres. 2p.* judge ye.
Júzgan, F. *Juzgar, ind. pres. 3p.* they judge.
Juzgár, *inf. va.* to judge, to pass a sentence.
Juzgár, *inf. vn.* to judge, to form an opinion, to apprehend.

L

La, *art. f. s.* the; *la mas*, the most.
La, F. *Ella, pron. per. o. f. s.* her, it; the one, she.
Lábio, *sm.* lip, edge (of any thing.)
Labrado-a, F. *Labrar, part.* laboured, wrought made.
Labradór, *sm.* farmer, labourer, rustic, peasant; *a.* working.
Lábran, F. *Labrar, ind. pres. 3p.* they labour, or work.
Labrar, *inf. va.* to work, to labour, to till, to construct, to form.
Lábras, F. *Labrar, ind. pres.* 2s. thou labourest.
Lábro, F. *Labrar, ind. pres.* 1s. I labour.
Labró, F. *Labrar, ind. pret.* 3s. laboured.
Ládo, *sm.* side, companion.
Ladrillo, *sm.* brick, tile.
Ladrón, *sm.* thief, robber; lock.
Laércio, *sm.* Diogenes Laertius, an ancient writer.
Lágo, *sm.* lake, swamp.
Lágrima, *sf.* tear, drop.
Lamentába, F. *Lamentar, ind. impf.* 1 or 3s. lamented.
Lamentáble, *a.* lamentable, deplorable, unfortunate, miserable.
Lamentár, *inf. va.* to lament, to mourn, to bewail.
Lamentáron, F. *Lamentar, ind. pret.* 3p. they lamented.
Lampázo, *sm.* burdock (a plant.)
Láncha, *sm.* launch, gunboat, cutter.
Lánguidamente, *ad.* languidly, weakly.
Languidéz, *sf.* weariness, debility, melancholy.
Lánza, *sf.* lance, spear.
Lánza, F. *Lanzar, ind. pret.* 3s. throws.

Lánzan, F. *Lanzar, ind. pres. 3p.* they throw.
Lanzár, *inf. va.* to cast, to throw, to dart, to let loose, to rush upon.
Lanzó, F. *Lanzar, ind. pret.* 3s rushed upon, or threw.
Lárgo-a, *a.* long, large, free.
Las, *pron. dem. f. p. n.* those, they then.
Las, *art. f. p.* the; *las mas*, the most.
Lascívo-a, *sub.* a libidinous, or lascivious person.
Lascívo-a, *a.* libidinous, lascivious, luxurious.
Lástima, *sf.* pity, compassion, misfortune.
Lastimar, *va.* and *n.* to hurt, to hurt another's feelings,
Latín, *sm.* the Latin language.
Latín-a, *a.* Latin, Roman.
Lauréi, *sm.* laurel, glory, renown.
Lauréles, *sub. p. m.* honours.
Lávan, F. *Lanzar, ind. pres. 3p.* they clear or wash.
Lavár, *inf. va.* to wash, to clear (from a charge,) to white-wash.
Lázo, *sm.* tie, knot, snare.
Le, *pron. per. sub. m. o.* it, him, he, you; to him, to her, to you.
Lealtád, *sf.* loyalty, fidelity.
Leándro, *sm.* Leander, a man's name.
Lécho, *sm.* couch, litter, bed
Lechúza, *sf.* owl.
Leccion, *sf.* lesson, lecture.
Lectór, *sm.* reader, professor.
Leén, F. *Leer, ind. pres.* 2p. they read.
Leér, *inf. va.* to peruse, to lecture, to penetrate into.
Legalidád, *sm.* legality, fidelity, punctuality.

Légua, sm. league, (a distance of three miles.)
Lei, sf. law.
Leía, F. *Leer, ind. impf.* 1 or 3s. read.
Leían, F. *Leer, ind. impf.* 3p. they read.
Leías, F. *Leer, ind. impf.* 2s. thou didst read.
Léjos, ad. far, at a distance, far off.
Lémnos, sub. prop. f. Lemnos, a Grecian island in the Archipelago.
Léngua, sf. tongue, language.
Lenguáje, sf. language; tongue, diction.
Lénto-a, a. slow, tardy, sluggish.
Leonárdo, sub. prop. m. Leonard, a man's name.
Leonéra, sf. lion-cage.
León, sm. lion.
Les, F. *Ellos*, or *Ellas, pron. per. p. m. o.* them, those; to them, to you.
Létra, sf. letter, character, type.
Levánta, F. *Levantar, ind. pres.* 3s. raises.
Levantába, F. *Levantar, ind. impf.* 1 or 3s. rose.
Levantádo, F. *Levantar, part.* raised, lifted up, standing up.
Levántan, F. *Levantar, ind. pres.* 1p. they raise.
Levantándo, F. *Levantar, ger.* rising.
Levantár, inf. va. to raise, to rise, to elevate.
Levantára, F. *Levantar, subj.* 1 impf. 1 or 3s. would raise.
Levantáron, F. *Levantar, ind. pret.* 3p. raised, rose.
Levántas, F. *Levantar, ind. pres.* 2s. thou raisest.
Levánte, F. *Levantar, subj.* or *imp.* 3s. let, may raise.
Levanté, F. *Levantar, ind. pret.* 1s. I raised.
Levánte, sub. prop. m. Levant, coast of the Mediterranean, east of Italy.
Levánte, sm. east, east wind.
Levánto, F. *Levantar, ind. pres.* 1s. I raise.
Levantó, F. *Levantar, ind. pret* 3s. rose.
Léve, a. light, trifle.
Leyes p. of *Lei*, laws.
Liberál, a. liberal, generous, open.
Liberalidád, sf. liberality, generosity.
Liberalménte, ad. liberally, generously, expeditiously.
Libertád, sf. liberty, freedom, privilege, permission.
Libertár, vn. to free from, to exempt.
Libertíno-a, a. libertine, irreligious, dissolute; s. a rake.
Líbra, sf. pound.
Líbra, F. *Librar, imp. pres.* 2s. deliver or free thou.
Líbra, F. *Librar, ind. pres.* 3s. delivers, exempts.
Líbran, F. *Librar, ind. pres.* 3p. they deliver.
Librár, inf. va. to free, to deliver, to exempt, to issue.
Líbras, F. *Librar, ind. pres.* 2s. thou deliverest.
Líbre, a. free, exempt from.
Libréa, sf. living, clothes, garment, robes.
Líbro, sm. book.
Licéncia, sf. license, permission, leave.
Licenciádo, sm. licentiate, a graduate in Spanish universities, licentiate, a title given by the vulgar to any one who wears long robes
Licór, sm. liquor, spirits.
Lid, sf. struggle, strife.
Liénzo, sm. linen, rag.

Lijeréza, *sf.* levity, inconstancy, fickleness, agility, unchastity.

Lijéro-a, *a.* light, thin, swift, inconstant.

Límita, F. *Limitar, ind. pres. 3s.* limits, or is limited.

Limitádo-a, *a.* limited, common, indifferent, (in capacity.)

Límitan, F. *Limitar, ind. pres. 3p.* they limit, or are limited.

Limitár, *inf. va.* to limit, to confine, to set bounds.

Límite, *sm.* limit, boundary, confine.

Limósna, *sf.* charity, alms.

Limpiár, *inf. va.* to clean, to scour.

Limpiéza, *sf.* cleanliness, chastity, integrity

Límpio-a, *a.* clean, neat, elegant, clear.

Línce, *sm.* lynx; *a.* clearsighted, penetrating.

Líndo, *a.* neat, pretty, complete, fine.

Líno, *sm.* linen, flax.

Líquido-a, *a.* liquid, fluid, clear, evident.

Lírico-a, *a.* lyric, (pertaining to odes, and songs.)

Lírio, *sm.* lily.

Líso-a, *a.* soft, even, clear.

Lisónja, *sf.* flattery, adulation.

Lisonjéa, (se) F. *Lisonjear, ind. pres.* flatters itself.

Lisonjeádo, F. *Lisonjear, part.* flattered, praised.

Lisonjéro-a, *a.* flattering, pleasing; *s.* flatterer.

Literário-a, *a.* literary, belonging to letters.

Literatúra, *sf.* literature, science, learning.

Liviáno-a, *a.* libidinous, unchaste; light.

Lívio, *sub. prop. m.* Titus Livius, an eminent writer of antiquity.

Lo, *pron. neut. sub. o.* it, so; *lo que,* that which, what.

Lóbo, *sm.* wolf.

Lóco-a, *a.* mad, foolish, crazy.

Locuacidád, *sf.* loquacity, garrulity, talk.

Locúra, *sf.* folly, absurdity, madness.

Loéches, *sm.* Loeches, a town of Spain.

Lógra, F. *Lograr, ind. pres. 3s.* obtains.

Lográdo, F. *Lograr, part.* obtained, attained, acquired.

Lográdo-a, *part. abs.* being obtained.

Lógran, F. *Lograr, ind. pres. 3p.* they obtain.

Lográr, *inf. va.* to obtain, to enjoy, to succeed in, to acquire.

Lográron, F. *Lograr, ind. pret. 3p.* they obtained.

Lógras, F. *Lograr, ind. pres. 2s.* thou obtainest.

Lógro, F. *Lograr, ind. pres. 1s.* obtain or enjoy.

Logró, F. *Lograr, ind. pret. 3s.* obtained, succeeded in.

Lógro, *sm.* accomplishment, fulfilment, attainment.

Longúra, *sf.* length, a long period.

Lónja, *sf.* exchange; warehouse, store.

Lorédano, *sub. prop. m.* Loredano, a chief of Cochin.

Lorréna, *sub. prop. f.* Lorrain, an extensive country in the northeast of France.

Los, *art. p. m.* the; *los mas,* the most.

Los, *pron. dem. m. n.* those, they.

Lósa, *sf.* flag (a certain stone used for pavement,) earthenware.

Lozanía, luxuriance, exuberance, elegance, valour.

LLA   LLÁ

Lúce, F. *Lucir*, *ind. pres.* 3s. shines.

Lúcen, F. *Lucir*, *ind. pres.* 3p. they shine.

Lucéro, *sm.* morning star, guide, idol, lover.

Lúces, *sm. p.* talents, genius, knowledge.

Lúces, F. *Lucir*, *ind. pres.* 2s. thou shinest.

Lucír, *inf. vn.* to shine, to be brilliant, to make a figure, to glitter, to gleam.

Lucír, *inf. va.* to enlighten, to outshine, to exceed.

Lucúlo, *sub. prop. m.* Lucullus, an ancient Roman, distinguished for his oratorical, philosophic, and military talents.

Lúchan, F. *Luchar*, *ind. pres.* 3p. struggle.

Luégo, *ad.* soon, immediately; *luego que*, as soon as.

Lugár, *sm.* spot, site, place, town.

Luís, *sub. prop. m.* Lewis, a man's name.

Lújo, *sm.* luxury, extravagance, excess.

Lujúria, *sf.* luxuriousness, impurity, voluptuousness.

Lúmbre, *sf.* light, spark, fire.

Lúna, *sub. prop. f.* moon, glass, plate.

Lúto, *sm.* mourning, the dress of sorrow; *de luto*, in mourning.

Luz, *sf.* light; *luces*, knowledge, intellectual advancement.

Lúzco, F. *Lucir*, *ind. pres.* 1s. I shine.

LL

Llága, *sf.* sore, wound.

Llagado-a, *a.* wounded, hurt, injured, having sores.

Llagádo, *part.* wounded, hurt.

Lláma, *sf.* flame.

Lláma, F. *Llamar*, *imp. pres.* 2s. call.

Lláma, F. *Llamar*, *ind. pres.* 3s. calls.

Llamába, F. *Llamar*, *ind. impf.* 3s. it, he, or she called.

Llamában, F. *Llamar*, *ind. impf.* 3p. they called.

Llamáda, *sf.* call, note, treaty, signal.

Llamádo-a, F. *Llamar*, *part.* called, named, termed.

Llamáis, F. *Llamar*, *ind. pres.* 3p. ye call or name.

Lláman, F. *Llamar*, *ind. pres.* 3p. they call.

Llamár, *inf. pres. va.* to call, to name, to attract, to summon.

Llamár, *inf. pres. vn.* to refer to any book or writing.

Llámas, F. *Llamar*, *ind. pres.* 2s. thou callest.

Llamásen, F. *Llamar*, *subj. impf.* 3p. should call.

Lláme, F. *Llamar*, *subj. pres.* 1 or 3s. I, or it, he, or she may call.

Llamé, F. *Llamar*, *ind. pret.* 1s. I called.

Llámen, F. *Llamar*, *subj. pres.* 3p. they may call.

Llámes, F. *Llamar*, *subj. pres.* 2s. thou mayst call.

Llámo, F. *Llamar*, *ind. pres.* 1s. I call.

Llamó, F. *Llamar*, *ind. pret.* 3s. it, he, or she called, summoned.

Llanéza, *sf.* simplicity, familiarity, plainness.

Lláno, *a.* plain, frank, modest.

Llánto, *sm.* groan, tear, flood of tears.

LLE

Llanúra, sf. evenness, equality.
Lléga, F. Llegar, ind. pres. 3s. it, he, or she ends in.
Lléga, F. Llegar, ind. pres. 3s. it, he, or she arrives.
Llegában, F. Llegar, ind. impf. 3p. they reached.
Llegádo-a, part. arrived, being arrived, having reached.
Llégan, F. Llegar, ind. pres. 3p. they arrive.
Llegándo, (se) F. Llegar, ger. arriving at, reaching.
Llegár, inf. pres. vn. to arrive at, to become, to attain, to be enough, to ascend.
Llegár, inf. pres. vr. to approach, to join.
Llegáron, F. Llegar, ind. pret. 3s. they arrived.
Llégas, F. Llegar, ind. pres. 3s. thou arrivest.
Llégo, F. Llegar, ind. pres. 1s. I arrive.
Llegó, F. Llegar, ind. pret. 3s. it, he, or she arrived.
Llegué, ind. pret. 1s. I arrived, I went.
Llégue, F. Llegar, subj. pres. 1 or 3s. I, it, he, or she may arrive.
Lléguen, F. Llegar, subj. pres. 3p. they may arrive.
Lléna, F. Llenar, imp. pres. 2s. fill thou.
Lléna, F. Llenar, ind. pres. 3s. it, he, or she fills, or occupies.
Llénan, F. Llenar, ind. pres. 3p. they fill.
Llenándo, F. Llenar, ger. filling.
Llenár, inf. pres. va. to fill, to occupy, to accomplish, to perform.
Llénas, F. Llenar, ind. pres. 2s. thou fillest.
Llenásen, F. Llenar, subj. 3 impf. 3p. they should fill.

LLO

Lléno-a, a. full, complete, brimfull.
Lléva, F. Llevar, imp. pres. 2s. carry thou.
Lléva, F. Llevar, ind. pres. 3s. it, he, or she carries.
Llevaba, F. Llevar, ind. imp. 1 or 3s. carried.
Llevádo, F. Llevar, part. carried, brought, taken.
Llévan, F. Llevar, ind. pres. 1p. they carry, bear.
Llevándo, F. Llevar, ger. carrying, bringing.
Llevár, inf. pres. va. to carry, to bring, to bear, to produce, to gain, to charge.
Lleváron, F. Llevar, ind. pres. 3p. they carried.
Llévas, F. Llevar, ind. pres. 2s. thou carriest.
Lleváse, F. Llevar, subj. impf. 3s. might, should, or would carry.
Lléve, F. Llevar, subj. pres. 1 or 3s. I, or it, he or she may carry.
Llevé, F. Llevar, ind. pret. 1s. I carried.
Llévo, F. Llevar, ind. pres. 1s. I carry.
Llevó, F. Llevar, ind. pret. 3s. took, carried.
Llóra, F. Llorar, imp. pres. 2s. weep thou.
Llóra, F. Llorar, ind. pres. 3s. it, he, or she weeps.
Llorába, F. Llorar, ind. impf. 3s. he wept.
Llorában, F. Llorar, ind. impf. 3p. they wept.
Llóran, F. Llorar, ind. pres. 3p. they weep.
Llorándo, F. Llorar, ger. weeping, bewailing, lamenting.
Llorár, inf. pres. vn. to weep, to show sorrow by tears.

Llorár, *inf. pres. va.* to weep for, to bemoan, to bewail.
Lloráron, F. *Llorar, ind. pret.* 3p. they wept.
Llóras, F. *Llorar, ind. pres.* 2s. thou weepest.
Llóres, F. *Llorar, subj. pres.* 2s. thou mayest weep.
Lloró, F. *Llorar, ind. pres.* 1s. I weep.
Lloró, F. *Llorar, ind. pret.* 3s. wept.
Llovér, *inf. v. imp.* to rain; to abound.
Lluéve, F. *Llover, ind. pres.* 3s. it rains.
Llúvia, *sf.* rain, shower.

M

Maccio, *sub. prop. m.* Mactius, an eminent person.
Mácsima, *sf.* maxim, apophthegm.
Mácsime, *ad.* chiefly, principally.
Mácsimo-a, *a. super.* chief, greatest, principal.
Madurár, *inf. pres. vn.* to ripen, to become ripe.
Maduréz, *sf.* maturity, wisdom, prudence, seriousness.
Mádre, *sf.* mother.
Madríd, *sub. prop. f.* Madrid, the capital of Spain.
Madurásen, F. *Madurar, subj.* 3 *impf.* 3p. they should get ripe.
Maestresála, *sm.* usher (first waiter.)
Maestro, *sm.* master, director, schoolmaster.
Magnanimidád, *sf.* magnanimity, generosity, grandeur of soul.
Magnánimo-a, *a.* magnanimous, generous, noble, open.
Magnificéncia, *sf.* magnificence, splendour.
Magnífico-a, *a.* magnificent, splendid, grand.
Mágno-a, *a.* great, superior.
Mahomét, *sub. prop. m.* Mahomet, the founder of the religion followed by the Musselmans.
Majestád, *sf.* majesty, grandeur, sovereignty.
Majía, *sf.* magic.
Majiscatzín, *sub. prop. m.* Magiscatzin, the name of a great Mexican Indian.
Mal-a, *a.* bad.
Mal, *sm.* evil, harm, calamity.
Maldád, *sf.* wickedness, malice.
Maleár, *va.* or *n.* to become bad, to get spoiled.
Máles, *sm. p.* evils, miseries.
Malévolo-a, *a.* malignant, malevolent, wicked.
Malícia, *sf.* malice, perverseness, artifice, dissimulation.
Maliciósa-o, *a.* malicious, suspicious, bad.
Malígno-a, *adj.* malign, fatal.
Málo-a, *ad.* bad, wicked.
Málo, *sm. prop.* See García Malo.
Maltráta, F. *Maltratar, ind. pres.* 3s. treats ill.
Maltratádo-a, F. *Maltratar, part.* abused, ill-treated.
Maltratamiénto, *sm.* maltreatment, bad usage.
Maltratár, *inf. va.* to treat or use ill, to abuse, to spoil.
Malvádo-a, *adj.* wicked, bad.
Manantiál, *sm.* spring, source, fountain, beginning.
Mánca, F. *Mancar, ind. pres.* 3s. lames, maimes.
Mancébo, *sm.* young man, youth.
Máncha, *sf.* stain, spot.
Máncha, *sub. prop. f.* Mancha, a province of Spain.

224

Mánda, F. *Mandar, ind. pres. 3s.* orders.
Mandában, F. *Mandar, ind. impf. 3p.* they commanded.
Mandádo, F. *Mandar, part.* commanded, ordered.
Mandándo, F. *Mandar, ger.* ordering.
Mandár, *inf. va.* to command, to order, to bequeath, to send.
Mandáto, *sm.* command, order, injunction, trust.
Mándo, F. *Mandar, ind. pres. 1s.* I order.
Mandó, F. *Mandar, ind. pret. 3s.* ordered.
Manecílla, *sf.* small, pretty hand, *dim.* of *Mano.*
Manejáis, F. *Manejar, ind. pres. 2p.* ye or you manage.
Manejár, *inf. va.* to transact, to carry on, to manage.
Manéjas, F. *Manejar, ind. pres. 2s.* thou managest.
Manéra, *sf.* manner, custom; *á manera de*, like, as.
Mánga, *sf.* sleeve, water-spout.
Maniatado-a, *adj.* manacled, handcuffed.
Manifestándo, F. *Manifestar, ger.* manifesting, discovering.
Manifestár, *inf. va.* to manifest, to discover, to declare.
Manifestáron, F. *Manifestar, ind. pret. 3p.* they manifested.
Manifestémos, F. *Manifestar, subj. pres. 1p.* may manifest, let us manifest.
Manifestó, F. *Manifestar, ind. pret. 3s.* manifested, told.
Manifésta, F. *Manifestar, ind. pres. 3s.* manifests.
Manjár, *sm.* dainty, dish, food, meal, viand.
Máno, *sf.* hand, pestle.

Mansedúmbre, *sf.* meekness, gentleness, peacefulness.
Mansión, *sf.* mansion, abode, house.
Mánso-a, *a.* gentle, tame.
Mánta, *sf.* blanket.
Mantenér, *inf. va.* to maintain, to support, to feed, to persevere.
Manténgo, F. *Mantener, ind. pres. 1s.* I maintain.
Mantenimiénto, *sf.* maintenance, sustenance, subsistence, allowance.
Mánto, *sm.* veil, cloak, mantel piece.
Mantuviéra, F. *Mantener, subj. impf.* 1 or 3s. would maintain.
Mantuviéron, F. *Mantenerse, ind. pret. 3p.* maintained themselves.
Manuél, *sm. prop.* Emanuel, a man's name.
Manufactúra, *sm.* ware, manufacture, workmanship.
Manzána, *sf.* apple, pommel.
Máña, *sf.* dexterity, artifice.
Mañána, *ad.* to-morrow; *s.* morning; *de mañana*, early.
Máquina, *sf.* machine, engine, crowd.
Mar, *sm.* the sea, ocean; *mar océano*, the great sea.
Maravílla, *sf.* wonder, admiration; *ind. 3s.* it astonishes.
Maravilládo-a, F. *Maravillar, a.* astonished.
Maravíllan, F. *Maravillar, ind. pres. 3p.* they astonish.
Maravillár, *inf. pres. vn.* to wonder, to be astonished; *va.* to admire.
Maravíllo, F. *Maravillar, ind. pres. 1s.* I wonder.
Maravillóso-a, *a.* wonderful, astonishing.
Márca, *sub. prop. f.* the name of a place in Italy.
Márca, *sf.* sign, mark, scar.

Marcádo, F. *Marcar, part.* marked, branded, noted.

Marcélo, *sub. prop. m.* Marcellus, a famous Roman general.

Marchár, *inf. va.* to march, to walk, to go.

Marciál, *a.* martial, warlike.

Mariána, (Juan de) *sm. prop.* Mariana, one of the greatest historians Spain produced. Born in Talavera, Toledo, in 1536, died, 1623.

Marído, *sm.* husband, spouse, consort.

Maríno, *sm.* a seaman, mariner.

Maríno-a, *a.* marine, naval.

Mário, *sub. prop. m.* Marius, a Roman consul.

Maripósa, *sf.* butterfly, rush-light.

Mariscál, *sm.* marshal, farrier, blacksmith.

Márjen, *sm.* margin, border, edge.

Marlota, *sf.* a Moorish dress.

Mármol, *sm.* marble; epitaph, inscription.

Marqués, *sm.* a marquis; *sf.* marquesa, marchioness.

Marquesádo, *sf.* marquisate (the seignory or territory of a marquis.)

Marquesíto, *sm.* young marquis, *dim.* of *Marqués.*

Mártires, *sm. p.* martyrs.

Martírio, *sm.* martyrdom, tortures, hardships.

Martirizádo, F. *Martirizar, part.* martyred, tortured.

Mas, *ad.* more; but, except; *que mas,* what else.

Mása, *sf.* mass, dough, mortar.

Matában, F. *Matar, ind. impf. 3p.* they killed.

Matár, *inf. pres. va.* to kill, to murder, to slay, to extinguish, to vex.

Matarían, F. *Matar, subj. imp. 3p.* would kill.

Matéria, *sf.* matter, materials, subject, occasion.

Materiál, *sm.* ingredient, material, importance.

Materiál, *a.* material (not spiritual,) important, ungenteel.

Matíz, *sm.* shade, mixture, (of colours.)

Matíza, F. *Matizar, ind. pres. 3s.* decks, adorns, or beautifies.

Mató, F. *Mutar, ind. pret. 3s.* killed.

Matón, *sm.* bully.

Matrimónio, *sm.* matrimony, marriage.

Máyo, *sub. prop. m.* May, the fifth month of the year.

Mayor, *comp.* of *grande,* greater, eldest, largest, chief.

Mayordómo, *sm.* steward, majordomo.

Me, F. *Yo, pron. per. s. o.* me, to, from, on, with me.

Mecánico-a, *sub.* a mechanic, mechanical; mean.

Méce, F. *Mecer, ind. pres. 3s.* stirs, rocks.

Mecér, *inf. va.* to stir, to agitate, to jumble, to rock, to shake.

Mecído, F. *Mecer, part.* stirred, agitated.

Média, *sf.* stocking.

Medicína, *sf.* medicine, physic.

Medicinál, *a.* medicinal, curative.

Médico, *sm.* physician.

Medido-a, *adj.* measured, circumspect.

Medída, *sf.* measure, mensuration, height, proportion, moderation.

Médio, *sm.* means, way, middle, centre.

Médio-a, *a.* half; *en medio,* in the midst.

Mediocridád, *sf.* competency; mediocrity, small degree.

Mediodía, *sm.* noon, mid-day, south.

226

Medír, *inf. va.* to measure, to compare, to moderate.
Meditación, *sf.* meditation, profound thought, contemplation.
Medróso-a, *a.* fearful, terrible, horrid.
Mejór, *a. comp.* better.
Mejorár, *inf. va.* to better, to improve, to meliorate.
Melancolía, *sf.* melancholy, gloominess, depression.
Melancólico-a, *a.* melancholy, gloomy, depressed.
Meléndez Valdés, *sm. prop.* Meléndez Valdés, one of the greatest lyric poets of Spain. Born 1754, died 1817.
Memoráble, *a.* memorable.
Memória, *sf.* memory, remembrance, glory, record, monument.
Memoriál, *sm.* memorial, petition, memorandum-book.
Mendígo-a, *a.* mendicant, venal, mercenary; *s.* a beggar.
Menestér, *sm.* necessity, want, employment, what is necessary.
Menguádo-a, *a.* diminished, impaired; pusillanimous, weak.
Menór, *a. comp.* less, smaller; *el, la, menor*, the least.
Ménos, *ad.* less; except, excepting; save.
Menoscában, F. *Menoscabar, ind. pres. 3p.* they destroy.
Menoscabár, *inf. va.* to destroy, to impair, to deteriorate.
Menospreciadór-a, *s.* detester, despiser, contemner.
Menosprécian, F. *Menospreciar, ind. pres. 3p.* they despise.
Menospreciándo, F. *Despreciar, ger.* despising, disdaining.
Menospreciár, *inf. va.* to despise, to depreciate, to contemn.
Menosprécio, *sm.* contempt, scorn, disregard.

Mensajéro, *sm.* messenger.
Mente, *sf.* mind.
Mentecáto-a, *a.* silly, foolish, stupid; *s.* a stupid person.
Mentíra, *sf.* falsehood, lie, error.
Mentiróso-a, *a.* lying, erroneous, incorrect; *s.* a liar.
Menúdo-a, *a.* small, worthless, vulgar.
Mercadér, *sm.* a trader, shop-keeper, dealer.
Mercadería, *sf.* merchandise, goods, effects.
Mercéd, *sf.* a benefit, favour; *merced á,* thanks to.
Mercéd, *sf.* worship; *su merced,* his worship.
Meréce, F. *Merecer, ind. pres. 3s.* deserves.
Merecedór-a, *a.* deserving, worthy, meritorious.
Merécen, F. *Merecer, ind. pres. 3p.* they deserve.
Merecér, *inf. va.* to deserve, to be indebted for.
Merecia, F. *Merecer, ind. impf. 3s.* deserved, merited.
Meridionál, *sm.* southern.
Mérito, *sm.* merit, desert.
Méro-a, *a.* mere, nothing but.
Mésa, *sf.* table, boarding.
Mesías, *sm.* Messiah (the Redeemer.)
Metál, *sm.* metal, strength of voice.
Méten, F. *Meter, ind. pres. 3p.* they put.
Metér, *inf. va.* to put, to include, to occasion, to stake.
Meter gorra, *va.* and *n.* to sponge.
Metído-a, F. *Meter, part. abs.* being put, included, induced, strained.
Metió, F. *Meter, ind. pret. 3s.* put, did put, was putting.
Mezclándo, F. *Mezclar, ger.* mixing, mingling.

Mezclár, *inf. va.* to mix, to mingle.
Mezcláran, F. *Mezclar, subj.* 1 *impf.* 3p. they should mix.
Mi, F. *Yo. pron. per. s. o.* to me, me.
Mi, *pron. pos.* like *Mio;* my, mine.
Midiéndo, F. *Medir, ger.* measuring.
Miédo, *sm.* fear, apprehension.
Miénte, *sf.* mind; *v.* lies.
Mienten, F. *Mentir, ind. pres.* 3p. they lie, speak falsely.
Miento, F. *Mentir, ind. pres.* 1s. I lie, speak falsely.
Miéntra, or Miéntras, *ad.* whilst, in the mean time.
Miguél, *sub. prop. m.* Michael, a man's name.
Mil, *a. num.* one thousand, a thousand.
Milágro, *sm.* miracle, prodigy, wonder.
Militár, *a.* military, warlike; *s.* a soldier; *v.* to militate.
Millón, *s. num.* a million.
Mína, *sf.* mine; spring.
Minerál, *a.* mineral; *s.* a mineral.
Mínimo-a, *a. super.* least, smallest.
Ministério, *sm.* office, ministry.
Minístran, F. *Ministrar, ind. pres.* 3p. serve.
Ministrár, *inf. va.* to serve, to perform the functions.
Minístro-a, *sm.* minister, officer, magistrate.
Minorár, *inf. pres. va.* to lesson, to reduce, to decrease.
Minoró, F. *Minorar, ind. pret.* 3s. reduced.
Mio-a, *pron. pos. s. n.* or *o.* my, mine.
Míra, *sf.* view, object; attention.
Míra, F. *Mirar, ind. pres.* 2s. behold, or mind thou, see.
Míra, F. *Mirar, ind. pres.* 3s. looks, sees, minds.
Miraba, F. *Mirar, ind. impf.* 3s. looked, saw, minded.

Miraban, F. *Mirar, ind. impf.* 3p. they looked at.
Mirád, *imp. pres.* 2p. see, know, mind, take care.
Míran, F. *Mirar, ind. pres.* 3p. they look, see.
Mirándo, F. *Mirar, ger.* seeing, looking at.
Mirár, *inf. va.* to look, to see, to mind, to behold, to respect.
Míras, F. *Mirar, ind. pres.* 2s. thou regardest, seest.
Mirásteis, F. *Mirar, ind. pret.* 2p. you or ye looked at.
Míre, F. *Mirar, imp. pres.* 3s. let, look.
Míre, F. *Mirar, subj. pres.* 1 or 3s. may look.
Miren, F. *Mirar, subj. pres.* 3p. they may look.
Mirládo-a, *a.* affected, consequential.
Miro, F. *Mirar, ind. pres.* 1s. I look.
Miró, F. *Mirar, ind. pret.* 3s. looked.
Mirón, *sm.* observer, gazer.
Mis, *pron. pos. p. n.* or *o.* my, mine.
Miseráble, *a.* poor, miserable, unfortunate; wretch.
Miséria, *sf.* misery, calamity, covetousness.
Misericórdia, *sf.* mercy, pity, commiseration.
Mísero-a, *a.* miserable, wretch, distracted, poor, indigent.
Mismo-a, *a.* the same, equal, self.
Mistério, *sm.* mystery, machination, artifice.
Misterióso-a, *a.* mysterious, dark, obscure.
Mitád, *sf.* the half, one-half.
Mitigába, F. *Mitigar, ind. impf.* 1 or 3s. mitigated.
Mitigándo, F. *Mitigar, ger.* mitigating, assuaging.
Mitigár, *inf. va.* to mitigate, to assuage, to soften, to quench

Mitigó, F. *Mitigar, ind. pret.* 3s. mitigated.

Móda, sf. fashion, custom; *á la moda,* fashionable.

Modélo, sm. model, example, copy, pattern.

Modéra, F. *Moderar, ind. pres.* 3s. moderates.

Moderación, sf. moderation, temperance, frugality.

Moderan, F. *Moderar, ind. pres.* 3p. they moderate.

Moderár, inf. va. to moderate, to regulate, to adjust.

Moderár, inf. vr. to become moderate, or temperate.

Modérno-a, a. modern, recent, late.

Modérnos, sm. p. the moderns.

Modéstia, sf. modesty, decency.

Modésto-a, a. modest, unassuming, pure, chaste.

Módo, sm. manner, mode; *de modo,* or *de modo que,* so that.

Mofádo, part. scorned, scoffed.

Mofadór, sm. scoffer, scorner.

Mohátra, sm. usurer, impostor.

Mojádo-a, F. *Mojar,* part. wet, moistened.

Mólde, sm. mould, model.

Molésta, F. *Molestar, ind. pres.* 3s. troubles.

Molestár, inf. va. to harass, to molest, to vex, to trouble.

Moléstia, sf. molestation, injury, trouble.

Molestísimo-a, a. super. most troublesome, most vexing.

Moliéntes, a. grinding.

Molína, *sub. prop. m.* Molina, a personage in Gil Blas.

Moménto, sm. moment, consequence, importance.

Monárca, sm. monarch.

Monarquía, sf. monarchy, kingdom.

Monéda, sf. money, coin.

Monipédio, *sub. prop. m.* Monipódio, a celebrated fictitious bad character in the *Novelas Ejemplares* Monitory Tales of Cervántes, the author of D. Quixote.

Monstruosaménte, ad. monstrously.

Montáña, sf. mountain, rock.

Montár, inf. va. to mount; vn. to go on horse-back, to amount.

Mónte, sm. mount, wood.

Montezúma, *sub. prop. m.* Montezuma, the last Indian emperor of Mexico.

Montiél, *sub. prop. m.* Montiel, a place in Spain.

Montó, F. *Montar, ind. pret.* 3s. mounted.

Montón, sm. pile, heap.

Mora, (José Joaquin de) *sm. prop.* Mora, the name of a highly celebrated living Spanish writer. He is distinguished for his admirable Spanish version of Sir Walter Scott's *Ivanhoe* and *The Talisman.*

Moráda, sf. habitation, abode, residence.

Morádo-a, a. violet colour.

Moradór, sm. inhabitant, dweller.

Morál, sm. morality; mulberry-tree; a. moral.

Mordían, F. *Morder, ind.* 1 impf. 3p. they bit.

Móre, *sub. prop. m.* More, a very distinguished English statesman.

Moréno, a. brown, dark, swarthy.

Moribúndo-a, adj. dying.

Morír, *ind. pres. vn.* to die, to perish, to become extinct.

Moriría, F. *Morir, subj. imp.* 3s. would die.

Moro-a, a. Moorish, Moor; *Mora,* Moorish lady, woman.

Mortál, a. mortal, subject to death.

Mortificación, sf. mortification, grief, sorrow.

Mostrába, F. *Mostrar, ind. impf.* 1 or 3s. showed.
Mostrában, F. *Mostrar, ind. impf.* 3p. they showed.
Mostrándo, F. *Mostrar, ger.* showing, pointing out.
Mostrádo, F. *Mostrar, part.* shown, proved, demonstrated.
Mostrár, *inf. va.* to show, to exhibit, to establish, to explain.
Mostráron, F. *Mostrar, ind. pret.* 3p. they showed.
Mostró, F. *Mostrar, ind. pret.* 3s. showed.
Motejándo, F. *Motejar, ger.* censuring, ridiculing.
Motejár, *inf. va.* to ridicule, to censure.
Motejáron, F. *Motejar, ind. pret.* 3p. they censured.
Movimiénto, *sm.* movement, motion, disturbance, revolt.
Movió, F. *Mover, ind. pret.* 3s. moved or excited.
Mózo-a, *a.* young; *s. mozo*, a young man; *moza*, a young woman.
Mucháca, *sf.* girl.
Muchedúmbre, *sf.* multitude, abundance, plenty.
Muchísimo-a, *a. super.* very much, extremely.
Múcho, *ad.* and *a.* much, very abundant, numerous, long.
Múcho, *s.* great quantity, great distance, long time.
Mudáble, *a.* changeable, fickle, variable.
Mudánza, *sf.* change, alteration, levity.

Muéra, F. *Morir, imp. pres.* 3s. let it, him, or her die.
Muéra, F. *Morir, subj. pres.* 1 or 3s. she may die.
Muére, F. *Morir, ind. pres.* 3s. dies.
Muéro, F. *Morir, ind. pret.* 1s. I die.
Muérte, *sf.* death, assassination.
Muérto, *sm.* corpse, a dead body.
Muérto-a, *a.* dead, faded.
Muéstra, *sf.* sign, manifestation; pattern, specimen, model, example.
Muéstra, F. *Mostrar, ind. pres.* 3s. shows.
Muéstran, F. *Mostrar, ind. pres.* 3p. they show.
Muéstras, F. *Mostrar, ind. pres.* 2s. thou showest.
Muéstre, F. *Mostrar, subj. pres.* 3s. may show.
Mui, *ad.* very, much, very much.
Mujér, *sf.* woman, wife.
Mulatéro, *sm.* jockey, mule-driver.
Mullído-a, *a.* beaten up.
Mundáno-a, *adj.* worldly, of the world.
Múndo, *sm.* world, manners.
Murió, F. *Morir, ind. pret.* 3s. died.
Murmuración, *sf.* murmur, calumny, slander.
Murmurár, *inf. vn.* to murmur, to backbite, to censure.
Murmúres, F. *Murmurar, subj. pres.* 2s. thou mayest murmur.
Múro, *sm.* wall, rampart.
Mustío-a, *a.* sad, sorrowful, withered.
Mutuaménte, *ad.* mutually.

N

Nacarádo-a, *a.* pearl-coloured, set with pearls.

Náce, F. *Nacer,* ind. pres. 3s. is born, or rises.

Nacéd, F. *Nacer,* imp. 2p. arise, spring up (ye.)

Nacéis, F. *Nacer,* ind. pres. 2p. ye or you are born, or rise.

Nácen, F. *Nacer,* ind. pres. 3p. they are born, or rise.

Nacér, *inf. vn.* to be born, to rise, to blossom, to bud, to spring.

Nací, F. *Nacer,* ind. pret. 1s. I was born.

Nacído-a, *a.* born, risen, issued; *part.* been born.

Naciénte, *part. pres.* rising, coming into existence.

Naciéron, F. *Nacer,* ind. pret. 3p. they were born.

Naciése, F. *Nacer,* subj. 3 impf. 2s. should be born.

Nacimiénto, *sm.* birth, nativity, commencement, origin, rising.

Nació, F. *Nacer,* ind. pret. 3s. was born.

Náda, *sf.* nothing, non-existence; *ad.* by no means.

Náda, F. *Nadar,* ind. pres. 3s. swims.

Nadár, *inf. pres. vn.* to float, to swim, to be loose, to abound.

Nádie, *pron. indef.* no one, nobody.

Nárdo, *sm.* spikenard.

Nariz, *sf.* nose, nostril.

Naturál, *a.* native, natural; *s.* temper, disposition.

Naturaléza, *sf.* nature, virtue, propensity.

Naturalidád, *sf.* nature, candour, simplicity.

Naturalménte, *ad.* naturally, humanly.

Naufrájio, *sm.* shipwreck, miscarriage, disappointment.

Náusea, *sf.* nauseousness, disgust, displeasure.

Navárra, *sub. prop. f.* Navarre, a province of Spain.

Navarro, *sm.* native of Navarre.

Navegación, *sf.* voyage, passage navigation.

Navío, *sm.* vessel, a ship of the line, a man of war.

Necesário-a, *a.* necessary, indispensable, requisite.

Necesidád, *sf.* necessity, need, cogency.

Necesitáis, F. *Necesitar,* ind. pres. 2p. you want.

Necesítan, F. *Necesitar,* ind. pres. 3p. they want.

Necesitár, *inf. vn.* to want, to be in want of, to need.

Necesitáron, F. *Necesitar,* ind. pret. 3p. they wanted.

Necesitásen, F. *Necesitar,* subj. 3 impf. 3p. they should, could, or would want.

Necesíto, F. *Necesitar,* ind. pres. 1s. I want, need.

Nécio-a, *a.* and *s.* foolish, stupid, nonsensical.

Negár, *inf. pres. va.* to deny, to refuse; *vr.* to abstain.

Negó, F. *Negar,* ind. pret. va. denied.

Negociába, F. *Negociar,* ind. impf 1 or 3s. traded.

Negociában, F. *Negociar,* ind. impf. 3p. they traded.

Negócian, F. *Negociar,* ind. pres. 3p. they trade.

Negociánte, *sm.* merchant, trader, dealer.

Negociár, *inf. vn.* to trade, to negotiate.

231

Negociáron, F. *Negociar, ind. pret.* 3p. they traded.
Negociásen, F. *Negociar, subj.* 3 *impf.* 3p. they should trade.
Negócio, *sm.* affair, business, commerce.
Négro-a, *a.* black.
Nerón, *sub. prop. m.* Nero, a Roman tyrant.
Nérva, *sub. prop. f.* Nerva, a place in Sweden.
Nérvio, *sm.* nerve, artery.
Nervádo, F. *Nevar, part.* snowed.
Ni, *conj.* neither, nor; not; *ni siquiera*, not even.
Nído, *sm.* nest, abode, residence.
Niéga, F. *Negar, ind. pres.* 3s. denies.
Niégan, F. *Negar, ind. pres.* 3p. they deny.
Niégo, F. *Negar, ind. pres.* 1s. I deny.
Nieremberg, (Juan Eusebio) *sm. prop.* a Spanish classic writer. Born in Madrid, in 1595; died 1638.
Niéto, *sm.* grandson; *nieta*, granddaughter.
Niéve, *sf.* snow, extreme whiteness.
Nínfa, *sf.* nymph.
Ningún-a, *pron. indef.* no, nobody, no person.
Ningúno, *pron. indef.* nobody, not one, not any body.
Niñería, *sf.* puerility, childishness, gewgaw.
Niñéz, *sf.* childhood.
Niño-a, *sub.* child; *a.* young, childish.
No, *ad.* no, not; nothing; *no mas*, nothing else; *no ya*, not only; not.
Nobilísimo-a, *a. super.* most noble, very noble.
Nóble, *a.* noble, illustrious; *s.* nobleman.

Nobléza, *sf.* nobility.
Nóche, *sf.* night, darkness.
Nombrádo, F. *Nombrar, part.* appointed, nominated, called.
Nómbre, *sm.* name, noun.
Nonajenário-a, *a.* and *sub.* ninety years old.
Nórma, *sf.* model, standard, rule.
Nórte, *a.* and *s.* northern, the North.
Nórte, *sm.* rule, guide, star.
Nos, F. *Nosotros*, or *Nos, pron. per. p. o.* we, us; to, for, in, us.
Nosótros-as, *pron. per. n. p.* we.
Nosótros, *pron. per. p. o.* us, to us.
Nota, F. *Notar, imp.* 2s. remark thou, note.
Nóta, F. *Notar, ind. pres.* 3s. remarks.
Notádo-a, *a.* remarkable, noted.
Notádo, F. *Notar, part.* remarked, observed.
Nótan, F. *Notar, ind. pres.* 3p. they remark.
Notár, *inf. va.* to remark, to observe, to note, to take notes.
Notícia, *sf.* news, information, knowledge, advice.
Nóto, F. *Notar, ind. pres.* 1s. I remark.
Notó, F. *Notar, ind. pret.* 3s. remarked.
Novedád, *sf.* novelty, admiration, news.
Novéla, *sf.* novel, romance, fiction.
Novénta, *a. num.* ninety.
Nóvia, *sf.* bride.
Nóvio, *sm.* bridegroom.
Núbe, *sf.* cloud, film, shade.
Nubecílla, *sf.* small cloud, *dim.* of *Nube*.
Nubládo, *sm.* cloud, darkness, perturbation.
Nudo, *sm.* joint, contraction, knot.
Nuéstro-a, *proh. pos. o.* or *n.* our, ours.
Nuevaménte, *ad.* newly, recently.

Nuévo-a, a. new, repaired, beginning; de nuevo, anew.
Numáncia, sub. prop. f. Numantia, a city of Spain, distinguished in ancient times by the valour of its inhabitants.
Numantíno-a, s. Numantine, a native of Numantia.

Numantíno-a, a. Numantine, relating to Numantia.
Número, sm. number, cypher, multitude, harmony.
Numeróso-a, a. numerous, harmonious, melodious.
Nunca, ad. never.
Nupciál, a. nuptial, any thing pertaining to marriage.

O

Ó, conj. or, either; inter. oh!
Obcecado-a, adj. dazzled, blinded.
Obedecéis, F. Obedecer, ind. pres. 2p. ye or you obey.
Obedécen, F. Obedecer, ind. pres. 3p. they obey.
Obedecér, inf. va. to obey, to submit to, to yield to.
Obediéncia, sf. obedience, submission, precept, docility.
Obíspo, sm. bishop.
Objéto, sm. object, view, end, design.
Obligación, sf. obligation, duty; contract, provision-office.
Obligár, inf. va. to oblige, to compel.
Oblígas, F. Obligar, ind. pres. 2s. thou obligest.
Oblígue, F. Obligar, subj. pres. 3s. may oblige.
Óbra, F. Obrar, ind. pres. 3s. labours.
Óbra, sf. deed, work, labour, writing; en obra, in practice, accomplished, inflicted.
Obrába, F. Obrar, ind. impf. 1 or 3s. laboured.
Obrád, F. Obrar, imp. pres. 2p. labour you.
Obrádo, F. Obrar, part. manufactured, executed, constructed.

Óbran, F. Obrar, ind. pres. 3p. they labour.
Obrár, inf. pres. va. to work; to perform; to act.
Óbras, F. Obrar, ind. pres. 2s. thou labourest.
Obráse, F. Obrar, subj. 3 impf. 1 or 3s. should labour.
Obscurecér, inf. va. to darken, to denigrate, to grow dark.
Obscuridád, sf. obscurity, darkness, confusion.
Obscúro-a, a. obscure, unintelligible, dark, gloomy, confused.
Observában, F. Observar, ind. imp 3p. observed.
Observáncia, sf. observance, respect, reverence, careful obedience.
Observándo, F. Observar, ger. observing, remarking.
Observár, inf. va. to observe, to attend to, to obey, to execute.
Obsérvas, F. Observar, ind. pres 2s. thou observest.
Obstinación, sf. obstinacy, stubbornness, obduracy.
Obstinádo-a, part. or adjec. determined, obstinate; having resolved
Obtendrá, F. Obtener, ind. fut. 3s shall, will obtain.
Obtenér, inf. va. to obtain, to acquire, to preserve, to maintain.

Ocasión, *sf.* occasion, opportunity, season, cause, motive.

Ocasionába, F. *Ocasionar, ind. impf.* 3s. occasioned, caused.

Ocasionár, *inf. va.* to cause, to occasion, to excite, to endanger.

Océano, *sm.* ocean; *mar océano*, the great sea.

Ócho, *a. num.* eight.

Ócio, *sm.* laziness, indolence, leisure.

Ocióso-a, *a.* idle, indolent, lazy.

Octajenário-a, *a.* and *s.* eighty years old.

Octávo-a, *a. num.* eighth, the eighth.

Ocultár, *inf. va.* to conceal, to hide, to disguise, to keep secret.

Ocúlto-a, F. *Ocultar, part.* concealed, hidden.

Ocúlto, F. *Ocultar, ind. pres.* 1s. I conceal.

Ocupában, F. *Ocupar, ind. impf.* 3p. they occupied.

Ocupación, *sf.* occupation, employment, profession.

Ocupádo-a, *part.* or *adj.* occupied, employed, engaged, disturbed.

Ocupár, *inf. va.* to occupy, to engage, to fill.

Ocuparse, *vn. r.* to be engaged, to be busy.

Ocurréncia, *sf.* occurrence, event, incident.

Ódio, *sm.* hatred, detestation.

Odiosísimo-a, *a. super.* most or very odious, detestable, hateful.

Odorífero-a, *a.* odoriferous, fragrant, perfumed.

Ofénde, F. *Ofender, ind. pres.* 3s. offends.

Ofendér, *inf. va.* to offend, to make angry, to injure.

Ofendído-a, *part. adjec.* offended, affronted, vexed, injured, displeased.

Oficiál, *sm.* journeyman, officer, clerk, magistrate.

Ofício, *sm.* occupation, business, trade, profession, official letter.

Oficióso-a, *a.* officious, attentive.

Ofréce, F. *Ofrecer, ind. pres.* 3s. offers.

Ofrecér, *inf. va.* to offer, to present, to manifest to consecrate.

Ofrecí, F. *Ofrecer, ind. pret.* 1s. I offered.

Ofrecía, F. *Ofrecer, ind. impf.* 1 or 3s. offered.

Ofrecían, F. *Ofrecer, ind. imp.* 3p. they offered.

Ofreciéndo, F. *Ofrecer, ger.* offering, presenting.

Ofreciéron, F. *Ofrecer, ind. pret.* 3p. they offered.

Ofrecimiento, *sm.* promise, offering.

Ofreció, F. *Ofrecer, ind. pret.* 3s. offered.

Ofrénda, *sf.* offering, oblation, homage.

Ofuscado-a, *part.* blind, dazzled.

Ofuscando, F. *Ofuscar, ger.* blinding, dazzling.

Ofúscan, F. *Ofuscar, ind. pres.* 3p. disturb.

Oh, *inter.* oh.

Oí, F. *Oir, ind. pret.* 1s. I heard, listened to.

Oído, F. *Oir, part.* heard, listened to; *s.* ear.

Óiga, F. *Oir, imp. pres.* 3s. let ..... hear.

Óiga, F. *Oir, subj. pres.* 1 or 3s. may hear.

Óigan, F. *Oir, subj. pres.* 3p. may hear.

Óigas, F. *Oir, subj. pres.* 2s. thou mayest hear.

Óigo, F. *Oir, ind. pres.* 1s. I hear.

Oír, *inf. va.* to hear, to perceive, to understand, to listen to.

Oirá, F. *Oir, ind. fut.* 3s. will or shall hear.

Oíste, F. *Oir*, *ind. pret.* 2s. thou heardst.
Ojáza, *aug.* of *Ojo*, *sm.* large, big eye.
Ojeáda, *sf.* glance, glimpse.
Ojéte, *dim.* of *Ojo*, *sm.* little, small eye.
Ójo, *sm.* eye; sight, lather.
Ojuélo, *sm.* small, pretty eye, *dim.* of *Ojo.*
Óla, *sf.* wave, billow.
Olánda, *sf.* cambric, linen.
Olavídes (Pablo) *sm. prop.* Olavides, Count of Pilo. Born in Lima, Peru, 1740, died in Spain, 1803. He is distinguished for his persecutions, for his ill-requited spirit of improvement, for his talents as a writer, and for being the author of "*El Evanjélio en Triúnfo*," The Gospel in Triumph.
Olór, *sm.* smell, odour, hope.
Oloróso-a, *a.* odoriferous, smelling, fragant.
Olvidába, F. *Olvidar, ind. impf.* 1 or 3s. forgot.
Olvidáis, F. *Olvidar, ind. pres.* 2p. you or ye forget.
Olvidándo, F. *Olvidar, ger.* forgetting, neglecting.
Olvidár, *inf. pres. va.* to forget, to neglect to omit.
Olvídas, F. *Olvidar, ind. pres.* 2s. thou forgettest.
Olvídes, F. *Olvidar, subj. pres.* 2s. thou mayest forget.
Olvído, *sm.* oblivion, forgetfulness.
Omitír, *inf. pres. va.* to omit, to neglect, to pass over in silence.
Omnipotente, *sm.* Omnipotent, Almighty.
Ondeándo, F. *Ondear, ger.* undulating, fluctuating.
Ondeár, *inf. va.* to undulate, to wave.
Opéra, F. *Operar, ind. pres.* 3s. operates.

Operación, *sf.* operation, action, conduct.
Opéran, F. *Operar, ind. pres.* 3p. they operate.
Operár, *inf. va.* to operate, to act, to have agency.
Opinión, *sf.* opinion, judgment, reputation, character.
Opóne, F. *Oponer, ind. pres.* 3s. opposes.
Opónen, F. *Oponer, ind. pres.* 3p. they oppose.
Oponér, *inf. va.* to oppose, to contradict, to object.
Opóngan, F. *Oponer, subj. pres.* 3p. they may oppose.
Oportunidád, *sf.* opportunity, occasion, convenience.
Oportúno-a, *a.* opportunely, betimes, seasonable, convenient.
Oposición, *sf.* opposition, contradiction, competition.
Opresión, *sf.* oppression, calamity, tyranny.
Opresivo-a, *adj.* oppressive, tyrannical.
Oprímen, F. *Oprimir, ind. pres.* 3p. they oppress.
Oprimír, *inf. va.* to oppress, to crush, to afflict, to overpower.
Opróbio, *sm.* opprobrium, ignominy, calumny, shame.
Opuésto-a, *a.* opposite; contrary, adverse.
Opuléncia, *sf.* opulence, wealth, riches.
Óra, *conj.* now, whether, whether it be.
Orába, F. *Orar, ind. impf.* 3s. prayed.
Oración, *sf.* prayer, supplication, petition.
Oradór, *sm.* orator, panegyrist, encomiast.
Orár, *inf. vn.* to pray, to supplicate heaven, to ask, to harangue.

Órden, *sf.* order, precept.

Ordéna, F. *Ordenar, ind. pres. 3s.* ordains.

Ordenádo-a, *part. adjec.* ordered, commanded, ordained.

Ordenánza, *sf.* method, order, law, ordinance.

Ordenar, *inf. va.* to ordain, to order, to command, to direct.

Ordenó, F. *Ordenar, ind. pret. 3s.* ordained.

Ordinário-a, *a.* ordinary, coarse; *de ordinário*, usually.

Orgúllo, *sm.* pride, arrogance, haughtiness.

Orgullóso-a, *a.* proud, haughty, brisk, active.

Oríjen, *sm.* origin, source, motive, birthplace.

Orílla, *sf.* bank (of a river,) border, limit, edge, footpath.

Ornád, F. *Ornar, imp. pres. 2p.* ornament you.

Ornár, *inf. pres. va.* to ornament, to adorn, to embellish, to decorate.

Ornáto, *sm.* ornament, dress, decoration.

Óro, *sm.* gold, riches, trinket.

Ortiz, *sm. prop.* a late Mexican writer.

Os, F. *Vos,* or *Vosotros, pron. per. p. o.* you, ye; to you, to ye.

Osába, F. *Osar, ind. impf. 1 or 3s.* I, it, he, or she dared.

Osában, F. *Osar, ind. impf. 3p.* they dared.

Osadía, *sf.* courage, intrepidity, zeal, ardour.

Osár, *inf. pres. vn.* to dare, to venture, to be so bold as, to fancy.

Osáse, F. *Osar, subj. 3 impf. 1 or 3s.* I or he should dare.

Osásen, F. *Osar, subj. 3 impf. 3p.* they should dare.

Oscuridád, *sf.* obscurity, darkness, confusion.

Oscúro-a, *a.* obscure, dark, unintelligible.

Ostentación, *sf.* ostentation, outward show, vain display.

Ostentádo, F. *Ostentar, part.* demonstrated, bragged, praised.

Ostentádo-a, *a.* ostentatious, fond of display.

Osténtan, F. *Ostentar, ind. pres. 3p.* they brag of.

Ostentár, *inf. pres. va.* to show, to demonstrate, to boast, to brag, to make a display, a show.

Osténtes, F. *Ostentar, subj. pres. 2s.* thou mayest display.

Ostentó, F. *Ostentar, ind. pret. 3s.* it, he, or she displayed.

Ostento, *sm.* show, spectacle, prodigy.

Otéro, *sm.* hill, eminence.

Otomano-a, *sub.* Ottoman, Turk.

Otománo-a, *a.* Ottoman, relating to the Turkish empire.

Otomán, *sub.* Ottoman, Turk.

Otomán, *a.* Ottoman, Turkish.

Ótro-a, *a.* another, other; next; next one.

Otrosí, *ad.* in the same manner, also, besides, further.

Ovéja, *sf.* ewe, flock.

Óye, F. *Oir, ind. pres. 3s.* it, he, or she hears.

Óye, F. *Oir, imp. pres. 2s.* hear thou.

Óyen, F. *Oir, ind. pres. 3p.* they hear.

Oyéndo, F. *Oir, ger.* hearing, perceiving.

Oyénte, *sm.* hearer, auditor.

Oyéntes, *sm. p.* audience.

Oyéron, F. *Oir, ind. pret. 3p.* heard, listened to.

Óyes, F. *Oir, ind. pres. 2s.* thou hearest.

P

Páblo, *sub. prop. m.* Paul, a man's name.

Padécen, F. *Padecer, ind. pres. 3p.* they suffer.

Padecér, *inf. pres. va.* to suffer, to sustain an injury, to be liable to.

Padecí, F. *Padecer, ind. pret. 3s.* I suffered.

Padeciéndo, F. *Padecer, ger.* suffering.

Padezcan, F. *Padecer, subj. pres. 3p.* they may suffer.

Pádre, *sm.* father, parent; ancestor, origin.

Pága, F. *Pagar, ind. pret. 3s.* it, he, or she pays.

Pagádo-a, *part.* and *a.* pleased, paid, discharged, atoned, rewarded.

Págan, F. *Pagar, ind. pres. 3p.* they pay.

Pagár, *inf. pres. va.* to pay, to atone, to please, to reward.

Pagáron, F. *Pagar, ind. pret. 3p.* they paid.

Págas, F. *Pagar, ind. pres. 2s.* thou payest.

País, *sm.* country, nation, place.

Pája, *sm.* straw, blade.

Pajaríllo, *sm.* small bird, *dim.* of *Pájaro.*

Páje, *sm.* page, domestic.

Palábra, *sf.* word, affirmation, promise.

Palácio, *sm.* palace, castle, splendid house.

Paliádas, *sf.* fabulous virgins, consecrated to Jupiter, by the Thebans of Egypt.

Paliádo-a, *a.* deceitful, hypocritical, infamous.

Palíllo, *sm.* a small stick, toothpick, rolling-pin.

Pálpa, F. *Palpar, ind. pres. 3s.* he, she, or it feels.

Palpableménte, *ad.* evidently, clearly.

Palpár, *inf. pres. va.* to feel, to touch, to search by feeling in the dark.

Pan, *sm.* bread, support.

Pantália, *sf.* discharge.

Pápa, *sm.* Pope, the Pontiff.

Papél, *sm.* paper; figure; show, eclat; standing.

Par, *sm.* pair, equal; *sin par,* matchless, without equal; *á la par á par,* both at once; *de par en par,* a-jar, (speaking of a door.)

Pára, *prep.* for, to, towards, to the end; *para con,* in regard to, respecting.

Pára, F. *Parar, ind. pres. 3s.* stops, detains.

Parád, F. *Parar, imp. pres. 2p.* stop.

Paráje, *sm.* place, residence, condition, disposition.

Paralélo, *sm.* parallel, comparison, match.

Parár, *inf. va.* to detain, to impede, to end, to happen, to stop.

Parár, *inf. vn.* to stop, to halt.

Párche, *sm.* patch, plaster.

Paréce, F. *Parecer, ind. pres. 3s.* appears.

Parecéd, F. *Parecer, imp. 2p.* appear.

Parécen, F. *Parecer, ind. pres. 3p.* they appear.

Parecér, *inf. vn.* to appear, to seem, to resemble.

Parecér, *sm.* opinion, look; *al parecer,* to all appearances.

Paréces, F. *Parecer, ind. pres. 2s.* thou appearest, seemst.

PAR   PAS

Parecí, F. *Parecer*, *ind. pret.* 1s. I appeared.

Parecía, F. *Parecer*, *ind. impf.* 1 or 3s. I, it, he, or she appeared.

Parecían, F. *Parecer*, *ind. impf.* 3p. they appeared.

Parecído-a, *a.* resembling, like, favouring.

Parecído, F. *Parecer*, *part.* appeared, found out, approved.

Pareciéndo, F. *Parecer*, *ger.* appearing.

Pareció, F. *Parecer*, *ind. pret.* 3s. it, appeared.

Paréd, *sf.* wall, rampart.

Parentésco, *sm.* kindred, consanguinity, relationship, union, link.

Pariénte, *sm.* relation, kindred; *a.* resembling.

Parlería, *sf.* loquacity, garrulity, talking, chirping.

Páro, F. *Parar*, *ind. pres.* 1s. I stop.

Párpado, *sm.* eyelid.

Párroco, *sm.* curate, rector.

Parróquia, *sf.* parish.

Párte, *sf.* part, share; some; *de parte á parte*, through.

Párten, F. *Partir*, *ind. pres.* 3p. they depart.

Partía, F. *Partir*, *ind. impf.* 1 or 3s. departed.

Particípan, F. *Participar*, *ind. pres.* 3p. they participate.

Particípo, F. *Participar*, *ind. pres.* 1s. I participate.

Particulár, *a.* private, particular, peculiar, special, singular.

Particularménte, *ad.* particularly, especially.

Partida, *sf.* quality, item, (in account,) departure.

Partído, *sm.* measure, favour, protection, contract; match.

Partído, F. *Partir*, *part.* divided, departed.

Partiendo, F. *Partir*, *ger.* departing, setting out.

Partió, F. *Partir*, *ind. pret.* 3s. departed.

Partír, *inf. vn.* to depart, to go off, to set out, to start.

Partír, *inf. va.* to divide, to separate, to part, to resolve.

Pása, *ind. pret.* 3s. passes, spends.

Pasába, F. *Pasar*, *ind. impf.* 1 or 3s. passed.

Pasádo, F. *Pasar*, *part.* passed, pierced.

Pasáis, F. *Pasar*, *ind. pres.* 2p. ye or you pass.

Pásan, F. *Pasar*, *ind. pres.* 3p. they pass.

Pasándo, F. *Pasar*, *ger.* passing, penetrating.

Pasár, *inf. va.* to pass, to cross, to run through, to exceed.

Pasár, *inf. vn.* to pass, to go, to call on, to die.

Pasára, F. *Pasar*, *subj. impf.* 1 or 3s. I, he, &c. might or would pass.

Pasáron, F. *Pasar*, *ind. pret.* 3p they passed.

Pásas, F. *Pasar*, *ind. pres.* 2s. thou passest.

Pasáse, F. *Pasar*, *subj.* 3 *impf.* 1 or 3s. he might, should, would pass

Pasásen, F. *Pasar*, *subj.* 3 *impf.* 3p should, would, might pass.

Paseár, *inf. vn.* to walk, to move slowly, to go, to take exercise.

Paseádo, F. *Pasear*, *part.* walked. moved.

Paséan, F. *Pasear*, *ind. pres.* 3p. they walk.

Pasmádo-a, *part. adjec.* chilled, astonished, enraptured.

Pasmár, *inf. va.* to astonish, to awe.

Pasmáron, (se) *ind. pret.* 3p. they were astonished.

Pasmáron, F. *Pasmar*, *ind. pret.* 3p. they astonished.

Páso, sm. step, passage; *al paso que*, at the same time that.
Pasó, *ind. pret. 3s.* he went to, called at.
Páso, F. *Pasar, ind. pres. 1s.* I pass.
Pastór, sm. shepherd, pastor.
Pastóra, sf. shepherdess.
Pastorcíllo-a, *sub. dim.* of *Pastor*.
Patavino, sm. a native of Padua, or Patavium, Italy.
Paténte, sf. patent, warrant, commission.
Paténte, a. manifest, evident, plain.
Paternál, a. paternal, fatherly.
Pátio, sm. yard, court, pit.
Pátria, sf. native country, birthplace, country.
Patrón, pl. Patronos; sm. supporter; guardian, saint.
Pavés, sm. shield.
Pavór, sm. dread, terror.
Paz, sf. peace.
Péca, F. *Pecar, ind. pres. 3s.* sins, transgresses.
Pecádo, sm. sin, transgression, extravagance.
Pecár, *inf. vn.* to sin; to be wanting, to commit excess.
Pecáste, F. *Pecar, ind. pret. 2s.* thou sinnedst.
Pececíllo, sm. small fish, *dim.* of *Pez*, or *Pezcado*.
Pécho, sm. breast, courage, bosom; heart.
Pecadór-a, *sub.* sinner, offender, delinquent.
Pedázo, sm. piece, bit, selection.
Pedía, F. *Pedir, ind. impf. 3s.* asked, begged.
Pedían, F. *Pedir, ind. impf. 3p.* they asked.
Pedír, *inf. va.* to ask, to petition, to wish, to desire, to demand.
Pedirá, F. *Pedir, ind. fut. 3s.* will, shall ask.

Pedís, F. *Pedir, ind. pres. 2p.* you ask.
Pedregóso-a, a. stony, cragged, rugged.
Pedrería, sf. a collection of fine stones.
Pédro el Cruel, *sub. prop. m.* Peter the Cruel, a tyrant of Spain.
Peláyo, *sub. prop. m.* Pelagius, the first Spanish hero that rose against the Moorish yoke.
Peléa, sf. fight, combat, struggle.
Peleádo, F. *Pelear, part.* fought.
Peleár, *inf. pres. va.* to fight, to combat, to quarrel, to contend.
Peleáron, F. *Pelear, ind. pret. 3p.* fought.
Pelígro, sm. danger, risk, hazard; *de peligro*, dangerous.
Peligróso-a, a. dangerous, perilous, venturous, hazardous.
Pelóso-a, a. hairy, covered with hair.
Pelléjo, sm. skin, fur, hide.
Péna, sf. punishment, pain, penalty; grief, sorrow.
Pénde, F. *Pender, ind. pret. 3s.* it, he, or she hangs, or depends.
Pendéncia, sf. quarrel, disagreement, dispute.
Pendér, *inf. pres. vn.* to hang over, to depend, to be resolute.
Pendiénte, a. hanging, depending; s. declivity.
Penétra, F. *Penetrar, ind. pres. 3s.* it, he, or she penetrates.
Penetrándo, F. *Penetrar, ger.* penetrating.
Penetrár, *inf. pres. va.* to penetrate, to pierce, to be convinced, to understand, to affect the mind.
Península, sm. a peninsula, or a portion of land almost surrounded by water; hence Spain is frequently called the Peninsula.

239

Peniténcia, *sf.* atonement, penance, privation.
Penóso-a, *a.* painful.
Pensába, F. *Pensar, ind. impf.* 1 or 3*s.* thought, was thinking.
Pensamiénto, *sm.* thought, idea, design.
Pensámos, F. *Pensar, ind. pres.* 1*p.* we think.
Pensámos, F. *Pensar, ind. pret.* 1*p.* we thought.
Pensándo, F. *Pensar, ger.* thinking, believing.
Pensár, *inf. pres. va.* to think, to imagine, to believe, to weigh.
Pensatívo-a, *a.* pensive, thoughtful, reflective, cautious.
Pensíl, *sm.* pensile, a hanging garden.
Péña, *sm.* rock.
Pequeño-a, *a.* small, narrow, young.
Péra, *sm.* pear, (a fruit.)
Percíben, F. *Percibir, ind. pres.* 3*p.* perceive, receive.
Percibído, F. *Percibir, part.* perceived, received.
Percibímos, F. *Percibir, ind. pret.* 1*p.* we perceived.
Percibió, F. *Percibir, ind. pret.* 3*s.* perceived.
Percibír, *inf. pres. va.* to perceive; to receive.
Percíbo, *ind. pres.* 1*s.* I perceive, observe.
Perdér, *inf. va.* to lose, to miss, to lavish, to misspend.
Perdí, F. *Perder, ind. pret.* 1*s.* I lost.
Perdía, F. *Perder, ind. impf.* 1 or 3*s.* lost.
Perdían, F. *Perder, ind. impf.* 3*p.* they lost.
Perdición, *sf.* perdition, loss, prodigality, extravagance.
Pérdida, *sf.* loss, detriment, damage.

Perdiéra, F. *Perder, subj.* 1 *impf.* 1 or 3*s.* would lose.
Perdiéron, F. *Perder, ind. pret.* 3*p.* they lost.
Perdiése, F. *Perder, subj.* 3 *impf.* 1 or 3*s.* should lose.
Perdió, F. *Perder, ind. pret.* 3*s.* lost.
Perdíste, F. *Perder, ind. pret.* 2*s.* didst lose, lost.
Perdonándo, F. *Perdonar, ger.* pardoning, excusing.
Perdonár, *inf. va.* to pardon, to forgive, to beg leave, to exempt.
Perdonó, F. *Perdonar, ind. pret.* 3*s.* pardoned.
Perecér, *inf. va.* to perish.
Perecerémos, F. *Perecer, ind. fut.* 1*p.* we shall, will perish.
Pereció, F. *Perecer, ind. pret.* 3*s.* perished.
Peregrinádo, *part.* travelled, peregrinated.
Peregríno-a, *a.* wandering, most beautiful; *s.* a pilgrim.
Pérez (Antônio) *sm. prop.* an eminent Spanish minister and distinguished writer, persecuted by Philip II. Born about the middle of the 16th century; died 1611.
Peréza, *sf.* sloth, laziness.
Perezóso-a, *a.* slothful, lazy, indolent.
Perfección, *sf.* perfection, excellence, beauty, grace.
Perfeccionár, *inf. va.* to perfect, to complete; to finish entirely.
Perjuiciál, *a.* prejudicial, hurtful, injurious.
Perjuício, *sm.* prejudice, injury, mischief.
Pérla, *sf.* pearl.
Permíta, F. *Permitir, subj. pres.* 3*s.* may permit.
Permitíd, F. *Permitir, imp. pres.* 2*p.* permit ye.

PER

Permitiéron, F. *Permitir*, *ind. pret.* 3p. they permitted.

Permitír, *inf. va.* to permit, to agree, to grant, to admit.

Permutában, F. *Permutar*, *ind. impf.* 3p. exchanged, trucked.

Pernicióso-a, *a.* pernicious, mischievous, destructive.

Péro, *prep.* but; except, yet.

Perpetuaménte, *adv.* everlastingly, forever.

Perpétuo-a, *a.* perpetual, eternal.

Perríllo, *sm.* a little dog, *dim.* of *Perro*.

Pérro, *sm.* dog, loss.

Perseguído-a, *part. adjec.* persecuted, followed, pursued, harassed.

Perseguír, *inf. va.* to persecute, to pursue, to harass, to weary.

Pérsia, *sub. prop. f.* Persia, an extensive empire of Asia.

Persíguen, F. *Perseguir*, *subj. pres.* 3p. they may persecute.

Persíste, F. *Persistir*, *ind. pres.* 3s. persists, insists.

Persistír, *inf. vn.* to persist, to continue firm, to persevere, to insist.

Persóna, *sf.* person, individual, personage.

Personáje, *sm.* character, personage.

Perspicáz, *a.* perspicacious, sagacious, acute.

Persuáde, F. *Persuadir*, *ind. pres.* 3s. persuades.

Persuadído-a, *part. adjec.* persuaded, satisfied, convinced, sensible.

Persuadír, (se) *inf. va.* to persuade, to induce, to be persuaded.

Persuasívo-a, *a.* persuasive, pathetic.

Pertenéce, F. *Pertenecer*, *ind. pres.* 3s. belongs.

PIC

Perteńecen, F. *Pertenecer*, *ind. pres.* 3p. they belong.

Pertenecér, *inf. vn.* to belong to; to behoove.

Pertenézca, F. *Pertenecer*, *subj. pres.* 1 or 3s. may pertain, belong.

Pertréchos, *sm.* ammunition, arms, instruments.

Pervérso-a, *a.* perverse, stubborn, wicked.

Pésa, F. *Pesar*, *ind. pres.* 3s. it grieved, sorry for.

Pesádo-a, *a.* difficult, troublesome, fatiguing; heavy.

Pesadúmbre, *sf.* sorrow, grief, affliction.

Pésca, *sf.* fishing, fish, fishery.

Pesár, *inf. pres. va.* and *vn.* to weigh; to be sorry for; *á pesar de*, in spite, notwithstanding.

Pesébre, *sm.* crib, manger, stable.

Pésimo-a, *a. super.* worse, extremely bad.

Péso, *sm.* weight, consequence, dollar.

Pestañéa, *ind. pres.* 3s. he views indistinctly.

Pestañeár, *inf. va.* to move the eyelashes; to view indistinctly.

Péste, *sm.* plague, pest.

Pestífero-a, *a.* pestiferous, mischievous.

Pestílente, *a.* pestilent, pernicious.

Petición, *sf.* petition, memorial, request.

Péto, *sm.* breast-plate.

Piadóso-a, *a.* pious, merciful, compassionate.

Picába, F. *Picar*, *ind. impf.* 1 or 3s. pricked, pushed.

Picában, F. *Picar*, *ind. impf.* 3p. they stung, pricked, pushed.

Pícan, F. *Picar*, *ind. pres.* 3p. prick, push.

Picánte, *a.* sarcastic, cutting, hot.

PIR   POB

Picár, *inf. va.* to prick, to sting, to itch, to spur, to be hot.
Picarón, *sub.* rogue, villain, rascal.
Píde, F. *Pedir, ind. pres. 3s.* begs, asks.
Píden, F. *Pedir, ind. pres. 3p.* they beg.
Pidiéndo, F. *Pedir, ger.* asking, begging.
Pidiéron, F. *Pedir, ind. pret. 3p.* they asked.
Pié, *sm.* foot, level; *á pie*, on foot.
Piedád, *sf.* piety, mercy, pity.
Piédra, *sf.* stone.
Piélago, *sm.* bottom, abyss, ocean, sea.
Piénsa, F. *Pensar, ind. pres. 3s.* thinks.
Piénsan, F. *Pensar, ind. pres. 3p.* they think.
Piénsas, F. *Pensar, ind. pres. 2s.* thou dost think.
Piérda, F. *Perder, subj. pres.* 1 or 3s. may lose.
Pierdas, F. *Perder, subj. pres. 2s.* thou mayest lose.
Piérden, F. *Perder, ind. pres. 3p.* they lose.
Piérdo, F. *Perder, ind. pres. 1s.* I lose.
Piérna, *sf.* leg.
Pincél, *sm.* pencil, lead-pencil.
Pintádo, F. *Pintar, a part.* painted, adorned.
Píntan, F. *Pintar, ind. pres. 3p.* they paint.
Pintár, *inf. va.* to paint, to portray, to describe, to delineate.
Pintúra, *sf.* picture; description; painting.
Píquen, F. *Picar, subj. pres. 3p.* they may peck.
Pirinéo-a, *a.* Pyrenean, relating to the Pyrenees.
Pirinéos, *sub. prop. m. p.* Pyrenees.

Pisár, *inf. pres. va.* to tread, to stamp, to trample.
Píse, F. *Pisar, subj. pres.* 1 or 3s. may tread.
Píso, F. *Pisar, imp. pres. 1s.* I tread; *s.* story (of a house.)
Písto, *sm.* substance, juice.
Pistóla, *sf.* pistol.
Pitágoras, *sub. prop. m.* Pythagoras, a celebrated philosopher of antiquity.
Pizárro, *sub. prop. m.* Pizarro, a Spaniard who conquered Peru.
Placér, *sm.* pleasure, delight.
Planície, *sf.* plain, evenness, even ground.
Plánta, *sf.* plant, sole (of the foot.)
Plánta, F. *Plantar, ind. 3s.* plants, sows.
Plantádo, F. *Plantar, part.* planted, sown, fixed.
Plantár, *inf. pres. va.* to plant, to set up, to fix, to erect, to sow.
Plánto, F. *Plantar, ind. pres. 1s.* I plant.
Plantó, F. *Plantar, ind. pres. 3s.* planted.
Pláta, *sf.* silver, plate, wealth.
Pláya, *sf.* shore, beach.
Plaza, *sf.* town, place, square, fortress.
Plázo, *sm.* credit, appointed time.
Plebéyo, *sm.* plebeian, vulgar.
Plegádo, F. *Plegar, part.* folded, doubled.
Plégue, F. *Plegar, subj. 3s.* may it please, would that.
Plínio, *sub. prop. m.* Pliny, an ancient Roman natural historian.
Plúma, *sf.* pen, feather, writer.
Plutárco, *sub. prop. m.* Plutarch, an eminent ancient Greek biographer.
Población, *sf.* population; town, city

Pobládo-a, F. *Poblar, part.* peopled, inhabited; *s.* a town.
Póbre, *a.* poor, indigent, insignificant; *s.* a beggar.
Pobréza, *sf.* poverty, wretchedness, misery.
Póco, *s. ad.* and *a.* little; *poco á poco*, slowly, by degrees.
Podér, *sm.* power, force, authority, might.
Podér, *inf. va.* to be able, to have energy.
Poderoso-a, *a.* powerful, mighty, wealthy, eminent.
Podéis, F. *Poder, ind. pres.* 2p. ye may.
Podémos, F. *Poder, ind. pres.* 1p. we can.
Podía, F. *Poder, ind. impf.* 1 or 3s. I could.
Podíamos, F. *Poder, ind. impf.* 1p. we could.
Podían, F. *Poder, ind. impf.* 3p. they could, were able.
Podído, F. *Poder, part.* being able.
Podrá, F. *Poder, ind. fut.* 3s. will be able.
Podré, F. *Poder, ind. fut.* 1s. I shall, will be able.
Podrémos, F. *Poder, ind. fut.* 1p. we shall be able.
Poesía, *sf.* poetry, poesy.
Poéta, *sm.* poet, bard.
Políbio, *sub. prop. m.* Polybius, an eminent warrior and historian of antiquity.
Policía, *sf.* police, politeness, cleanliness, policy.
Político-a, *a.* polite, courteous, politic.
Poltronería, *sf.* supineness, idleness, laziness.
Polvaréda, *sf.* cloud of dust, altercation, dispute.
Pólvo, *sm.* powder, powders.
Pólvora *sf.* gunpowder.

Pómpa, *sf.* pomp, magnificence.
Pomposidád, *sf.* ostentation, magnificent show, bombast.
Pompóso-a, *a.* pompous, ostentatious, magnificent, inflated.
Pon, F. *Poner, imp. pres.* 2s. place, or put.
Porción, *sf.* portion, quantity.
Ponderár, *inf. va.* to exaggerate, to weigh, to examine, to ponder, to dwell on.
Póne, F. *Poner, ind. pres.* 3s. puts.
Pónen, F. *Poner, ind. pres.* 3p. they put.
Ponér, *inf. va.* to put; to fix, to impose; *vr.* to set to, to begin.
Pónes, F. *Poner, ind. pres.* 3s. thou puttest.
Pónga, F. *Poner, subj. pres.* 1 or 3s. may put.
Póngo, F. *Poner, ind. pres.* 1s. I put.
Ponía, F. *Poner, ind. impf.* 1 or 3s placed, put.
Poniéndo, F. *Poner, ger.* placing, putting.
Poniénte, *sub. prop. m.* west, west wind.
Pontífice, *sm.* Pope, Pontiff.
Ponzóña, *sf.* poison, venom.
Populár, *a.* popular.
Por, *prep.* by, for, through, on, in, on account of.
Por éntre, *comp. prep.* between, among, through.
Porfía, *sf.* obstinacy, vying.
Porfiádo-a, *a.* obstinate, stubborn.
Porqué, *conj.* because, in order that why? for what?
Pórte, *sm.* carriage, postage, conduct, caliber.
Portéro, *sm.* porter.
Pórtico, *sm.* portico, piazza (porch supported by columns.)
Posáda, *sf.* lodgings, tavern, hotel, inn.

PRE PRE

Poseé, F. *Poseer, ind. pres. 3s.* possesses.

Poseén, F. *Poseer, ind. pres. 3p.* they possess.

Poseér, *inf. va.* to possess, to have, to hold.

Poseían, F. *Poseer, ind. impf. 3p.* they possessed.

Poseído, F. *Poseer, part.* possessed, had.

Posible, *a.* possible.

Positivaménte, *ad.* positively, absolutely, certainly.

Positívo-a, *adj.* positive.

Pósta, *sf.* mail, post-office, one that travels by the post.

Postrár, *inf. va.* to prostrate, to humble, to debilitate, to exhaust.

Postrár, *inf. pres. vr.* to prostrate one's self, to kneel.

Potestád, *sf.* power.

Potestádes, *sf. p.* the heavenly spirits of the sixth choir.

Pózo, *sm.* well, whirlpool.

Pradería, *sf.* meadow, mead, lawn, prairie.

Prádo, *sm.* meadow, prairie.

Precedér, *inf. va.* to precede, to go before.

Precedió, F. *Preceder, ind. pret. 3s.* preceded, went before.

Precederán, F. *Preceder, ind. fut. 3p.* they will or shall precede.

Preciádo-a, *a.* valued, appraised, precious, conceited.

Précio, *sm.* price, value.

Preciosidád, *sm.* preciousness, excellence, worth, merit.

Precióso-a, *a.* precious, valuable, excellent.

Precipício, *sm.* precipice, destruction.

Precipitár, *inf. va.* to precipitate, to throw headlong.

Precipitarémos, F. *Precipitar, ind. fut.* 1p. we shall, will precipitate.

Precisár, *inf. va.* to compel, to oblige, to force.

Precisión, *sf.* precision, purity, correctness, necessity, obligation.

Precíso-a, *a.* necessary; precise, clear.

Predecír, *inf. va.* to foretell, to anticipate, to predict.

Predíjo, F. *Predecir, ind. pret. 3s.* foretold, predicted.

Preferíble, *a.* preferable, eligible, worthy of preference.

Pregúnta, *sf.* request, question, inquiry.

Preguntában, F. *Preguntar, ind. impf. 3p.* they ask.

Pregúntan, F. *Preguntar, ind. pres. 3p.* they inquire.

Preguntándo, F. *Preguntar, ger.* asking.

Preguntár, *inf. va.* to ask, to question, to demand, to inquire.

Pregunté, F. *Preguntar, ind. pret.* 1s. I asked.

Preguntó, F. *Preguntar, ind. pret. 3s.* demanded.

Preládo, *sm.* prelate.

Prelúdio, *sm.* prelude.

Prémia, F. *Premiar, ind. pres. 3s.* rewards.

Premiár, *inf. va.* to recompense, to reward, to remunerate.

Premió, F. *Premiar, ind. pret. 3s.* rewarded.

Prémio, *sm.* premium, reward.

Prénda, *sm.* quality; accomplishment, pawn, talent.

Prendádo-a, *a.* gifted, endued; *part.* being delighted with.

Prendiéron, F. *Prender, ind. pret. 3p.* they took, they took root.

Preocupación, *sf.* prejudice.

Prepára, F. *Preparar, ind. pres. 3s.* prepares.

Preparár, *inf. va.* to prepare, to fit to get ready, to be disposed.

Prepáras, F. *Preparar*, *ind. pres.* 2*s.* thou preparest.

Preparatívo, *sm.* preparation, preparative.

Prerogatíva, *sf.* prerogative, power, privilege.

Présa, *sf.* prize, spoil, capture.

Prescindír, *inf. va.* to lay aside, to cut off, to intercept.

Prescribe, F. *Prescribír*, *ind. pres.* 3*s.* prescribes, commands.

Prescribír, *inf. va.* to prescribe, to mark, to command.

Preséncia, *sf.* presence, figure, demeanour.

Presénta, F. *Presentar*, *ind. pres.* 3*s.* presents.

Presentába, F. *Presentar*, *ind. impf.* 1 or 3*s.* presented.

Presentában, F. *Presentar*, *ind. impf.* 3*p.* they presented.

Presentár, *inf. va.* to present, to offer, to favour with a gift.

Presentáron, F. *Presentar*, *ind. pret.* 3*p.* they presented.

Presénte, *sub.* present, gift.

Presénte, *a.* present.

Presenté, F. *Presentar*, *ind. pret.* 1*s.* I presented.

Presentó, F. *Presentar*, *ind. pret.* 3*s.* presented.

Preservár, *inf. va.* to preserve, to defend from evil, to keep.

Preservó, F. *Preservar*, *ind. pret.* 3*s.* preserved.

Préso, *sm.* a prisoner; *part.* taken, seized in prison.

Préso, F. *Tomar*, *part.* taken, seized.

Prestéza, *sf.* quickness, promptitude.

Prestíjio, *sm.* illusion, fascination.

Présto, *ad.* soon, directly.

Presumído-a, *part. substan.* presumptuous, bold, vain, or petulant.

Presumído, F. *Presumir*, *part.* presumed, arrogated.

Presunción, *sf.* presumption, conjecture, confidence, suspicion.

Presuróso-a, *a.* hasty, prompt, light.

Preténde, F. *Pretender*, *ind. pres.* 3*s.* pretends, desires.

Pretendér, *inf. va.* to pretend, to claim, to solicit, to attempt.

Preténdes, F. *Pretender*, *ind. pres.* 2*s.* thou pretendest or attemptest.

Pretendíente, *sm.* candidate, suitor, lover, solicitor.

Pretensión, *sf.* pretension, claim, pretext.

Pretestándo, F. *Pretestar*, *ger.* alleging.

Pretestár, *inf. va.* to allege, to give a pretext, to advance a pretence.

Pretiénde, F. *Pretender*, *ind. pres.* 3*s.* solicits, pretends.

Pretiéndes, F. *Pretender*, *ind. pres.* 2*s.* thou pretendest.

Pretór, *sm.* Prætor, formerly one of the chief magistrates of Rome.

Prevaricadór, *sm.* prevaricator, caviller, shuffler.

Prevenír, *inf. va.* to prepare, to anticipate, to prevent, to provide.

Prevér, *inf. va.* to foresee, to foreknow.

Previniéndo, F. *Prevenir*, *ger.* cautioning, arranging, preventing, considering, ordering.

Prevíno, F. *Prevenir*, *ind. pret.* 3*s.* provided.

Priésa, *sub.* haste, hurry; *de priesa*, in haste, fast.

Primér, *a. num.* first; chief, superior.

Primeraménte, *ad.* first, in the first place.

Primero-a, *a. num.* first; chief.

Primitívo-a, *a.* primitive, original.

Primór, *sm.* nicety, delicacy.

Primoróso-a, *ad.* neat, elegant, exquisite, pretty, dexterous.

Principádos, sm. p. the heavenly spirits of the third choir; principality, power, pre-eminence.
Principal, a. principal, noble, princely, of quality, rank.
Principalménte, ad. principally, chiefly, mainly.
Príncipe, sm. prince, king.
Principiába, F. *Principiar*, ind. impf. 3s. it was beginning, began.
Principiár, inf. va. to begin, to commence, to enter upon.
Principió, F. *Principiar*, ind. pret. 3s. began.
Princípio, sm. principle, beginning, motive, source.
Prisa, a. and s. haste; *de prisa*, in haste, fast.
Prisión, sf. prison, jail, captivity.
Prisionéro, sm. prisoner, culprit.
Príva, F. *Privar*, ind. pres. 3s. deprives.
Príva, F. *Privar*, ind. pres. 3s. enjoys the favour of.
Privacion, sf. privation, want.
Privándo, F. *Privar*, ger. depriving.
Privánza, sf. favour, protection.
Privár, inf. pres. vn. to deprive of, to preclude from, to enjoy the protection of.
Privilejiádo-a, a. possessing a privilege or power.
Probában, (se) ind. impf. 3p. they tried, experimented, proved.
Probár, inf. va. to try, to examine, to prove, to taste, to attempt.
Probléma, sm. problem, question.
Procedér, sm. behaviour, conduct, manner of acting.
Procedér, sm. manner of proceeding, demeanour, management.
Procesión, sf. procession, train.
Procéso, sm. process, judicial proceedings, suit.
Prócsimo-a, a. next; nearest, on the verge of.

Procúra, F. *Procurar*, ind. pres. 3s. endeavours.
Procuráben, F. *Procurar*, ind. impf. 3p. they endeavoured.
Procurámos, F. *Procurar*, ind. pres. 1p. we endeavour.
Procurándo, F. *Procurar*, ger. endeavouring.
Procurár, inf. va. to solicit, to strive, to endeavour.
Procuraré, F. *Procurar*, ind. fut. 1s. I will endeavour.
Procurémos, F. *Procurar*, subj. pres. or imp. 1p. may, let . . . . . endeavour.
Procúres, F. *Procurar*, subj. pres. 2s. thou mayest endeavour.
Prodigalidád, sf. prodigality, extravagance, abundance.
Prodigár, inf. va. to waste, to lavish, to mis-spend, to bestow.
Prodigado, F. *Prodigar*, part. lavish.
Prodíjio, sm. prodigy, miracle, wonder.
Producción, sf. production, commodity.
Prodúce, F. *Producir*, ind. 3s. produces.
Prodúcen, F. *Producir*, ind. pres 3p. produce.
Producído, sm. proceeds.
Producído, F. *Producir*, part. produced, brought forth, exhibited, maintained.
Producír, inf. va. to produce, to bring forth, to engender.
Prodújo, F. *Producir*, ind. pret. 3s produced.
Prodúzca, F. *Producir*, subj. pres. 3s. may produce.
Proferír, inf. va. to utter, to pronounce, to proffer, to relate.
Profesámos, F. *Profesar*, ind. pres. 1p. we profess.
Profesár, inf. pres. va. to profess, to exercise, to practise.

Profesión, *sf.* profession, trade, business, protestation.
Proféta, *sm.* prophet, (one who tells future events.)
Profetíza, F. *Profetizar, ind. pres.* 3*s.* predicts.
Profetizár, *inf. va.* to prophesy, to predict, to conjecture.
Profiére, F. *Proferir, ind. pres.* 3*s.* utters, says.
Prófugo, *sub.* fugitive; *part.* runaway.
Profundaménte, *ad.* profoundly, respectfully.
Profundidád, *sf.* profundity, depth, intensity, excellence.
Profundísimo-a, *a. super.* most deep, most profound, most high.
Profúndo-a, *a.* profound, deep, sound.
Profusión, *sf.* profusion, lavishness.
Progresión, *sf.* progression, process.
Políjo-a, *a.* prolix, tedious, fatiguing, troublesome.
Prolongádo-a, *a.* prolonged, extended, procrastinated, delayed.
Promésa, *sf.* promise, offering.
Prometér, *inf. va.* to promise; to flatter one's self.
Prométes, F. *Prometer, ind. pres.* 2*s.* thou promisest.
Prometí, F. *Prometer, ind. pret.* 1*s.* promised.
Prométo, F. *Prometer, ind. pres.* 1*s.* I promise.
Prontaménte, *ad.* quickly, promptly.
Prónto, *ad.* soon, immediately.
Pronunciado-a, F. *Pronunciar, part.* uttered.
Pronúncian, F. *Pronunciar, ind. pres.* 3*p.* they pronounce.
Pronunciár, *inf. va.* to pronounce, to utter, to deliver.
Propiaménte, *ad.* properly, regularly, orderly.

Propiedád, *sf.* possession, propriety, property, quality.
Própio-a, *a.* peculiar to, own, proper; *sm.* a messenger.
Proponér, *inf. va.* to propose, to represent, to purpose.
Proporción, *sf.* proportion, symmetry, similarity.
Proporcionádo, *part. adjec.* proportioned, adapted.
Proporcionár, *inf. va.* to proportion, to adapt, to mitigate, to procure.
Proporciónen, F. *Proporcionar, subj. pres.* 3*p.* may proportion or procure.
Propósito, *sm.* purpose, design; *á propósito,* adapted to.
Propuésta, *sf.* proposal, representation, application.
Propúso, F. *Proponer, ind. pret.* 3*s.* it, he, or she proposed.
Prorumpiéron, F. *Prorumpir, ind. pret.* 3*p.* burst into.
Prorumpió, F. *Prorumpir, ind. pret.* 3*s.* burst into.
Prorumpír, *inf. pres. vn.* to burst into, to burst forth.
Prósa, *sf.* prose, verbiage, loquacity, language.
Proseguid, F. *Proseguir, imp. pres.* 2*p.* continue, go on.
Proseguír, *inf. va.* to continue, to follow, to pursue, to go on.
Prosiguiéndo, F. *Proseguir, ger.* continuing, following.
Prosiguió, F. *Proseguir, ind. pret.* 3*s.* proceeded, continued.
Prosperidád, *sf.* prosperity, success, good fortune, luck.
Próspero-a, *a.* prosperous, successful, fortunate.
Protección, *sf.* protection, favour, shelter, asylum.
Protectóra, *sf.* protectress, benefactress.

Protajér, *inf. va.* to protect, to patronize, to encourage.

Protérvo, *a.* stubborn, arrogant, insolent.

Protésta, *sf.* protest, promise, asseveration.

Protestación, *sf.* protestation, protest, solemn declaration.

Provécho, *sm.* profit, gain, proficiency, advantage, utility.

Provechóso-a, *a.* profitable, beneficial, advantageous.

Proveér, *inf. va.* to provide, to supply, to dispose, to decree.

Proveía, F. *Proveer, ind. impf.* 1 or 3*s.* provided.

Provenír, *inf. vn.* to arise, to originate, to proceed from.

Providéncia, *sub. prop. f.* Providence.

Providéncia, *sf.* providence, foresight, order of things.

Proviéne, F. *Provenir, ind. pres.* 3*s.* arises, follows.

Proviénen, *ind. pres.* 3*p.* they arise, spring.

Província, *sf.* province; country, territory.

Provisór, *sm.* vicar-general, prætor.

Proyécto, *sm.* project, scheme, plan, design.

Prudéncia, *sf.* prudence, wisdom, temperance.

Prudénte, *a.* prudent, discreet, wise.

Pruéba, *sf.* proof, evidence.

Pruéba, F. *Probar, ind. pres.* 3*s.* proves.

Pruebén, F. *Probar, subj. pres.* 3*p.* may prove.

Psiquis, *sub. prop.* Psyche, the beloved of Cupid.

Publicando, F. *Publicar, ger.* publishing, proclaiming, manifesting.

Publicár, *inf. va.* to publish, to manifest.

Público-a, *a.* public, notorious, common; *sm.* the public.

Púde, F. *Poder, ind. pret.* 1*s.* I could.

Pudiéndo, F. *Poder, ger.* being able, or capable.

Pudiéra, F. *Poder, subj.* 1 *impf.* 1 or 3*s.* might, could.

Pudiéramos, F. *Poder, subj.* 1 *impf.* 1*p.* might, could.

Pudiéran, F. *Poder, subj.* 1 *impf.* 3*p.* could.

Pudiéron, F. *Poder, ind. pret.* 3*p.* they could or were able.

Pudiése, F. *Poder, subj.* 3 *impf.* 1 or 3*s.* might, could.

Púdo, F. *Poder, ind. pret.* 3*s.* could, was able.

Pudór, *sm.* modesty, bashfulness.

Pudrirá, F. *Pudrir, ind. fut.* 3*s.* shall decay, rot.

Puéblo, *sm.* town, population, the people; nation.

Puéde, F. *Poder, ind. pres.* 3*s.* can, may.

Puéden, F. *Poder, ind. pres.* 3*p.* they can, may.

Puédes, F. *Poder, ind. pres.* 2*s.* thou canst, mayest.

Puédo, F. *Poder, ind. pres.* 1*s.* I can, am able, may.

Puénte, *sm.* bridge.

Pueril, *a.* puerile, childish, foolish.

Puérta, *sf.* door, gate.

Puérto, *sm.* port, haven, harbour.

Pues, or pues que, *conj.* then, since; because.

Puésto, *sm.* place, post, office; *part.* placed, put.

Puésto, or puesto que, *conj.* since.

Pujánte, *a.* powerful, strong, pushing.

Púle, F. *Pulir, ind. pres.* 3*s.* polishes, brightens.

Púlen, F. *Pulir, ind. pres.* 3*p.* they polish.

QUÉ QUE

Pulír, *inf. va.* to polish; to civilize, to enlighten.
Púnta, *sf.* point, extremity.
Púnto, *sm.* point, end, punctilio.
Puntualménte, *ad.* punctually, exactly.
Puntuóso-a, *a.* briery, thorny, spirited, pointed.
Púrga, *sm.* purge, medicine.
Purísimo-a, *a. super.* most or very pure, chaste, uncontaminated.
Púro-a, *a.* pure, unmingled.
Púrpura, *sf.* purple, royal mantle.

Púse, F. *Poner, ind. pret.* 1*s.* put, placed.
Pusiéron, F. *Poner, ind. pret.* 3*p.* set to, began, put.
Pusiése, F. *Poner, subj.* 3 *impf.* 1 or 3*s.* should place.
Pusiésen, F. *Poner, subj.* 3 *impf.* 3*p.* should place.
Pusilánime, *a.* pusillanimous, narrow-minded, mean-spirited.
Púso, F. *Poner, ind. pret.* 3*s.* put, placed.

Q

Que, *pron. rel.* that, which, who, whom.
Que, *pron. rel.* used absolutely, what.
Que, *conj.* than; for, because, since.
Quebrantádo, F. *Quebrantar, part.* broken.
Quebrantár, *inf. va.* to break, to transgress.
Quéda, F. *Quedar, ind. pres.* 3*s.* remains, is.
Quedába, F. *Quedar, ind. impf.* 1 or 3*s.* remained.
Quedádo, F. *Quedar, part.* remained, stopped.
Quédan, F. *Quedar, ind. pres.* 3*p.* they remain.
Quedándo, F. *Quedar, ger.* remaining, staying.
Quedár, *inf. vn.* to stay, to remain, to continue, to last.
Quedárais, F. *Quedar, subj.* 1 *impf.* 2*p.* ye or you would remain.
Quedáron, F. *Quedar, ind. pret.* 3*p.* became, were, remained.
Quéde, F. *Quedar, subj. pres.* 1 or 3*s.* may remain.
Quédo, F. *Quedar, ind. pres.* 1*s.* I remain.

Quedó, F. *Quedar, ind. pret.* 3*s.* remained, became.
Quéja, *sf.* complaint.
Quéja, F. *Quejar, ind. pres.* 3*s.* complains.
Quéjan, F. *Quejar, ind. pres.* 3*p.* they complain.
Quejár, *inf. vr.* to complain, to lament.
Quéjas, F. *Quejar, ind. pres.* 2*s.* thou complainest.
Quéjo, F. *Quejar, ind. pres.* 1*s.* I complain.
Quejó, F. *Quejar, ind. pret.* 3*s.* it, he, or she complained.
Quéma, F. *Quemar, ind. pres.* 3*s.* it, he, or she burns.
Quemába, F. *Quemar, ind. impf.* 1 or 3*s.* burnt.
Quemár, *inf. va.* to burn, to waste, to parch.
Quemár, *inf. vn.* to burn, to be very hot, to fret, to be impatient.
Querámos, F. *Querer, subj. pres.* 1*p* we may be willing.
Queréis, F. *Querer, ind. pres.* 2*p.* ye, or you wish.
Querér, *inf. va.* to wish, to be willing, to be fond of.

QUI

Quería, F. *Querer, ind. impf.* 1 or 3s. wished, was willing, did want, fond of.

Querían, F. *Querer, ind. impf.* 3p. they were willing.

Querías, F. *Querer, ind. impf.* 2s. thou wert willing.

Querído-a, *sub.* dear, darling, lover.

Querído, *a.* dear, beloved.

Querído, F. *Querer, part.* wished, desired, being willing.

Queriéndo, F. *Querer, ger.* desiring, wishing, loving.

Querubín, *sm.* cherub (a celestial spirit, next in order to the seraphim.)

Quevédo, (Francisco de) *sub. prop. m.* Quevedo, one of the greatest Spanish prose and poetic writers, and one of the most extraordinary men the world has produced. Born in Madrid, in 1580; died 1645.

Quiébra, *sf.* failure, breaking.

Quiébra, F. *Quebrar, ind. pres.* 3s. he breaks.

Quien, *pron. rel.* that, who, which, whom.

Quien, *pron. indef.* one, some, this.

Quiéra, F. *Querer, subj. pres.* 1 or 3s. may be willing.

Quiéran, F. *Querer, subj. pres.* 3p. may please, may be willing.

Quiéras, F. *Querer, subj. pres.* 2s. thou mayest be willing.

Quiére, F. *Querer, ind. pres.* 3s. is willing; *quiere decir,* it means.

Quiéren, F. *Querer, ind. pres.* 3p. are willing.

Quiéres, F. *Querer, ind. pres.* 2s. thou art willing, thou lovest.

Quiéro, F. *Querer, ind. pres.* 1s. I wish, I am willing.

Quiéto-a, *a.* quiet, tranquil.

QUÍ

Quietúd, *sf.* quietude, tranquillity, undisturbed ease.

Quijóte, *sub. prop. m.* Quixote, the name of the most celebrated Spanish novel; a ridiculous and extravagant man.

Quínce, *a. num.* fifteen.

Quintána, (Manuel José) *sm. prop* Quintana, one of the most distinguished Spanish poets and prose writers.

Quisiéra, F. *Querer, subj.* 1 *impf.* 1 or 3s. should, would, (like.)

Quisiéran, F. *Querer, subj.* 1 *impf* 3p. would, might wish.

Quisiéron, F. *Querer, ind. pret.* 3p. would, wished.

Quisiése, F. *Querer, subj.* 3 *impf* 1 or 3s. would, should.

Quíso, F. *Querer, ind. pret.* 3s. he loved, wished, desired.

Quíta, F. *Quitar, ind. pres.* 3s. takes away.

Quitádo, F. *Quitar, part.* deprived, taken, away.

Quitádo-a, *part. abs.* having taken, having deprived of.

Quitámos, F. *Quitar, ind. pres.* 1p. take, took away.

Quítan, F. *Quitar, ind. pres.* 3p. take away.

Quitár, *inf. va.* to take away, to deprive of, to separate, to leave.

Quitaron, F. *Quitar, ind. pret.* 3p. took away.

Quítas, F. *Quitar, ind. pres.* 2s. thou takest away.

Quitáse, F. *Quitar, subj. impf.* 3s. should take away.

Quíto, F. *Quitar, ind. pres.* 1s. I take away.

Quitó, F. *Quitar, ind. pret.* 3s. took away.

Quíza, *ad.* probably, perhaps.

R

Rábia, *sf.* rage; madness; fury.
Rabioso-a, *adj.* furious, angry, wrathful.
Racionál, *a.* rational, humane, reasonable.
Racionalidád, *sf.* reason, rationality, or conformity with reason.
Radiánte, *a.* radiant, refulgent, resplendent.
Ragáz, *sm.* bosom, centre, boy.
Raíz, *sf.* root, origin, source.
Ráma, *sf.* branch, shoot, rack.
Rámo, *sm.* germ, department, branch.
Rápidamente, *ad.* rapidly, intrepidly.
Ráro-a, *a.* rare, curious, uncommon, eccentric.
Rasgádo-a, *a.* rent, open, torn.
Rasgádo, F. *Rasgar, part.* torn, broken to pieces.
Rasgándo, F. *Rasgar, ger.* tearing, rending.
Rásgo, *sm.* act, trait, action, dash.
Ráso-a, *a.* plain, bare, open; private.
Rastréro-a, *a.* creeping, cringing, mean, vile.
Rástro, *sm.* track; smell; vestige, sledge.
Ráto, *sm.* while, a short time.
Ráudo, *a.* rapid, tremendous.
Ráyo, *sm.* thunderbolt, ray, beam.
Razón, *sf.* reason, right; *tenía razon,* he was right.
Razonádo, F. *Razonar, part.* reasoned, discoursed, talked, conversed.
Razonamiénto, *sm.* speech, harangue, argument, reasoning.
Reál, *a.* royal, real, true, *los reales,* royal quarters.
Realménte, *ad.* really, effectually, royally.

Realzár, *inf. va.* to elevate, to heighten.
Reanimár, *inf. va.* to reanimate, to cheer, to encourage.
Reanimó, F. *Reanimar, ind. pret* 3*s.* encouraged.
Rebélde, *sm.* rebel.
Rebélde, *a.* stubborn, perverse, rebellious, contumacious.
Rebosándo, F. *Rebosar, ger.* glowing, overflowing.
Rebosár, *inf. va.* to glow, to overflow, to abound.
Rebentár, *inf. vn.* to burst, to break in pieces, to break loose.
Rebentó, F. *Rebentar, ind. pret.* 3*s.* burst.
Rebutído, F. *Rebutir, part.* filled up, stuffed, overcharged.
Recádo, *sm.* message, errand, present, gift.
Recalcamiénto, *sm.* extravagance, over-fulness.
Recáma, F. *Recamar, ind. pres.* 3*s* adorns or graces.
Recamádo, *part.* embroidered, ornamented, variegated.
Recatádo-a, *part. adjec.* cautious, guarded, prudent.
Recélo, *sm.* suspicion, fear, dread, mistrust.
Rechazar, *inf. va.* to repel, to drive, to discharge, to contradict.
Rechazó, F. *Rechazar ind. pret.* 3*s.* repelled.
Recibído, F. *Recibir, part.* received, accepted, imbibed, experienced.
Recibió, F. *Recibir, ind. pret.* 3*s.* received.
Recibír, *inf. va.* to receive, to accept.
Recien, *ad.* recently, newly, lately; *a.* recent, new.

251

Recienteménte, *ad.* recently, late.
Recínto, *sm.* precinct, district, corner.
Reciprocaménte, *ad.* reciprocally, mutually.
Recíproco-a, *a.* reciprocal, mutual.
Reclinádo-a. F. *Reclinar,* part. adjec. reclined, leaning upon.
Reclúta, *sm.* recruit, recruiting.
Recobrár, *inf. pres. va.* to recover, to get back.
Recojér, *inf. va.* to collect, to gather, to receive.
Recojía, F. *Recojer, ind. impf.* 1 or 3s. gathered.
Recojído-a, *part. adjec.* collected, gathered; secluded.
Recompénsa, *sf.* reward, recompense.
Recompensár, *inf. va.* to recompense, to reward.
Recompensáron, F. *Recompensar, ind. pret.* 3p. they rewarded.
Recóndito-a, *a.* recondite, secret, concealed.
Reconóce, F. *Reconocer, ind. pres.* 3s. acknowledges.
Reconocéis, F. *Reconocer, ind. pres.* 2p. acknowledge.
Reconócen, F. *Reconocer, ind. pres.* 3p. acknowledge.
Reconocér, *inf. va.* to recognize, to acknowledge, to examine.
Reconóces, F. *Reconocer, ind. pres.* 2s. thou acknowledgest.
Reconocí, F. *Reconocer, ind. pret.* 1s. I acknowledged.
Reconocían, F. *Reconocer, ind. impf.* 3p. they acknowledged.
Reconocído-a, F. *Reconocer,* part. abs. grateful; acknowledged.
Reconociéndo, F. *Reconocer,* ger. acknowledging.
Reconoció, F. *Reconocer, ind. pret.* 3s. acknowledged.

Recordár, *inf. pres. va.* to remind, to put in mind.
Recorrer, *inf. va.* to examine, to reconnoitre, to ravage.
Recreádo, F. *Recrear,* part. amused, delighted, gratified, diverted.
Recreár, *inf. va.* to amuse, to delight, to gratify.
Recréas, F. *Recrear, ind. pres.* 2s. thou amusest.
Rectitúd, *sf.* rectitude, uprightness.
Recto-a, *a.* right, straight, just.
Recuérdan, F. *Recordar, ind. pres.* 3p. remind.
Recuéstro, *sm.* declivity.
Recúrso, *sm.* recourse, appeal, resource, means.
Red, *sf.* net, grate, snare.
Rededór, *sm.* environs; *al redeaor de,* around.
Redentór, *sub. prop. m.* the Redeemer; *sm.* redeemer.
Redíl, *sm.* sheep-fold, cover.
Redimí, F. *Redimir, ind. pret.* 1s. I redeemed.
Redimír, *inf. va.* to redeem, to rescue, to succour, to relieve.
Redóbla, F. *Redoblar, ind. pres.* 3s redoubles.
Redoblár, *inf. va.* to redouble, to clinch, to rivet.
Redóndo-a, *a.* round.
Redúce, F. *Reducir, ind. pres.* 3s. reduces.
Reducía, F. *Reducir, ind. impf.* 1 or 3s. reduced.
Reducído-a, *part. adjec.* reduced, converted.
Reducír, *inf. va.* to reduce, to lessen, to persuade.
Redújo, F. *Reducir, ind. pret.* 3s reduced.
Referír, *inf. va.* to relate, to say, to report.
Refiére, F. *Referir, ind. pres.* 3s relates.

Refiriéndo, F. *Referir*, *ger.* referring, relating, narrating.
Reflecsión, *sf.* reflection, consideration, meditation.
Reflecsionár, *inf. va.* to reflect, to think, to meditate.
Reflecsionáse, F. *Reflecsionar*, *subj. impf.* 3*s.* should reflect.
Reflejádo-a, *part.* reflected (as the rays of light.)
Refléjo, *sm.* light reflected.
Refórma, *sf.* reform, reformation, amendment.
Reformádo-a, *part. adjec.* reformed.
Refréna, F. *Refrenar*, *ind. pres.* 3*s.* curbs, checks.
Refrenár, *inf. va.* to curb, to check, to refrain, to contain.
Refrésco, *sm.* refreshment.
Refujiáron, F. *Refujiar*, *ind. pret.* 3*p.* they took refuge.
Refújio, *sm.* refuge, general asylum, protection.
Regádo-a, *a.* watered, irrigated, sprinkled.
Regaládo-a, *a.* pleasant, delicate, delicious; presented.
Regalár, *inf. va.* to present, to refresh, to entertain, to caress.
Regaló, F. *Regalar*, *ind. pret.* 3*s.* presented.
Regálo, *sm.* present, comfort, pleasure, dainty, repose.
Regár, *inf. pres. va.* to water, to bedew, to sprinkle, to irrigate.
Régla, *sf.* rule, regulation, ruler.
Régla, F. *Reglar*, *ind. pres.* 3*s.* he rules.
Régla, F. *Reglar*, *imp. pres.* 2*s.* regulate thou.
Reglár, *inf. va.* to regulate, to rule, to direct, to reform.
Regocíjan, F. *Regocijar*, *ind. pres.* 3*p.* they rejoice.
Regocíjo, *sm.* joy, pleasure, delight, rejoicing.

Rehusár, *inf. va.* to refuse, to decline, not to accept.
Rehusaré, F. *Rehusar*, *ind. fut.* 1*s.* I shall refuse.
Rei, *sm.* king; *reina*, *sf.* queen.
Réinan, F. *Reinar*, *ind. pres.* 3*p.* reign, prevail, pervade.
Reinár, *inf. va.* to reign, to prevail, to govern, to command.
Réino, *sm.* kingdom.
Reír, *inf. vn.* to laugh, to smile, to sneer, to scoff.
Réja, *sf.* grate, ploughshare.
Rejión, *sf.* region, clime.
Relación, *sf.* relation, narration, account.
Relampaguéan, F. *Relampaguear*, *ind. pres.* 3*p.* they flash.
Relampagueár, *inf. vn.* to flash, to lighten, to sparkle.
Relatár, *inf. va.* to relate, to narrate, to report, to say.
Relijión, *sf.* religion, piety, worship.
Relijióso-a, *a.* religious; *s.* chaplain, monk, clergyman; *sf.* nun.
Relíquia, *sf.* relic, remains, vestage.
Remáte, *sm.* conclusion, the highest bidding, vignette.
Remédio, *sm.* remedy, reparation, resource, medicine.
Remendár, *inf. va.* to repair, to mend, to correct.
Remiéndo, *sm.* repair, amending.
Remiéndo, F. *Remendar*, *ind. pres.* 1*s.* I mend, repair.
Remitír, *inf. va.* to send, to remit, to transmit, to refer.
Remordimiénto, *sm.* remorse, pain of guilt.
Remozár, *inf. pres. va.* to render younger; *remozarse*, *vr.* to become younger.
Remozarían, *subj.* 2 *impf.* 3*p.* would become younger.

Remozáron, *ind. pret. 3p.* became younger.
Rencór, *sm.* rancour, animosity.
Rendía, *ind. impf. 3s.* yielded, surrendered.
Rendimiénto, *sm.* submission, humiliation, delivery.
Rendír, *inf. pres. va.* to yield, to surrender, to subject, to subdue.
Rendír, *inf. vr.* to yield, to surrender, to be fatigued.
Renglón, *sm.* line.
Renómbre, *sm.* title, surname, renown, glory, fame.
Renovó, *F. Renovar, ind. pret. 3s.* renewed.
Rénta, *sf.* revenue, rent.
Réo, *sm.* culprit, culpable, prisoner.
Reójo, *sm.* a look askance; double-eye.
Repára, *F. Reparar, imp. 2s.* observe.
Repárte, *F. Repartir, ind. pres. 3s.* divides.
Repartír, *inf. pres. va.* to divide, to distribute, to assess taxes.
Repásan, *F. Repasar, ind. pres. 3p.* they look over.
Repásar, *inf. va.* to re-examine, to revise.
Repetido-a, *a.* repeated, reiterated.
Repentíno-a, *a.* sudden, subitaneous, unexpected.
Repíte, *F. Repetir, ind. pres. 3s.* repeats.
Repetír, *inf. va.* to repeat, to say over, to reiterate.
Réplica, *sf.* answer, reply, repartee.
Replicár, *inf. vn.* to reply, to answer, to contradict.
Replicó, *F. Replicar, ind. pret. 3s.* replied, answered.
Reposádo-a, *a.* tranquil, peaceful, quiet.
Reposádo, *F. Reposar, part.* reposed, rested, settled.

Reposámos, *F. Reposar, ind. pres. 1p.* we repose.
Reposámos, *F. Reposar, ind. pret. 1p.* we reposed.
Reposár, *inf. vn.* to repose, to rest.
Reposaría, *F. Reposar, subj. 2 impf. 1 or 3s.* should, would repose.
Repósen, *F. Reposar, subj. pres. 3p.* may repose.
Repóso, *sm.* repose, rest, tranquillity.
Reprehénde, *F. Reprehender, ind. pres. 3s.* reprehends.
Reprehénden, *F. Reprehender, ind. pres. 3p.* reprehend.
Reprehendér, *inf. va.* to reprimand, to reproach, to censure.
Reprehensíble, *a.* reprehensible, censurable.
Represénta, *F. Representar, ind. pres. 3s.* represents.
Representába, *F. Representar, ind. impf. 1 or 3s.* represented.
Representár, *inf. va.* to represent, to set forth, to play (on the stage.)
Representó, *F. Representar, ind. pret. 3s.* represented.
Represénto, *F. Representar, ind. pres. 1s.* I represent.
Reprimído-a, *F. Reprimir, part.* repressed, refrained, contained.
Reprimiendo, *F. Reprimir, ger.* repressing, burying.
República, *sf.* republic, commonwealth.
Repugnár, *inf. va.* to dislike, to be repugnant.
Repúgne, *F. Repugnar, subj. pres. 3s.* may object, dislike.
Reponér, *inf. pres. va.* to reply; to replace, to collocate.
Repúso, *F. Reponer, ind. pret. 3s* replied, placed.
Reputación, *sf.* reputation, fame, character, credit.
Resbaladéro, *sm.* a slippery place, enticement.

Resbaladízo-a, *a.* slippery.
Rescatar, *inf. pres. va.* to ransom.
Reséco-a, *a.* dry, lean, emaciated.
Resentír, *inf. pres. vr.* to resent, to express displeasure, to give way, to fail; to feel, to commiserate, to pity.
Resiénten, F. *Resentir, ind. pres.* 3p. they pity.
Resíste, F. *Resistir, ind. pres.* 3s. it, he, or she resists.
Resisténcia, *sf.* resistence, opposition, defence.
Resistír, *inf. vn.* to oppose, to resist, to contradict, to tolerate.
Resolvér, *inf. va.* to determine, to resolve; dissolve.
Resolvían, F. *Resolver, ind. impf.* 3p. resolved, did resolve.
Resolvió, F. *Resolver, ind. pret.* 3s. it, he, or she resolved.
Resonába, F. *Resonar, ind. impf.* 1 or 3s. resounded, did resound.
Resonár, *inf. pres. vn.* to resound, to re-echo, to rebound.
Resórte, *sm.* spring; means, cause, medium.
Respectívo-a, *a.* respective, relative.
Respécto, *sm.* respect, relation, consideration; *ad.* relative.
Respetáble, *a.* respectable, honourable, worthy of consideration.
Respéto, *sm.* respect, regard, veneration, attention.
Respirába, F. *Respirar, ind. impf.* 1 or 3s. breathed.
Respirár, *inf. vn.* to breathe, to rest, to animate.
Resplandécen, F. *Resplandecer, ind. pres.* 3p. shine.
Resplandecér, *inf. vn.* to shine, to glitter, to be brilliant.
Resplandiciéron, F. *Resplandecer, ind. pret.* 3p. shone, did shine.
Resplandór, *sm.* splendour, brilliancy, brightness.

Respónde, F. *Responder, ind. pres.* 3s. answers.
Respónden, F. *Responder, ind. pres.* 3p. answer.
Respondér, *inf. va.* to answer, to reply, to acknowledge.
Responderán, F. *Responder, ind. fut.* 3p. will, shall answer.
Respondía, F. *Responder, ind. imp.* 1 or 3s. answered, did answer.
Respondiéron, F. *Responder, ind. pret.* 3p. answered, did answer.
Respondió, F. *Responder, ind. pret.* 3s. replied.
Respondísteis, F. *Responder, ind. pret.* 2p. you answered.
Respuésta, *sf.* answer, reply.
Restába, F. *Restar, ind. impf.* 3s. remained, was left.
Restánte, *part. pres.* remainder, residue.
Restár, *inf. vn.* and *va.* to remain, to be left, to subtract.
Résto, *sub. collec.* the rest, remaining part.
Resúlta, *sf.* effect, result, vacancy.
Resultár, *inf. vn.* to result, to follow, to remain.
Resultará, F. *Resultar, ind. fut.* 3s. will follow, result.
Resultó, F. *Resultar, ind. pret.* 3s. arose, resulted.
Retardár, *inf. va.* to retard, to delay, to postpone, to defer.
Retíra, F. *Retirar, ind. pres.* 3s. it, he, or she retires.
Retirába, F. *Retirar, ind. impf.* 1 or 3s. retired, did withdraw.
Retirádo, *part.* withdrawn, retired, *a.* secluded.
Retíran, F. *Retirar, ind. pres.* 3p. they retire.
Retirár, *inf. va.* to retire, to withdraw, to decline, to retreat.
Retiró, F. *Retirar, ind. pret.* 3s. withdrew, retired.

Retíro, F *Retirar, ind. pres.* 1s. I retire; s. retirement, asylum.
Retorcér, *inf. va.* to twist; to turn.
Retorciéndo, F. *Torcer, ger.* twisting, turning.
Retostado, F. *Retostar, part.* toasted, baked.
Retráto, *sm.* portrait, copy, imitation, likeness.
Reuniéndo, F. *Reunir, ger.* uniting, collecting.
Reunír, *inf. va.* to join, to unite, to collect together.
Revelación, *sf.* revelation.
Reveréncia, *sf.* respect, veneration, reverence.
Reverenciár, *inf. va.* to venerate, to reverence, to respect.
Reverenció, F. *Reverenciar, ind. pret.* 1s. I reverenced.
Revés, *sm.* back part, reverse; *al reves,* in a manner contrary to, on the wrong side.
Revestído-a, *a.* invested with, excited or elated by.
Revestído, F. *Revestir, part.* dressed, repaired, swayed.
Revolución, *sf.* revolution, change, sedition, commotion.
Revolvér, *inf. va.* to turn, to revolve, to excite commotions.
Revuélven, F. *Revolver, ind. pres.* 3p. they revolve.
Ribéra, *sf.* bank, sea-shore.
Ríco-a, *a.* rich, wealthy.
Ridículo-a, *a.* ridiculous, contemptible, strange, despicable.
Ríe, F. *Reir, ind. pres.* 3s. laughs.
Riégan, F. *Regar, ind. pres.* 3p. they water.
Riégas, F. *Regar, ind. pres.* 2s. thou waterest.
Riénda, *sf.* rein, curb, bridle.
Riesgo, *sm.* danger, risk, hazard.
Rigór, *sm.* severity, rigour.

Riguróso-a, *a.* severe, rigorous, strict, exact.
Ríjido-a, *a.* rigid, stern, inflexible.
Rincón, *sm.* corner, retirement.
Río, *sm.* river.
Rió, F. *Reir, ind. pres.* 3s. laughed at.
Rínde, F. *Rendir, ind. pres.* 3s. yields, submits.
Rínden, F. *Rendir, ind. pres.* 3p. they yield.
Riquéza, *sf.* riches, wealth, fertility, embellishments.
Riquísimo-a, *a. super.* most or very rich, wealthy, excellent.
Rísa, *sf.* laughter, pleasing emotion.
Risibilidád, *sf.* risibility, laughter.
Risíble, *a.* risible, laughable.
Risuéño-a, *a.* smiling, pleasing, agreeable.
Ríto, *sm.* rite, tenet, worship.
Ríza, *sf.* desolation, ravage, havoc.
Róba, F. *Robar, ind. pres.* 3s. steals, robs.
Robában, F. *Robar, ind. impf.* 3p. stole, did rob.
Robádo, F. *Robar, part.* robbed, plundered, stolen, swept away.
Róban, F. *Robar, ind. pres.* 3p. steal.
Róbo, *sm.* robbery, theft.
Róbusto-a, *a.* strong, robust, vigorous.
Rocinánte, *sub. prop. m.* Rocinante, a name given to Don Quixote's horse, the name of the hero of a novel by Cervantes, a miserable clown.
Rocío, *sm.* dew; divine inspiration.
Rodéa, F. *Rodear, ind. pres.* 3s. surrounds, encircles.
Rodeában, F. *Rodear, ind. impf.* 3s. they turned.
Rodeádo-a, F. *Rodear, part. adjec.* surrounded, encircled.

Rodéan, F. *Rodear*, *ind. pres. 3p.* they turn, surround, encircle.
Rodeár, *inf. va.* to encircle, surround, to run about.
Rodéla, *sf.* shield, buckler, target.
Rodéo, *sm.* turning, winding.
Rodilla, *sf.* knee; *de rodillas*, kneeling on one's knees.
Rogádo, *part.* implored, entreated, prayed for.
Rogándo, F. *Rogar*, *ger.* praying, asking, begging.
Rogár, *inf. va.* to pray, to beseech, to implore, to entreat.
Rogó, F. *Rogar*, *ind. pres. 3s.* implored.
Rojério, *sub. prop. m.* Roger, a man's name.
Rójo-a, *a.* red, ruby.
Róma, *sub. prop. f.* Rome, a famous city in Italy; in ancient times the capital of the Roman empire.
Románo-a, *a.* Roman.
Roméro, *sm.* rosemary.
Rompér, *inf. va.* to break, to transgress, to interrupt.
Rompían, F. *Romper*, *ind. impf. 3p.* broke, did break.
Rompió, F. *Romper*, *ind. pret. 3s* broke, did break.
Rómpo, F. *Romper*, *ind. pres.* 1s. I break.
Rónda, *sub. prop. f.* Ronda, a very romantic town of Spain, near Gibraltar, and belonging to the kingdom of Granada.
Rondánte, *a.* wandering, travelling, walking.
Rópa, *sf.* clothes.
Ropílla, *sm.* coarse, or tattered clothes.

Rosáda, *sf.* frost, freezing weather, or frozen objects.
Rosál, *sm.* rose bush, a number of rose bushes.
Rosiclér, *sm.* rose colour, silver ore.
Róstro, *sm.* countenance, face.
Róto, F. *Romper*, *part.* broken.
Róto-a, *part. abs.* being broken, ended.
Rubicúndo-a, *a.* reddish, rubicund.
Rúbio-a, *a.* red, reddish, ruby.
Rubricádo-a, *part. adjec.* ratified (by having a flourish annexed,) subscribed.
Rudéza, *sf.* roughness, asperity, stupidity, dulness.
Rúdo-a, *a.* rude, vulgar, barbarous
Rueda, *sf.* wheel, roller.
Ruédo, *sm.* rotation, circuit.
Ruéga, F. *Rogar*, *ind. pres. 3s.* entreats.
Ruégan, F. *Rogar*, *ind. pres. 3p.* entreat.
Ruégo, *sm.* a prayer, petition, request.
Rufiáno-a, *sub.* pander.
Ruído, *sm.* noise, dispute.
Ruína, *sf.* ruin, ashes; destruction.
Ruindád, *sf.* meanness, baseness, poverty, avariciousness.
Ruiseñór, *sm.* nightingale.
Rujído, *sm.* bellowing, roaring.
Rúmbo, *sm.* course, point, way.
Rúmor, *sm.* noise, rumour, whispering.
Rusiáno, (more commonly Ruso,) *sm.* Russian, a native of Russia.
Rusticidád, *sf.* rusticity, simplicity, asperity, rudeness.
Rústico-a, *a.* rustic, clownish.
Rústico-a, *sub.* clown, peasant, a rustic person.

S

Saavédra Fajardo, (Diego) *sub. prop. m.* Saavedra Fajardo, a very distinguished politician and moral writer. His terse, polished, and finished style is highly praised. Born 1584, in Aljezares, Múrcia; died 1648.

Sábe, or **Sábete**, F. *Saber, imp. pres. 2s.* know.

Sábe, F. *Saber, ind. pres. 3s.* knows, knows how.

Sáben, F. *Saber, ind. pres. 3p.* they know.

Sabér, *inf. pres. va.* to know, to be learned.

Sabér, *sm.* knowledge, erudition, learning.

Sábes, F. *Saber, ind. pres. 2s.* thou knowest.

Sabía, F. *Saber, ind. impf.* 1 or 3s. I, it, he, or she knew.

Sabían, F. *Saber, ind. impf. 3p.* they knew.

Sabído, *part. substan. m.* a learned or scientific man.

Sabído-a, F. *Saber, part.* known, learned, acquired, heard.

Sabidór-a, *a.* acquainted with.

Sabiduría, *sf.* wisdom, knowledge, prudence; learning.

Sabiendo, F. *Saber, ger.* knowing.

Sábio-a, *a.* erudite, learned; wise.

Sabróso-a, *a.* savoury, pleasing, palatable.

Sacádo, F. *Sacar, part.* drawn, taken off, extracted.

Sacándo, F. *Sacar, ger.* drawing, plucking up.

Sacár, *inf. va.* to take off, to draw, to extract.

Sacará, F. *Sacar, ind. fut. 3s.* will, shall draw.

Sacásen, F. *Sacar, subj. 3 impf. 3p.* they should draw.

Sacerdóte, *sm.* clergyman, priest.

Sacó, F. *Sacar, ind. pret. 3s.* took out, drew, drew out.

Sacrificádo, F. *Sacrificar, part.* sacrificed, tortured, exposed, devoted.

Sacrificáron, F. *Sacrificar, ind. pret. 3p.* immolated, sacrificed.

Sacrifício, *sm.* compliance, sacrifice.

Sagacidád, *sf.* sagacity, acuteness, quickness of apprehension.

Sagrádo-a, *a.* sacred, consecrated; execrable.

Sagúnto, *s. prop.* Saguntum, now called Murviedro, renowned for the matchless defence of the inhabitants against the Carthaginians.

Sal, *sf.* salt; grace, elegance, wit.

Saládo-a, *a.* salted, cured; witty.

Salamánca, *sub. prop. f.* Salamanca, a city of Spain, renowned for its university.

Salário, *sm.* salary, wages.

Saldrá, F. *Salir, ind. fut. 3s.* will, shall go out.

Sále, F. *Salir, ind. pres. 3s.* goes out.

Sálen, F. *Salir, ind. pres. 3p.* go out.

Sálga, F. *Salir, imp. pres. 3s.* let ..... go out.

Sálgan, F. *Salir, subj. pres. 3p.* may go out.

Salí, F. *Salir, ind. pret. 3s.* went out.

Salía, F. *Salir, ind. impf.* 1 or 3s. went out.

Salían, F. *Salir, ind. impf. 3p.* went out.

Salías, F. *Salir, ind. impf. 2s.* thou wentest out.

Salída, *sf.* sally, the act of going out.
Salído, F. *Salir, part.* gone out, issued, published.
Saliéron, F. *Salir, ind. pret. 3p.* they went out.
Saliése, F. *Salir, subj. impf.* 1 or 3*s.* might come out, appear.
Salió, F. *Salir, ind. pret.* 3*s.* went out.
Salír, *inf. vn.* to go out, to depart, to appear, to extricate one's self.
Salís, F. *Salir, ind. pres.* 2*p.* ye go out.
Sáltan, F. *Saltar, ind. pres.* 3*p.* they jump.
Saltár, *inf. vn.* to leap, to jump, to burst, to be obvious.
Salteadór, *sm.* highwayman, robber.
Salúd, *sf.* health, safety, good.
Saludába, F. *Saludar, ind. impf.* 1 or 3*s.* saluted.
Saludáble, *a.* wholesome, healthful, salutary, healthy.
Saludádo, F. *Saludar, part.* saluted, greeted, fired a salute.
Salúdan, F. *Saludar, ind. pres.* 3*p.* they salute.
Saludár, *inf. va.* to salute, to greet, to express content.
Salústio, *sub. prop. m.* Sallust, an eminent Roman historian.
Sálva, F. *Salvar, ind. pres.* 3*s.* saves.
Salvádo, *sm.* bran, (the husk of wheat ground.)
Sálvan, F. *Salvar, ind. pres.* 3*p.* they save.
Salvár, *inf. pres. va.* to free from danger, to remove, to save, to spare.
Salvár, *inf. vr.* to escape from danger, to get over difficulties.
Salvarémos, F. *Salvar, ind. fut.* 1*p.* we shall or will be saved.
Sálve, *sf.* the Salve Regina; *inter.* hail!

Sálvo, *conj.* and *a.* safe, except; *s.* safety.
Sálvo (en,) *ad.* in safety; *conj.* except, save.
Samária, *sub. prop. f.* Samaria, a city and country in Palestine, famous in sacred history.
Samaritáno-a, *a.* Samaritan, relating to Samaria.
Sáncho, *sub. prop. m.* Sancho, the second character in the novel written by Cervántes, called Don Quixote, or Quijote.
Sángre, *sf.* blood, family.
Sangriénto, *a.* bloody, sanguinary.
Santidád, *sf.* sanctity, holiness.
Santísimo-a, *a. super.* most holy, most sanctified.
Sánto-a, *a.* holy, sacred, grateful; *s.* a saint.
Sáña, *sf.* wrath, anger, passion.
Sáque, F. *Sacar, imp. pres.* 3*s.* let it, him, or her take off.
Sáque, F. *Sacar, subj. pres.* 1 or 3*s* may take off.
Sáquen, F. *Sacar, subj. pres.* 3*p* they may take off.
Sástre, *sm.* tailor.
Satírico-a, *a.* satirical, censorious, full of invectives.
Satisfacción, *sf.* gratification; satisfaction; recompense.
Satisfáce, F. *Satisfacer, ind. pres.* 3*s.* satisfies, gratifies.
Satisfacér, *inf. va.* to satisfy, to gratify, to pay.
Satisfágan, F. *Satisfacer, subj. pres.* 3*p.* they may satisfy.
Satisfécho, *a.* satisfied, expiated; content; self-conceited.
Satisfízo, F. *Satisfacer, ind. pret.* 3*s.* satisfied.
Sáuce, *sm.* willow (a tree.)
Sazón, *sf.* maturity, taste, opportunity, season.

Sazóna, F. *Sazonar, ind. pres. 3s.* seasons.

Sazonádo-a, *a.* ripe, seasoned, timely, convenient.

Sazonár, *inf. va.* to season, to bring to maturity; *vn.* to ripen.

Se, *pron. per. reflec. o.* itself, himself, herself, themselves; each other.

Se, *pron. per. o.* to, in, from, with, on, it, him, her, them, you.

Sé, F. *Saber, ind. pres. 1s.* I know.

Só, F. *Ser, imp. pres. 2s.* be thou.

Séa, F. *Ser, subj. pres. 1s.* may be, be, is.

Seáis, F. *Ser, subj. pres. 2p.* ye or you may be.

Séan, F. *Ser, subj. pres. 3p.* may be.

Séas, F. *Ser, subj. pres. 2s.* thou mayest be.

Sebastián, *sub. prop. m.* Sebastian (a man's name.)

Secádo, F. *Secar, part.* dried, decayed.

Secádo, *part. adjec.* dry, lean, cool, repugnant.

Séco-a, *a.* dry, barren, on land.

Secretário, *sm.* secretary, clerk, confident.

Secréto-a, *sm.* secret, caution.

Secréto-a, *a.* concealed, secret, hidden.

Sectário, *sm.* sectarian, sectary, worshipper.

Sed, *sf.* thirst, desire.

Séda, *sf.* silk.

Seguído, F. *Seguir, part.* followed.

Seguír, *inf. va.* to follow, to prosecute, to conform to.

Según, *prep.* according to, as.

Segúndo-a, *a. num.* second, favourable.

Seguraménte, *ad.* surely, certainly, without doubt.

Segúro-a, *sm.* secure, sure, certain, constant.

Seguído-a, *a.* continued, followed, direct.

Seis, *a. num.* six.

Selécto-a, *a.* select, chosen.

Sélva, *sf.* forest, thicket.

Selládo-a, *a.* sealed, stamped, marked.

Semána, *sf.* week.

Semblánte, *sm.* face, countenance, appearance.

Sembrádo, *sm.* ground, corn-field.

Sembrádo, F. *Sembrar, part.* sown, planted.

Sembrando, F. *Sembrar, ger.* sowing.

Semejáble, *a.* like, similar, resembling.

Seméjan, F. *Semejar, ind. pres. 3p.* resemble.

Semejánte, *sm.* fellow-being; *a.* such, as, like.

Semejánza, *sf.* similitude, resemblance, likeness.

Semejár, *inf. vn.* to resemble, to be like, to liken.

Sencillaménte, *ad.* plainly, ingenuously, neatly.

Sencíllo-a, *a.* simple, natural, slender, silly, neat.

Sénda, *sf.* path, way.

Séneca, *sub. prop. m.* Seneca, an ancient philosopher.

Séno, *sm.* bosom, centre.

Sensación, *sf.* sensation, feeling, sentiment.

Sensibilidád, *sf.* sensibility, quickness of perception.

Sensíble, *a.* sensible, painful, easily affected.

Sentádo, F. *Sentar, part. adjec.* seated, established.

Sentár, *inf. va.* to fix, to establish, to set up, to enter, to lay down, to agree with.

Sentár, (se) *inf. vr.* to sit down, to take a chair, a seat.

SEÑ

Senténcia, *sf.* sentence, judgment, condemnation.
Sentenciádo-a, *a.* sentenced, condemned, doomed.
Sentenciosaménte, *ad.* sententiously, concisely.
Sentía, F. *Sentir, ind. impf.* 1 or 3s. felt.
Sentído, *sm.* sense, reason, signification, import; *part.* resented.
Sentimiénto, *sm.* sentiment, feeling, perception; grief, resentment.
Sentír, *inf. va.* to feel, to perceive, to be sorry for, to grudge.
Sentirse de, *inf. vr.* to resent, to be moved by, to be angry for.
Sentirá, F. *Sentir, ind. fut.* 3s. will feel.
Sentirán, F. *Sentir, ind. fut.* 3p. will feel.
Sentó, F. *Sentarse, ind. pret.* 3s. sat down.
Seña, *sf.* sign, mark, watchword.
Señál, *sm.* sign, landmark, symptom, seat.
Señaládo-a, *a.* signalized, famous.
Señaládo-a, F. *Señalar, part.* marked, stamped, determined, indicated.
Señálan, (se) F. *Señalar, ind. pres.* 3p. they assign; equalize themselves; point out.
Señalár, *inf. va.* to stamp, to point out, to mark, to demonstrate.
Señaláron, F. *Señalar, ind. pret.* 3p. they appointed.
Señalas, F. *Señalar, ind. pres.* 2s. thou assignest.
Señaláse, F. *Señalar, subj.* 3 *impf.* 1 or 3s. should point out.
Señaláste, F. *Señalar, ind. pret.* 2s. thou didst assign or appoint.
Señór, *sm.* Lord, gentleman, master, sir; Mr. or master.
Señóra, *sf.* lady, madam; Mrs. or mistress.

SER

Señoreában, F. *Señorear, ind. impf.* 1 or 3s. commanded, governed.
Señoreándo, F. *Señorear, ger.* commanding, ruling.
Señoreár, *inf. pres. va.* to overlook, to rule, to govern, to command.
Señorío, *sm.* dominion, command, arrogance, self-control.
Señoríta, *sf.* a young lady, *dim.* of *Señora.*
Señoríto, *sm.* a young gentleman, *dim.* of *Señor.*
Sépan, F. *Saber, subj. pres.* 3p. may know.
Sepára, F. *Separar, ind. pres.* 3s. separates.
Separába, F. *Separar, ind. impf.* 3s. separated.
Sepáran, F. *Separar, ind. pres.* 3p. separate.
Separár, *inf. pres. va.* to separate, to divide, to part, to dissect, to withdraw.
Sepáras, F. *Separar, ind. pres.* 2s. thou dividest.
Septuajenário-a, *a.* and *sub.* seventy years of age.
Sepúlcro, *sm.* sepulchre, tomb.
Sepultádo-a, F. *Sepultar, part.* buried.
Sepultárse, *v. pas.* to be buried.
Sepultúra, *sf.* sepulchre, tomb, grave.
Ser, *ind. vn.* to be, to exist, to belong to, to occur.
Ser, *sm.* being, existence.
Será, F. *Ser, ind. fut.* 3s. shall or will be.
Serafín, *sm.* seraph, angel, extreme beauty.
Serán, F. *Ser, ind. fut.* 3p. they shall or will be.
Serás, F. *Ser, ind. fut.* 2s. thou shalt or wilt be.
Seré, F. *Ser, ind. fut.* 1s. I shall or will be.

Serémos, F. *Ser, ind. fut.* 1p. we shall be.
Serenidád, *sf.* serenity, presence of mind, coolness.
Seréna, *inf. pres.* 3s. becalms, cheers up, pacifies.
Seréno, *sm.* evening dew; watchman.
Seréno-a, *a.* serene, calm, quiet.
Sería, F. *Ser, subj.* 1 *impf.* 1 or 3s. would or should be.
Serían, F. *Ser, subj.* 1 *impf.* 3p. they would be.
Série, *sf.* series, chain, succession.
Seriedád, *sf.* gravity, sternness of aspect.
Sério-a, *a.* serious, grand, undue.
Sermón, *sm.* sermon, censure, lecture.
Servía, F. *Servir, ind. impf.* 1 or 3s. served.
Servían, F. *Servir, ind. impf.* 3p. served
Servício, *sm.* service, favour, utility, benefit.
Servído-a, *part.* served; pleased; kind enough to.
Servidór, *sm.* servant.
Servidúmbre, *sf.* servitude, slavery, bondage; servants.
Servír, *inf. vn.* to serve; to suit; to tend.
Servír, *inf. va.* to serve, to do a favour, to occupy a station.
Servír, *inf. vr.* to be pleased, to deign, to vouchsafe.
Serviran, F. *Servir, ind. fut.* 3p. will serve.
Sesénta, *a. num.* sixty.
Severidád, *sf.* severity, rigour, austerity, punctuality.
Severísimo-a, *a. super.* most or very severe, rigorous.
Sevéro-a, *a.* severe, rigorous, grave, punctual.

Sevílla, *sf. prop.* Seville, a renowned city of Spain.
Sí, *pron. per. o.* itself, himself, herself, themselves, each other.
Si, *conj.* if, though; whether; *si bien*, although.
Sí, *ad.* yes, yea, truly, in reality, without doubt.
Sicília, *sub. prop. f.* Sicily, an island in the Mediterranean.
Sicsto IV. *sm. prop.* Sixtus IV. a Pope who sat on the Pontifical Chair from 1474 to 1484. He was remarkable for nothing great. His name was Francis de Albescola.
Sído, F. *Ser, part.* been.
Siémpre, *ad.* always, ever.
Sién, *sf.* temple (part of the head.)
Siéndo, F. *Ser, ger.* being.
Siénta, F. *Sentir, subj. pres.* 1 or 3s. may feel.
Siéntan, F. *Sentir, subj. pres.* 3p. may feel.
Siénte, F. *Sentir, ind. pres.* 3s. feels.
Siénte, F. *Sentar, subj.* 3s. it, he or she may or will become.
Siénten, F. *Sentir, ind. pres.* 3p. feel.
Siéntes, F. *Sentir, ind. pres.* 2s. thou dost feel or perceive.
Siéte, *a. num.* seven.
Síglo, *sm.* age, century; a long time.
Significa, F. *Significar, ind. pres.* 3s. signifies.
Significár, *inf. va.* to signify, to declare, to be worth, to mean.
Sígue, F. *Seguir, ind. pres.* 3s. follows.
Siguiéndo, F. *Seguir, ger.* following, prosecuting.
Siguiénte, *a.* following, successive.
Sijílo, *sm.* inviolable secrecy.
Silbába, F. *Silbar, ind. impf.* 3s hissed.
Silbár, *inf. vn.* to whistle, to whiz, to roar; *va.* to hiss.

Siléncio, *sm.* silence, taciturnity, secrecy, reservedness.
Silvéstre, *a.* wild, uncultivated, savage.
Sílla, *sf.* a chair, seat; *silla volante,* gig.
Síma, *sf.* gulf, deep cavern, gap.
Símple, *a.* simple, pure, plain.
Simplicidád, *sf.* simplicity, plainness.
Simplicísimo-a, *a. super.* most or very simple, foolish, brief.
Sin, *prep.* without; *sin par,* matchless.
Sinceraménte, *adv.* sincerely, really.
Sinceridád, *sf.* sincerity, candour, frankness, purity of mind.
Sincéro-a, *a.* sincere, ingenuous, honest.
Sincón, *sub. prop. m.* Chincon, a town in Spain.
Singulár, *a.* singular, extraordinary, individual.
Siniéstro-a, *a.* left, vicious, unlucky; *s.* left-hand.
Sinó, *prep.* but, except, only; unless.
Sintió, F. *Sentir, ind. pret. 3s.* he felt.
Síquem, *sub. prop. m.* Sichem, a city that stood on Mount Ephraim, near Jerusalem.
Siquiéra, *conj.* even, though, at least.
Siréna, *sf.* syren, a fabulous monster of the sea.
Sírva, F. *Servir, subj. pres.* may serve, be instrumental in.
Sírven, F. *Servir, ind. pres. 3p.* suit, serve, are used.
Sirviéndo, F. *Servir, ger.* serving.
Sirviése, F. *Servir, subj. imp. 3s.* should tend.
Sirvió, F. *Servir, ind. prét. 3s.* served.
Sitiádo-a, *adj.* and *sub.* beseiged.
Sítio, *sm.* place, site, spot; situation.

Situación, *sf.* situation, state, site, assignation.
So, *prep.* under, beneath.
Soberáno, *sm.* the sovereign, the king.
Soberáno-a, *a.* sovereign, delightful, excellent.
Soberbiaménte, *ad.* proudly, arrogantly, vainly.
Sobérbio-a, *a.* proud, haughty, arrogant; *sobérbia, sf.* haughtiness.
Sobórno, *sm.* subornation, bribe, inducement.
Sóbra, *ind. pres. 3s.* there is, possesses in excess.
Sobrába, F. *Sobrar, ind. impf. 8s.* had in excess.
Sóbran, F. *Sobrar, ind. pres. 3p.* can spare.
Sobrár, *inf. va.* to surpass, to exceed.
Sobrár, *inf. pres. vn.* to have more than is necessary, to be more than enough, to be able to spare.
Sóbre, *prep.* on, upon, over; besides, independently of.
Sobrecéjo, *sm.* frown, supercilious aspect.
Sobrellevában, F. *Sobrellevar, ind. impf. 3p.* bore, did bear.
Sobrepújan, *ind. pres. 3p.* they exceed, surpass, excel.
Sobrepujásen, F. *Sobrepujar, subj 3 impf. 3p.* they should excel.
Sobrepujémos, F. *Sobrepujar, subj pres.* 1p. we may excel, or let us excel, or be superior to.
Sobresaltan, F. *Sobresaltar, ind. pres. 3p.* they frighten or surprise
Sobresaltár, *inf. va.* to surprise, to frighten; *vn.* to be startled at, to be astonished.
Sobrevenír, *inf. vn.* to happen, to fall out, to come to pass.
Sobreviéne, F. *Sobrevenir, ind. pres 3s.* happens to come.

Sobriedád, *sf.* sobriety, regularity, abstemiousness.
Sociedád, *sf.* society, friendship, union.
Socorréd, F. *Socorrer, imp. pres. 2p.* succour ye or you.
Socorrér, *ind. pres. va.* to succour, to aid, to administer relief.
Socorrí, F. *Socorrer, ind. pret. 3s.* I succoured, or aided.
Socórro, *sm.* succour, aid, salary.
Sofoqué, F. *Sofocar, ind. pret. 1s.* I was excited or suffocated.
Sói, F. *Ser, ind. pres. 1s.* I am.
Sóis, F. *Ser, ind. pres. 2p.* ye or you are.
Sojuzgár, *inf. va.* to subjugate, to subdue, to conquer.
Sol, *sub. prop.* and *sub.* sun.
Solaménte, *ad.* only, alone, solely.
Soldádo, *sm.* soldier, private.
Soledád, *sf.* solitude, desert, consolation.
Solemnidád, *sf.* solemnity, pomp, magnificence, formality.
Solemnísimo-a, *a. super.* most or very solemn, complete.
Solér, *inf. pres. vn.* to be in the habit, to be wont, to be in the custom.
Solía, F. *Soler, ind. impf. 3s.* was in the habit.
Solían, F. *Soler, ind. impf. 3p.* were wont.
Solicíta, F. *Solicitar, ind. pres. 3s.* solicits.
Solicitában, F. *Solicitar, ind. impf. 3p.* solicited.
Solicitár, *inf. va.* to desire, to solicit, to importune, to entreat.
Solícito-a, *a.* solicitous, anxious, desirous, careful.
Sólio, *sm.* throne.
Solís, (Antónío de) *sub. prop. m.* Solís, the celebrated Spanish historian of the conquest of Mexico, and one of our distinguished dramatic writers. His prose style will not suffer from a comparison with that of any ancient or modern writer. Perhaps he is the greatest model, in that respect, all things considered, that Spain has produced. Born in Alcala de Henares in 1610; died 1686.
Sólo, *ad.* only, alone; bereft; *á solas*, alone.
Soltáis, *ind. pres. 2p.* you let go, drop.
Soltár, *inf. va.* to let loose, to set at liberty; to shed.
Soltúra, *sf.* dexterity, nimbleness, activity.
Sóma, *sm.* Soma, a Greek, eminent for his generosity.
Sómbra, *sf.* shade; shelter; appearance.
Sombréro, *sm.* hat, cap.
Sombrío-a, *a.* cloudy, dark, shady.
Sométe, F. *Someter, ind. pres. 3s.* submits.
Sómos, F. *Ser, ind. pres. 1p.* we are.
Son, *sm.* sound.
Son, F. *Ser, ind. pres. 3p.* are, there are.
Sonéto, *sm.* sonnet, a poetical composition.
Sonóro-a, *a.* sonorous, agreeable, harmonious.
Sonrísa, *sf.* smile.
Sonrójen, *subj. pres. 3s.* may be affronted.
Sórdo, *sm.* deaf, silent person.
Sórdo, *a.* deaf, silent, callous.
Sorpénde, F. *Sorprender, ind. pres. 3s.* surprises.
Sorprénder, *inf. va.* to surprise, to deceive, to astonish.
Sorprendído-a, F. *Sorprender, part.* surprised.
Sorprendiéron, F. *Sorprender, ind. pret. 3p.* surprised.

264

Sosegadamente, *ad.* quietly, calmly.
Sosegádo-a, *a.* peaceful, quiet, tranquil; being quelled, appeased.
Sosiégo, *sm.* tranquillity, calmness, repose.
Soaláyo, *sm.* cross look.
Sosláyo, *ad.* obliquely.
Sostenér, *inf. pres. va.* to maintain, to support, to sustain, to feed.
Sostiéne, F. *Sostener, ind. pres.* 3*s.* supports.
Stockolmo, *sm. prop.* Stockholm, the principal city of Sweden.
Su, *pron. pos. n.* or *o.* its, her, his, their, your.
Suavidád, *sf.* suavity, softness, delicacy.
Súbe, F. *Subir, ind. pres.* 3*s.* ascends.
Súben. F. *Subir, ind. pres.* 3*p.* ascend.
Subía, F. *Subir, ind. impf.* 1 or 3*s.* ascended.
Subían, F. *Subir, ind. impf.* 3*p.* ran up, ascended.
Subído, F. *Subir, part.* ascended, walked up.
Subído-a, *a.* finest, most excellent.
Sublíme, *a.* sublime, magnificent, grand.
Subiéndo, F. *Subir, ger.* ascending, mounting.
Subió, F. *Subir, ind. pret.* 3*s.* ascended.
Subír, *inf. vn.* to walk up, to ascend, to mount, to rise.
Subír, *inf. va.* to climb, to ascend, to lift up, to enhance.
Súbito, *ad.* immediately, directly, suddenly.
Súbito-a, *a.* quick, sudden.
Subsisténcia, *sf.* subsistence, maintenance, stability.
Substáncia, *sf.* substance, matter, nutriment.

Sucedér, *inf. vn.* to happen; to succeed.
Sucedído, F. *Suceder, part.* happened, taken place, come to pass.
Sucediéron, F. *Suceder, ind. pret.* 3*p.* succeeded; came after.
Sucediése, F. *Suceder, subj.* 3 *impf.* 1 or 3*s.* should happen.
Sucedió, F. *Suceder, ind. pret.* 3*s.* happened.
Sucesívo-a, *a.* successive, following; *s.* future.
Sucéso, *sm.* success, event, incident; occurrence.
Sucesór-a, *sm.* successor.
Sucintaménte, *ad.* succinctly, briefly, shortly.
Suáve, *a.* soft, smooth.
Suéla, *sf.* sole, leather.
Suéldo, *sm.* wages, pay, salary.
Suélen, F. *Soler, ind. pres.* 3*p.* are apt; in the habit.
Suélo, *sm.* floor, ground, soil.
Suélta, F. *Soltar, ind. pres.* 3*s.* he lets out.
Suéltan, F. *Soltar, ind. pres.* 3*p.* they untie or let loose.
Suéña, F. *Soñar, ind. pres.* 3*s.* dreams.
Suéñan, F. *Soñar, ind. pres.* 3*p.* dream.
Suéño, *sm.* sleep, dream, vision.
Suérte, *sf.* fate, chance, lot.
Sufocár, *inf. va.* to suffocate, to smother, to harass, to molest.
Sufridór-a, *sm.* sufferer; capable of enduring.
Súfre, F. *Sufrir, ind. pres.* 3*s.* suffers.
Sufría, F. *Sufrir, ind. impf.* 1 or 3*s.* suffered.
Sufrír, *inf. va.* to suffer, to endure, to bear, to tolerate.
Sufriré, F. *Sufrir, ind. fut.* 1*s.* I shall suffer.
Sujeriéron, F. *Sujerir, ind. pret.* 3*p* they suggested.

Sujerír, *inf. va.* to suggest, to hint, to intimate, to instigate.
Sujetámos, F. *Sujetar, ind. pres.* 1p. we subject.
Sujetár, *inf. va.* to subject, to reduce, to overcome.
Sujéto, *sm.* person, individual; subject, matter.
Sujéto-a, *a.* subject, liable, exposed.
Súma. *sf.* sum, amount; *en suma, ad.* in short.
Sumaménte, *ad.* extremely, very, very much.
Sumerjiéndo, F. *Sumergir, ger.* plunging into.
Sumerjír, *inf. va.* to plunge into, to sink, to embarrass.
Sumía, F. *Sumir, ind. pres.* 1 or 3s. was sinking.
Sumír, *inf. vr.* to be sunk, to be swallowed up, to sink under ground.
Sumirá, F. *Sumir, ind. fut.* 3s. will sink, or be sunk.
Súmo, *a. super.* highest, loftiest.
Suntuóso-a, *a.* sumptuous, splendid, expensive.
Superfície, *sf.* superficies, outward, exterior.
Superiór, *sm.* superior, elder.
Superiór, *a. comp.* superior, higher, greater.
Superioridád, *sf.* superiority, pre-eminence, superior excellence.
Supersticióso-a, *a.* superstitious, over scrupulous.

Supiéron, F. *Saber, ind. pret.* 3p. knew.
Supiésen, F. *Saber, subj.* 3 *impf.* 3p. should know.
Súplica, *sf.* petition, request, memorial.
Suplicár, *inf. va.* to beseech, to supplicate, to demand.
Suplíco, F. *Suplicar, ind. pres.* 1s. I supplicate.
Supliqué, F. *Suplicar, ind. pret.* 1s. I beseeched.
Súpo, F. *Saber, ind. pret.* 3s. knew.
Suprémo, *a. super.* supreme, highest.
Sus, *pron. dem. n.* or *o.* its, her, his, their, your.
Suspíro, *sm.* sigh, breath, hissing.
Sustentába, F. *Sustentar, ind. impf.* 1 or 3s. maintained.
Sustentádo, F. *Sustentar, a.* supported, maintained, sustained.
Susténtan, F. *Sustentar, ind. pres.* 3p. sustain.
Sustentár, *inf. va.* to maintain, to sustain, to support.
Susténto, *sm.* food, sustenance, maintenance.
Sústo, *sm.* fright, terror, fear.
Susurránte, *a.* murmuring, whispering, purling, whizzing.
Sutíl, *a.* subtle, sharp, acute.
Súyo-a, *pron. pos. o.* or *n.* his, hers, theirs, yours; of him, her, them.

T

Tábla, *sf.* table, board, plot of earth.
Taburéte, *sm.* stool, chair.
Tácha, *sf.* fault, imperfection, way.
Tácha, F. *Tachar, ind. pres.* 3s. finds fault.

Táchan, F. *Tachar, ind. pres.* 3p. they accuse, impeach, find fault.
Tachár, *inf. pres. va.* to find fault, to censure, to reprehend.
Tácito, *sub. prop. m.* Tacitus, a very eminent ancient historian.

Tácito-a, *a.* tacit, understood, implied.

Taciturno-a, *a.* silent, taciturn, reserved, melancholy.

Tácto, *sm.* touch, sense of feeling.

Tafetán, *sm.* riband.

Tahalí, *sm.* shoulder belt.

Tájo, *sub. prop. m.* Tagus, a river in Spain.

Tal, *ad.* and *a.* such, such as; certain; *tal vez*, perhaps.

Tálamo, *sm.* bride chamber, nuptial bed.

Talénto, *sm.* talent (an ancient piece of money,) talents, genius, abilities.

Tamáño, *sm.* size, shape, stature.

También, *ad.* also, likewise, in the same manner.

También, *conj.* also, and.

Tampóco, *conj.* neither, nor.

Tan, *ad.* as, so, as much.

Tánjer, *sm. prop.* Tangier, a town on the straits of Gibraltar, on the African side.

Tánto, *ad.* so much, as much, so; *por lo tanto*, therefore.

Tañéndo, *ger.* playing on.

Tañído, *sm.* knell, melancholy sound.

Tapádo-a, F. *Tapar, part.* covered, stopped.

Tárda, F. *Tardar, ind. pres. 3s.* delays.

Tárdan, F. *Tardar, ind. pres. 3p.* delay.

Tardár, *inf. vn.* to delay, to put off, to procrastinate.

Tárde, *a.* slow, tardy.

Tárde, *ad.* late, afternoon, past the time.

Tárdo-a, *sub.* a slow person.

Taréa, *sf.* labour, occupation, work.

Tása, *sf.* check, bounds; tax, rate.

Té, *sm.* tea.

Te, F. *Tu, pron. per. s. o.* thee, to thee.

Teátro, *sm.* theatre, play-house.

Tejído, *sm.* texture, stuff.

Tejído, *part. adjec.* devised, woven, designed.

Téma, F. *Temer, imp. pres. 3s.* let it, him, or her fear.

Téma, F. *Temer, subj. pres.* 1 or 3s. may fear.

Téme, F. *Temer, ind. pres. 3s.* fears

Teméd, F. *Temer, imp. pres. 2p.* fear you or ye.

Temér, *inf. va.* to fear, to dread, to reverence.

Temeridád, *sf.* rashness, temerity, imprudence, excess.

Temeróso-a, *a.* fearful, timorous, cowardly.

Temiésen, F. *Temer, subj. 3 impf. 3p.* they should fear.

Témo, F. *Temer, ind. pres. 1s.* I fear.

Temperaménto, *sm.* temperature, temperament, constitution.

Tempestád, *sf.* tempest, storm, commotion.

Templádo-a, *a.* tempered, moderated, tuned, benign.

Templánza, *sf.* temperance, temperature.

Témplo, *sm.* temple, church.

Templó, F. *Templar, ind. pret. 3s.* he tempered or moderated.

Temór, *sm.* fear, terror.

Ten, F. *Tener, imp. 2s.* hold, keep.

Tendér, *inf. va.* to extend, to stretch to spread, to distend.

Tendér, *inf. vn.* to direct, to tend, to refer.

Tendí, F. *Tender, ind. pret. 1s.* I extended.

Tendía, F. *Tender, ind. impf.* 1 or 3s. tended.

Tendído, *part. adjec.* stretched, extended, lying down.

Tendrémos, F. *Tener, ind. fut.* 1p. we shall or will have.
Tenebróso-a, *a.* dark, obscure, gloomy.
Tenéd, F. *Tener, imp.* 2p. have, hold, consider.
Tenéis, F. *Tener, ind. pres.* 2p. ye have.
Tenémos, F. *Tener, ind. pres.* 1p. we have, we keep, hold.
Tenér, *inf. va.* to have, to hold, to possess, to maintain, to support, to keep.
Ténga, F. *Tener, subj. pres.* 1 or 3s. I, it, he, or she may have.
Téngan, F. *Tener, subj. pres.* 3p. they may have.
Téngas, F. *Tener, subj. pres.* 2s. thou mayest have.
Téngo, F. *Tener, ind. pres.* 1s. I have.
Tenía, *ind. impf.* 3s. kept, had; *razon*, he was right; *no tenia razon*, he was wrong.
Teníamos, F. *Tener, ind. impf.* 1p. we had.
Tenían, F. *Tener, ind. impf.* 3p. they had.
Tenído, F. *Tener, part.* held, had; kept; followed.
Teniéndo, F. *Tener, ger.* having, possessing.
Tenér, *inf. va.* to dye, to stain.
Tentación, *sf.* temptation, instigation.
Teñído-a, *a.* dyed, tinged, impregnated with any colour.
Térmas, *sub. prop. m.* Termas, a town in Spain.
Terremóto, *sm.* earthquake.
Terréno, *sm.* place, space of ground.
Terrón, *sm.* clod of earth, lump.
Térso-a, *a.* clean, polished, beautiful.
Término, *sm.* term, termination, object, period.

Ternéza, *sf.* tenderness, softness, suavity.
Ternúra, *sf.* tenderness, delicacy.
Tertuliáno-a, *adj.* and *s.* visiter.
Tesóro, *sm.* treasure, wealth.
Testifícan, F. *Testificar, ind. pres.* 3p. they attest.
Testígo, *sm.* witness, proof, evidence.
Testimónio, *sm.* witness, testimony, proof, attestation, copy.
Tí, F. *Tu, pron. per. s. o.* thee, to thee.
Tibiéza, *sf.* indifference, carelessness, lukewarmness.
Tiémbla, F. *Temblar, ind. pres.* 3s. he trembles.
Tiémpo, *sm.* time, weather, leisure, opportunity.
Tiénda, *sf.* tent, shop.
Tiendecíta, *sf.* small shop, or store, *dim.* of *Tienda.*
Tienden, F. *Tender, ind. pres.* 3p. they stretch or extend.
Tiéne, F. *Tener, ind. pres.* 3s. has; *se tiene*, considers himself.
Tiénen, F. *Tener, ind. pres.* 3p. they have.
Tiénes, F. *Tener, ind. pres.* 2s. thou hast.
Tiernaménte, *ad.* tenderly, affectionately.
Tiérno-a, *a.* tender, affectionate, delicate.
Tiérra, *sub. prop. f.* the earth, country, ground, land, soil.
Tinièblas, *sf. p.* darkness, obscurity.
Tíno, *sm.* judgment, prudence.
Tínta, *sf.* ink, tint.
Tínto-a, F. *Teñir, part. abs.* being stained, tainted.
Tíño, F. *Teñir, part.* dyed, stained.
Tiranía, *sf.* tyranny, despotism.
Tiráno, *sm.* tyrant, despotic monarch.
Tiráno-a, *a.* tyrannical.

TÓM   TÓQ

Tíro, *sm.* discharge, mark, shot.
Tíro, F. *Tirar, ind. pres.* 3*s.* draw, open.
Títo, *sub. prop. m.* Titus, the first name of Livy, a Roman historian, born at Patavium, now called Pádua.
Título, *sm.* title.
Tívoli, *sub. prop. m.* Tivoli, a town in the territory of Rome.
Tobíllo, *sm.* ankle.
Tóca, *sf.* head-dress.
Tocába, F. *Tocar, ind. impf.* 3*s.* it belonged to, it was his duty.
Tocár, *inf. va.* to touch, to feel, to go deeply.
Tocár, *inf. vn.* and *a.* to belong to, to be his, hers, ours, theirs, mine, go to, fall to one's lot, to be one's turn.
Tocáse, F. *Tocar, subj.* 3 *impf.* it should touch, appertain or belong.
Tóco, F. *Tocar, ind. pres.* 1*s.* I touch, I am near.
Tocó, F. *Tocar, ind. pret.* 3*s.* it touched, pertained, or belonged.
Todavía, *ad.* notwithstanding, yet, still.
Tódo-a, *a.* all; entirely; every kind of; *s.* all, every thing; *con todo* notwithstanding; *del todo*, entirely.
Todopoderóso, *sub. prop. m.* Almighty God.
Tóga, *sm.* gown, toga, costume worn by the Romans.
Tolerár, *inf. pres. va.* to tolerate, to suffer, to permit, to indulge.
Toleró, F. *Tolerar, ind. pret.* 3*s.* it, he, or she tolerated.
Tóma, *sf.* taking, seizing, apprehension.
Tóma, F. *Tomar, imp. pres.* 2*s.* take thou.
Tóma, F. *Tomar, ind. pres.* 3*s.* takes.

Tomába, F. *Tomar, ind. impf.* 3*s.* took.
Tomád, F. *Tomar, ind. pres.* 2*p.* take you or ye.
Tomádo, F. *Tomar, part.* taken, possessed of, understood.
Tóman, F. *Tomar, ind. pres.* 3*p.* they take.
Tomándo, F. *Tomar, ger.* assuming, taking.
Tomár, *inf. va.* to take, to assure, to occupy.
Tomára, F. *Tomar, subj.* 1 *impf.* 1*s.* I would take.
Tomáron, F. *Tomar, ind. pret.* 3*p.* they took.
Tómas, F. *Tomar, ind. pres.* 2*s.* thou takest.
Tomás, *sub. prop. m.* Thomas, a man's name.
Tomásen, F. *Tomar, subj.* 3 *impf.* 3*p.* they should take.
Tóme, F. *Tomar, subj. pres.* 1 or 3*s.* may take.
Tómen, F. *Tomar, subj. pres.* 3*p.* they may take.
Tómo, F. *Tomar, ind. pres.* 1*s.* I take.
Tomó, F. *Tomar, ind. pret.* 3*s.* took.
Tóno, *sm.* tone, voice, manner, tune.
Topába, F. *Topar, ind. impf.* 3*s.* met with.
Topádo, F. *Topar, part.* met, run against.
Topár, *inf. pres. va.* to run against, to meet with, to encounter.
Tópo, F. *Topar, ind. pres.* 1*s.* I meet.
Topó, F. *Topar, ind. pret.* 3*s.* met.
Tóque, F. *Tocar, subj. pres.* 1 or 3*s.* may touch.
Tóque, *sm.* touch, ringing of bells, essay.

Tóquen, F. *Tocar, subj. pres. 3p.* they may touch.

Torcér, *inf. va.* to twist, to turn, to deviate.

Torciéndo, F. *Torcer, ger.* taking a wrong path.

Torciéron, F. *Torcer, ind. pret. 3p.* twisted, deviated.

Torménta, *sf.* tempest, storm.

Torménto, *sm.* torment, pain, anguish, torture.

Tórna, *ind. pres.* and *imp.* returns to, return thou.

Tornará, F. *Tornar, ind. fut. 3s.* will return.

Tórno, *sm.* wheel, circumvolution; *en torno,* arround.

Tórpe, *s.* a clumsy, rough, or rude person.

Tórpe, *a.* rude, clumsy, barbarous, libidinous.

Tóro, *sm.* bull.

Tórre, *sf.* steeple, tower.

Torrénte, *sm.* torrent, rapid stream, abundance.

Torreón, *sm.* a round tower.

Tortúra, *sf.* rack, torture, tortuosity.

Tósco-a, *a.* rough, rude, unpolished, ill-bred.

Totál, *sm.* the whole, sum, totality, amount.

Totál, *a.* general, universal, total.

Trabája, F. *Trabajar, ind. impf. 3s.* worked.

Trabajámos, F. *Trabajar, ind. pres.* 1p. we labour.

Trabajámos, F. *Trabajar, ind. pret.* 1p. we laboured.

Trabajándo, F. *Trabajar, ger.* labouring, working.

Trabajár, *inf. va.* to labour, to work.

Trabajarémos, F. *Trabajar, ind. fut.* 1p. we shall work.

Trabajáron, F. *Trabajar, ind. pret.* 3p they laboured.

Trabájo, *sm.* work, impediment, trouble, poverty.

Trabajóso-a, *a.* laborious, hard, painful, elaborate.

Traductor, *sm.* translator.

Tráe, F. *Traer, ind. pres. 3s.* brings, or carries.

Traér, *inf. va.* to bring, to carry, to take, to fetch, to attract.

Tráfajo, *sm.* traffic, commerce, trade.

Tráfico, *sm.* traffic, commerce.

Tragáron, F. *Tragar, ind. pret. 3p.* they swallowed.

Tráje, *sm.* dress, costume, garb.

Trajédia, *sf.* tragedy; any dreadful event.

Trajéron, F. *Traer, ind. pret. 3p.* brought.

Traía, F. *Traer, ind. impf.* 1 or 3s. brought, wore.

Traían, F. *Traer, ind. impf. 3p.* they brought.

Traición, *sf.* treason, treachery.

Tráiga, F. *Traer, imp. pres. 3p.* let . . . . . bring.

Tráiga, F. *Traer, subj. pres. 3s.* may bring.

Tráigan, F. *Traer, subj. pres. 3p.* may bring.

Tráigo, F. *Traer, ind. pres.* 1s. I bring.

Trájo, F. *Traer, ind. pret.* 1 or 3s. brought.

Trampóso, *s.* swindler.

Trampóso-a, *a.* deceitful, swindling.

Tránce, *sm.* danger, perilous situation, the last stage of life.

Tranquilaménte, *ad.* tranquilly, peacefully.

Tranquílo-a, *a.* tranquil, calm, quiet.

Transferído, F. *Transferir, part.* transferred, transported.

Tránsito, *sm.* distance, transition, passage, way; road.

Transparénte, *a.* transparent.

Transpórtar, *inf. va.* to transport, to convey, to remove.

Transpórte, F. *Transportar, subj. pres.* 1*s.* I may transport.

Transpórte, *sm.* transport, transportation.

Tras, *prep.* behind, independently of.

Trasláda, F. *Trasladar, ind. pres.* 3*s.* it, he, or she translates.

Trasladádo, *part.* removed, translated, transcribed, copied.

Trasladár, *inf. va.* to translate, to remove, to transcribe.

Traspasádo-a, *part. abs.* penetrated, struck; run through.

Traspasár, *inf. va.* to pierce, to cross, to move to compassion.

Traspasáron, *ind. pret.* 3*p.* they pierced.

Trastornádo-a, *a.* overthrown, upset, deranged, entangled.

Trastornár, *inf. pres. va.* to subvert, to overthrow, to confuse, to persuade, to derange.

Trasudór, *sm.* sweat, perspiration.

Tráta, F. *Tratar, ind. pres.* 3*s.* it, he, or she treats.

Tratába, (se) *ind. impf.* he intended, he fared.

Tratában, F. *Tratar, ind. impf.* 3*p.* treated, endeavoured to.

Trátan, *ind. pres.* 3*p.* set about.

Tratándo, F. *Tratar, ger.* treating, touching, trading.

Tratár, *inf. pres. va.* to investigate, to intend, to have intercourse, to fare.

Tratáron, *ind. pret.* 3*p.* they treated, thought of.

Tráto, F. *Tratar, ind. pres.* 1*s.* I wish.

Tráto, *sm.* intercourse, commerce, treatment, usage, fare.

Traviéso-a, *a.* oblique, turbulent, intemperate.

Trayéndo, F. *Traer, ger.* carrying, bringing.

Tráza, *sf.* plan, scheme.

Trécho, *sm.* space, distance, situation, plight.

Trégua, *sf.* repose, truce, cessation of hostilities.

Tréinta, *a. num.* thirty.

Trenticínco, *a. num.* thirty-five.

Trénza, *sf.* braided hair.

Tres, *a. num.* three.

Trético-a, *adj.* melancholy, sombre, dark, gloomy.

Tribunál, *sm.* tribunal, court (of justice.)

Tribúto, *sm.* tribute, tax, contribution.

Trígo, *sm.* wheat.

Trinchera, *sf.* entrenchment

Tríste, *a.* sad, melancholy, dull, doleful.

Tristéza, *sf.* sadness, grief, affliction, sorrow.

Triunfándo, F. *Triunfar, ger.* triumphing, subduing.

Triunfár, *inf. vn.* to triumph over, to conquer, to gain a victory.

Triunfó, F. *Triunfar, ind. pret.* 3*s.* it, he, or she triumphed over.

Triúnfo, *sm.* triumph, conquest, trophy.

Trocádo, F. *Trocar, part.* changed, permuted.

Trocará, F. *Trocar, subj.* 1 *impf.* 1 or 3*s.* would exchange.

Trónco, *sm.* trunk; *and also,* branch.

Tronéra, *sf.* hair-brained; loophole.

Tróno, *sm.* throne, royal seat.

Tropa, *sf.* troop, soldiers.

Tropél, *sm.* noise, hurry, bustle, confusion.

Tropél, *pron. collec.* a crowd, a number of persons or things heaped or confused together.
Tropezár, *inf. pres. vn.* to stumble, to be detained, to wrangle, to dispute.
Tropiéza, *sm.* stumble, obstacle, error.
Truéca, F. *Trocar, ind. pres. 3s.* he exchanges.
Trúcha, *sf.* trout.
Trúeno, *sm.* thunder, report of fire arms.
Trúeque, *sm.* exchange; *a Trueque*, by the loss, provided, in order, exchanging.
Tú, *pron. per. n. s.* thou. This pronoun is used, in Spanish, only by parents in addressing their children; masters, their servants; and intimate friends, each other. Sometimes it is used also in addressing God, or any celestial essence. *V. Vd.* or *Vmd.* meaning *Usted* or *Vuestra Merced*, may be said to be the pronoun in general use, in addressing ourselves to persons in general.
Tu, *pron. pos. s. n.* or *o.* thy, thine.
Túbo, *sm.* tube.
Tucidídes, *sub. prop. m.* Thucydides, a celebrated ancient historian.

Tulipán, *sm.* tulip (a flower.)
Túmba, *sf.* tomb, sepulchre.
Tumúlto, *sm.* tumult, uproar, mob.
Tunánte, *sm.* a cunning, crafty, or sagacious rogue.
Túrba, *sf.* crowd, multitude.
Túrba, F. *Turbar, ind. pres. 3s.* disturbs; *s.* a crowd.
Turbación, *sf.* perturbation, confusion, disorder.
Túrban, F. *Turbar, ind. pres. 3p.* disturb.
Turbándo, *ger.* disquieting, disturbing; inverting.
Turbár, *inf. va.* to disturb, to alarm, to trouble, to surprise.
Tus, *pron. pos. p. n.* or *o.* thy, your.
Tuviéra, F. *Tener, subj. impf.* 1 or 3s. would, might have.
Tuviérais, F. *Tener, subj.* 1 *impf.* 2p. you or ye should have.
Tuviére, F. *Tener, subj. fut.* 1 or 3s. should have.
Tuviéron, F. *Tener, ind. pret.* 3p. possessed.
Tuviéseis, F. *Tener, subj.* 3 *impf.* 2p. should have.
Tuviésen, F. *Tener, subj.* 3 *impf.* 3p. should have.
Túvo, F. *Tener, ind. pret.* 3s. it, he, or she had felt.
Túyo-a, *pron. pos. o.* or *n. sub.* thy, thine.

U

Ú, *prep.* or, either.
Ufáno-a, *sub.* proud, haughty, conceited.
Ufáno, *a.* proud, arrogant, haughty, cheerful, joyful.
Últimamente, *ad.* lastly, ultimately.
Último-a, *a.* last, final, finished; *por último*, at last.

Ultráje, *sm.* outrage, contempt, opprobrium.
Un, *a num.* one, a; contraction of *uno*.
Uña, *sf.* nail, talon.
Una, *adj. fem.* of *uno*, *en una*, or *á una*, conjointly, unitedly.
Úna, F. *Unir, subj. pres.* 1 or 3s. may unite.

Úne, F. *Unir, ind. pres. 3s.* unites.
Únen, F. *Unir, ind. pres. 3p.* unite.
Único-a, *a.* only, alone, singular, excellent.
Unír, *inf. pres. va.* to join, to unite, to mix, to incorporate.
Universál, *a.* universal, general.
Univérso, *sm.* universe, or the general system of created things.
Úno-a, *a. num,* one, a, an; some.
Urbanidád, *sf.* politeness, urbanity, civility.
Urbáno-a, *a.* polite, civil, courteous.
Úrna, *sf.* urn, glass, case.
Utilidád, *sf.* utility, usefulness.
Úsa, F. *Usar, ind. pres. 3s.* uses.
Usába, F. *Usar, ind. impf. 3s.* used.
Usában, F. *Usar, ind. impf. 3p.* used.
Usádo-a, *part. adjec.* used, worn out, skilful, versed.
Úsan, F. *Usar, ind. pres. 3p.* they use.
Usár, *inf. va.* to use, to employ, to exercise, to make use of.
Úso, *sm.* usage, use, employment.
Usted, *s.* you, or your worship. See V.
Usúrpa, F. *Usurpar, ind. pres. 3s.* it, he, or she usurps.
Usurpado, *a.* and *part.* usurped, taken away, robbed.
Útil, *a.* useful, advantageous.

V

V. This letter stands in printed or written composition, as a contraction of *usted,* which is, in itself, another contraction of *Vuestra Merced,* 'your worship.' V, which is also often written or printed *Vd.* or *Vmd.* must invariably be read *usted,* 'you,' or 'your worship.' This pronoun is, in Spanish, almost universally used in addressing ourselves to others, instead of *tú,* or *vos,* and may therefore be said to be the equivalent of the English 'you.' As it is in itself a pronoun of the third person, it requires that the verb agreeing with it should also be in the third person; although used in regard to persons spoken to. It is also because *Vmd.* is in the third person, that the objective pronoun LE, stands for *á vmd.* 'to you,' or to 'your worship.'

V. M. contraction of *vuestra majestad,* your majesty; and also of *usted.*

VV. read ustedes, *s. p.* you or your worships.

Va, F. *Ir, ind. pres. 3s.* goes.
Váca, *sf.* cow, veal.
Vaciedád, *sf.* emptiness, vacuity, arrogant speech.
Vacilándo, F. *Vacilar, ger.* wavering, staggering.
Vacilár, *inf. pres. vn.* to vacillate, to stagger, to waver.
Vacío-a, *a.* empty, unoccupied, disengaged.
Vágo-a, *a.* vagrant, restless, uneasy, vague.
Vágo-a, *sub.* vagabond, an uncultivated piece of ground.
Válde, *sm.* bucket; *de valde,* gratis.
Vále, F. *Valer, ind. pres. 3s.* is worth.
Válen, F. *Valer, ind. pres. 3p.* they are worth.
Valentía, *sf.* valour, courage, spirit.

Valér, *inf. pres. vn.* to be worth, valuable; to serve.
Valerosaménte, *ad.* valiantly, courageously.
Valeróso-a, *a.* valiant, courageous, strong, powerful.
Válga, F. *Valer, subj. pres. 3s.* may be worth.
Válgan, F. *Valer, subj. pres. 3p.* may be worth.
Valía, F. *Valer, ind. impf. 1s.* I was worth.
Valído, *sm.* favourite, predilect.
Valído, F. *Valer, part.* been worth.
Valiéndo, F. *Valer, ger.* taking advantage, being worth.
Valiéra, *subj. impf.* would be worth; *mas valiera,* it would be better.
Valiénte, *a.* valiant, courageous, strong; *s.* a bully, a valiant man.
Valiésen, F. *Valer, subj. 3 impf. 3p.* they should be worth.
Valór, *sm.* valour, value, income.
Valládo, *sm.* enclosure, paling.
Válle, *sm.* or *f.* valley, vale.
Vámos, F. *Ir, subj. pres. 1p.* come on, let us go.
Van, F. *Ir, ind. pres. 3p.* go.
Vanaglorióso-a, *a.* vain, boastful, vain-glorious, conceited, proud.
Vanaménte, *ad.* vainly.
Vándo, *sm.* edict, law, party.
Vanidád, *sf.* vanity, ostentation, vain parade.
Váno-a, *a.* vain, arrogant, empty, useless.
Varela (Felics) *sub. prop. m.* Varela, a distinguished living philosophic writer; author of 'Lecciones de Filosofía,' and other valuable works.
Variedád, *sf.* variety, variation, inconstancy.
Vário-a, *a.* various, changeable, vague, wild.
Varón, *sm.* man.

Vasállo, *sm.* subject, vassal, slave.
Váso, *sm.* vessel, vase, receptacle, tumbler.
Vástago, *sm.* stem, bud, shoot.
Vásto-a, *a.* vast, grand, huge.
Váya, F. *Ir, imp. pres. 3s.* let it, him, or her go.
Váya, F *Ir, subj. pres.* 1 or *3s.* may go.
Váyan, F. *Ir, subj. pres. 3p.* they may go.
Vd. *read* usted, *s.* you or your worship. See V.
Vds. *read* ustedes, *s. p.* you, or your worships. See V.
Ve, F. *Ir, imp. pres. 2s.* go thou.
Ve, F. *Ver, imp. pres. 2s.* see, or look thou.
Véa, F. *Ver, imp. pres. 3s.* see you, or let him see.
Véa, F. *Ver, subj. pres.* 1 or *3s.* may see.
Véas, F. *Ver, subj. pres. 2s.* thou mayest see.
Veáis, F. *Ver, subj. pres. 2p.* ye or you may see.
Veámos, F. *Ver, imp. pres. 1p.* let us see.
Veámos, F. *Ver, subj. pres. 1p.* we may see.
Véces, *sf.* office, purpose, station.
Ved, F. *Ver, imp. pres. 2p.* see, behold, ye or you.
Véga, *sf.* a plain, lawn, prairie.
Vejéz, *sf.* old age, decay, imbecility.
Veía, F. *Ver, ind. impf.* 1 or *3s.* saw.
Veían, F. *Ver, ind. impf. 3p.* they saw.
Véinte, *a. num.* twenty.
Véla, F. *Velar, ind. pres. 3s.* watches.
Velád, F. *Velar, imp. pres. 2p.* watch ye or you.
Velámos, F. *Velar, ind. pret. 1p.* we sat up.

Velándo, F. *Velar, ger.* sitting up, watching.

Velár, *inf. vn.* to sit, to watch, to keep guard, to observe.

Velár, *inf. va.* to watch, to preserve, to keep, to attend.

Vélo, *sm.* veil, pretence, curtain.

Véllo, *sm.* down, soft hair, wool.

Vémos, F. *Ver, imp. pres.* 1p. let us see.

Vémos, F. *Ver, subj. pres.* 1p. we may see.

Ven, F. *Venir, imp. pres.* 2s. come thou.

Véna, *sf.* vein, artery, bandage.

Venál, *a.* venial, venal, pardonable.

Vénce, F. *Vencer, inpf. pres.* 3s. conquers.

Vencedór, *sm.* conqueror.

Véncen, F. *Vencer, ind. pret.* 3p. conquer.

Vencér, *inf. va.* to conquer, to overcome, to prevail upon.

Vencído-a, *part.* and *a.* conquered, overcome, subdued.

Vencimiénto, *sm.* conquest, control, victory.

Vencímos, F. *Vencer, ind. pret.* 1p. we conquered.

Vénde, F. *Vender, ind. pres.* 3s. sells.

Vendér, *inf. pres. va.* to sell, to betray, to deceive, to prostitute.

Venderíais, F. *Vender, subj.* 2 *impf.* 2s. you would sell.

Venderías, F. *Vender, subj.* 2 *impf.* 3p. would sell.

Vendían, F. *Vender, ind. impf.* 3p. sold.

Vendíble, *a.* saleable, vendible.

Vendiéndo, F. *Vender, ger.* selling, vending.

Venécia, *sm. prop.* Venice, a territory in Italy, celebrated for its ancient power and splendour. It was a republic; now a province of the Austrians. Its capital *Venice*, is remarkable for its being built on 70 islets of the Adriatic sea, for its palaces, and the many monuments of art it contains.

Veneciáno-a, *adj.* or *s. com.* Venetian, a native of Venice.

Venéno, *sm.* poison, venom.

Veneración, *sf.* veneration, respect, worship.

Venéro, *sm.* flood, course, vein, root, source.

Vénga, *imp. pres.* 3s. let it, him, or her revenge, or come.

Vénga, *subj. pres.* 1 or 3s. may avenge or come.

Vengád, F. *Vengar, imp. pres.* 2p. avenge ye.

Véngan, *subj. pres.* 3p. they may come, or avenge.

Vengánza, *sf.* revenge, vengeance.

Vengár, *inf. pres. va.* to revenge, to avenge, to return an injury.

Vengár, *inf. pres. vr.* to be revenged on.

Vengarémos, F. *Vengar, ind. fut.* 1p. we shall avenge.

Vengáremos, F. *Vengar, subj. fut.* 1p. we should avenge.

Véngas, F. *Venir, subj. pres.* 2s. thou mayest come.

Véngas, F. *Vengar, subj. pres.* 2s thou mayest revenge.

Vengatívo-a, *a.* revengeful, vindictive.

Véngo, F. *Venir, ind. pres.* 1s. I come.

Véngo, F. *Vengar, ind. pres.* 1s. I avenge.

Venía, F. *Venir, ind. impf.* 1 or 3s. came.

Venían, F. *Venir, ind. impf.* 3p. came.

Venidéro-a, *a.* next, future, coming.

Venído, F. *Venir, part.* come, arrived.
Venír, *inf. vn.* to come, to draw near, to happen, to become.
Venís, F. *Venir, ind. pres. 2p.* ye or you come.
Ventája, *sf.* advantage, preference.
Ventána, *sf.* window, balcony.
Ventéro, *sm.* innkeeper, landlord; *a.* scenting, (hunting.)
Ventúra, *sf.* fortune, success, luck, casualty.
Venturóso, *a.* lucky, successful, fortunate.
Véo, F. *Ver, ind. pres. 1s.* I see.
Ver, *inf. va.* to see, to behold, to observe, to judge.
Veráces, *a. p.* true, real.
Veráno, *sm.* summer.
Verás, F. *Ver, ind. pres. 2s.* thou wilt or shalt see.
Verdád, *sf.* truth, reality, maxim; *á la verdad*, in truth, truly.
Verdaderaménte, *ad.* truly, in fact, indeed.
Verdadéro-a, *a.* real, true, sincere, ingenuous.
Vérde, *a.* green, young, raw, untutored.
Veré, F. *Ver, ind. fut. 1s.* I shall or will see.
Vergonzóso-a, *a.* shameful, shamefaced, modest.
Vergüénza, *sf.* shame, diffidence.
Verificár, *inf. va.* to realize, to verify, to affect, to accomplish.
Verifíque, (se) *subj. pres.* 1 or 3s. may, or shall be effected.
Verjél, *sm.* flower-garden, orchard.
Verosimilménte, *ad.* likely, probably; with verisimilitude.
Versálles, *sf.* Versailles, a town of France, near Paris.
Vérso, *sm.* verse, versification, a line of poetry.

Vertér, *inf. va.* to shed, to spill, to empty, to exceed, to divulge.
Vertiéndo, F. *Verter, ger.* shedding, spreading.
Ves, F. *Ver, ind. pres. 2s.* thou seest.
Vestído, *sm.* dress, suit, costume.
Vestído-a, *a.* dressed, empowered.
Vestír, *inf. va.* to dress, to wear, to adorn, to embellish.
Vez, *sf.* time; *una vez*, once, once upon a time; *á veces*, some times; *tal vez*, perhaps; *en vez*, instead.
Ví, F. *Ver, ind. pret. 1s.* I saw.
Vía, *sf.* street, way.
Viáje, *sm.* voyage, journey.
Viajéro, *sm.* traveller, passenger.
Viático, *sm.* viaticum (the Holy Eucharist given or brought to sick persons.)
Vício, *sm.* vice, artifice, defect.
Vicióso-a, *a.* vicious, luxuriant, abundant.
Vicisitúd, *sf.* vicissitude, change.
Víctima, *sf.* victim, sacrifice.
Victória, *sf.* victory, triumph, conquest.
Vída, *sf.* life, existence, livelihood.
Vídrio, *sm.* glass, vessel, pane.
Viéjo-a, *a.* old, antiquated, ancient.
Viéndo, F. *Ver, ger.* seeing.
Viéne, F. *Venir, ind. pres. 3s.* comes.
Viénen, F. *Venir, ind. pres. 3p.* they come.
Viénes, F. *Venir, ind. pres. 2s.* thou comest.
Viénto, *sm.* wind, vanity.
Viéntre, *sm.* belly, womb, body.
Viéra, F. *Ver, subj. 1 impf.* 1 or 3s would see.
Viéron, F. *Ver, ind. pret. 3p.* they saw.
Viérta, F. *Verter, subj. pres.* 1 or 3s. may shed.
Viérte, F. *Verter, ind. pres. 3s.* sheds.
Vigór, *sm.* vigour, force, energy.
Vijília, *sf.* vigil, watch, lucubration

Vil, *a.* vile, base.
Viléza, *sf.* baseness, vileness, meanness.
Vílla, *sf.* town.
Villamayór, *sub. prop. m.* Villamayor, an eminent Spanish character.
Villáno, *sm.* clown, villain.
Villáno-a, *a.* vulgar, rustic, wicked.
Vímos, F. *Ver, ind. pret.* 1p. we saw.
Vínculo, *sm.* tie, entail, charge.
Viniéndo, F. *Venir, ger.* coming.
Viniére, F. *Venir, subj. fut.* 3s. he should come.
Viniéron, F. *Venir, ind. pret.* 3p. came.
Viniése, F. *Venir, subj.* 3 *impf.* 1 or 3s. I or he should come.
Víno, F. *Venir, ind. pret.* 3s. came.
Víno, *sm.* wine.
Víña, *sf.* vineyard, vine.
Vió, F. *Ver, ind. pret.* 3s. saw.
Violában, F. *Violar, ind. impf.* 3p. they violated.
Violéncia, *sf.* violence, compulsion, wrong.
Violentádo-a, *a.* forced, violated, enforced, erroneously interpreted.
Violentaménte, *ad.* violently, forcibly.
Violentándo, F. *Violentar, ger.* forcing, violating.
Violentár, *inf. pres. va.* to force, to violate.
Violénto-a, *a.* violent, forced, irascible
Violéta, *sf.* violet (a flower.)
Virjinál, *a.* virginal, uncontaminated, pure.
Virtélia, *sub. prop. f.* Virtélia, a fictitious person in the works of Gracian.
Virtúd, *sf.* virtue, efficacy, rectitude, quality.
Virtuóso-a, *a.* virtuous, powerful, vigorous.

Visáje, *sm.* visage, grimace, contortion.
Visíble, *a.* visible, evident.
Visitádo, F. *Visitar, part.* visited, examined, frequented.
Visitánte, *sm.* visitor.
Visitár, *inf. va.* to visit, to search (ships), to examine (prisons)
Víso, *sm.* sight, prospect, conjecture
Vísta, *sf.* sight, landscape, apparition.
Víste, F. *Vestir, ind. pres.* 3s dresses, wears.
Víste, F. *Ver, ind. pres.* 2s. thou sawest.
Vistiéron, F. *Vestir, ind. pret.* 3p. dressed, wore.
Vistió, F. *Vestir, ind. pret.* 3s. it, he, or she dressed.
Vísto, F. *Ver, part.* seen.
Vísto-a, *part. abs.* being seen, beheld.
Vistóso-a, *a.* beautiful, delightful, magnificent.
Vitérbo, *sub. prop. m.* Viterbo, a town in Italy.
Vitupério, *sm.* vituperation, censure, infamy, disgrace.
Vitupéran, F. *Vituperar, ind. pres* 3p. decry.
Víuda, *sf.* widow.
Víudo, *sm.* widower.
Víva, *sm.* cheer; *inter.* huzza! hurrah!
Víva, F. *Vivir, subj. pres.* 1 or 3s may live.
Víva, F. *Vivir, imp. pres.* 3s. let it, him, or her live.
Vivaménte, *ad.* with fervour; lively, in a brisk manner, quickly.
Vívan, F. *Vivir, subj. pres.* 3p. may live.
Viváz, *a.* lively, active.
Víve, F. *Vivir, ind. pres.* 3s. lives.
Víven, F. *Vivir, ind. pres.* 3p. live.
Víveres, *sm. p.* provisions, supplies.

Víves, F. *Vivir,* ind. pres. 2s. thou livest.

Vivía, F. *Vivir,* ind. impf. 1 or 3s. lived.

Vivían, F. *Vivir,* ind. impf. 3p. lived.

Vívid, F. *Vivir,* imp. pres. 2p. live ye or you.

Viviéndo, F. *Vivir,* ger. living, existing.

Viviére, F. *Vivir,* subj. fut. 1 or 3s. should live.

Viviése, F. *Vivir,* subj. 3 impf. 1 or 3s. I should live.

Vivír, inf. pres. vn. to live, to last, to be remembered.

Vivirá, F. *Vivir,* ind. fut. 3s. will live.

Vivirémos, F. *Vivir,* ind, fut. 1p. we shall or will live.

Vivísimo-a, a. super. most vivid, most lively, most burning.

Vívo, sm. edging, forte.

Vívo-a, a. alive, lively, brisk, acute, ingenious.

Vizcaíno-a, a. Vizcayan, a native of Biscay, Spain.

V. M. contraction of *vuestra majestad,* your majesty.

Vmd. read usted, s. you, or your worship. See V.

Vmds. read ustedes, s. p. you, or your worships. See V.

Voceadór, sm. vociferator, perpetual talker.

Voi, F. *Ir,* ind. pres. 1s. I go, I am going to.

Volár, inf. pres. vn. to fly, to vanish, to hang over, to go rapidly.

Voláron, F. *Volar,* ind. pret. 3p. they flew.

Voló, F. *Volar,* ind. pret. 3s. flew, did fly.

Voluntád, sf. will, affection, desire, disposition.

Voluntário-a, a. voluntary, willing, spontaneous.

Volvér, inf. vn. va. to return, to invert, to reflect.

Volverá, F. *Volver,* ind. fut. 3s. will return.

Volverán, F. *Volver,* ind. fut. 3p. will return.

Volveré, F. *Volver,* ind. fut. 1s. I will return.

Volví, F. *Volver,* ind. pret. 1s. I returned.

Volvían, (se) F. *Volver,* ind. impf. 3p. they turned, return.

Volviéndo, F. *Volver,* ger. returning, coming or going back.

Volviéron, (se) F. *Volver,* ind. pret. 3p. they returned.

Volvió, F. *Volver,* ind. pret. 3s. it, he, or she returned.

Vos, pron. per. n. you, ye. This pronoun is generally used in our addresses to the Divinity and other celestial essences. Sometimes, although rarely, we find it employed in common conversation, instead of *Vmd.;* and others in addresses to persons of high rank. The King generally uses *vos* instead of *Vmd.* in his Royal provisions and commissions.

Vóto, sm. vow, vote, opinion, execration.

Voz, sf. voice, word, shriek, expression.

Vuéla, F. *Volar,* ind. pres. 3s. it, he, or she flies.

Vuélan, F. *Volar,* ind. pres. 3p. they fly.

Vuélo, sm. flight, wing (of an edifice,) ruffle, leap.

Vuélta, sf. turn, repetition, lashing, excursion.

Vuélto, F. *Volver,* part. returned.

Vuélva, F. *Volver,* imp. pres. 3s let him return.

Vuélva, F. *Volver,* subj. pres. 1 or 3s. may return.

Vuélve, F. *Volver, ind. pres. 3s.* returns.
Vuestra Merced, *s.* you, your worship. See. V.
Vuéstro-a, *pron. per. p. o.* or *n.* your, yours.

Vulgár, *sub. collec. m.* the vulgar.
Vulgár, *a.* common, vernacular, vulgar.
Vúlgo, *sub. collec. m.* vulgar, populace, generality of people.

Y

Y,
or } *conj.* and.
I,

Ya, *conj.* already, now-a-days; now, at one time, ... at another.
Yáce, F. *Yacer, ind. pres. 3s.* lies.
Yácen, F. *Yacer, ind. pres. 3p.* they lie.

Yacér, *inf. vn.* to lie, to repose, to be stretched out.
Yédra, *sf.* ivy.
Yélmo, *sm.* helmet.
Yéndo, F. *Ir, ger.* going.
Yérba, *sf.* herb, grass.
Yo, *pron. per. s. n.* I.
Yúgo, *sm.* joke

Z

Zagála, *sf.* swain (a country girl.)
Zagaléja, *sf.* a little, pretty swain.
Zamárra, *sf.* shepherd's dress (made of skins.)
Zampóña, *sf.* bagpipe.
Zapáto, *sm.* shoe.

Zaragóza, *sub. prop. f.* Zaragossa, a city in Spain.
Zaragüéllos, *sm. p.* drawers, breeches.
Zárza, *sf.* thorn, bramble.
Zozobra, *sf.* uneasiness, anguish, anxiety.

Printed in the USA
CPSIA information can be obtained
at www.ICGtesting.com
LVHW050140191024
794192LV00001B/108